The Birth of Yen

日元
の
诞生

笹川日中友好基金
The Sasakawa Japan-China Friendship Fund

日元的诞生

近代货币制度的形成

[日] 三上隆三 / 著

汪丽影 彭 曦 / 译

南京大学出版社

图书在版编目（CIP）数据

日元的诞生：近代货币制度的形成/[日]三上隆三著；
汪丽影，彭曦译.—南京：南京大学出版社，2017.10
（阅读日本书系）
ISBN 978-7-305-19274-6

Ⅰ.①日… Ⅱ.①三… ②汪… ③彭… Ⅲ.①日元—货
币制度—研究—近代 Ⅳ.①F823.131

中国版本图书馆 CIP 数据核字(2017)第 219808 号

《EN NO TANJYOU KNIDAI KAHEI SEIDO NO SEIRITSU》
© Ryuzo Mikami 2011
All rights reserved
Original Japanese edition published by KODANSHA LTD，
Simplified Chinese character edition publication rights arranged with KODANSHA LTD.
through KJODANSHA BEIJING CULTURE LTD. Beijing，CHINA.

本书由日本讲坛社授权南京大学出版社发行简体字中文版，版权所有，未经书面同
意，不得以任何方式作全面或局部翻印、仿制或转载。

江苏省版权局著作权合同登记 图字：10-2013-342 号

出版者 南京大学出版社
社 址 南京市汉口路 22 号 邮 编 210093
出 版 人 金鑫荣

从 书 名 阅读日本书系
书 名 日元的诞生：近代货币制度的形成
著 者 [日]三上隆三
译 者 汪丽影 彭 曦
责任编辑 田 雁 编辑热线 025-83596027

照 排 南京紫藤制版印务中心
印 刷 南京爱德印刷有限公司
开 本 787×1092 1/20 印张 11 字数 200 千
版 次 2017 年 10 月第 1 版 2017 年 10 月第 1 次印刷
ISBN 978-7-305-19274-6
定 价 42.00 元

网 址 http://www.njupco.com
官方微博 http://weibo.com/njupco
官方微信 njupress
销售咨询热线 (025)83594756

阅读日本书系编辑委员会名单

阅读日本书系选考委员会名单

前　言

　　岩下清周是 19 世纪末至 20 世纪初活跃在大阪等地的财界人士。他从财界隐退后，隐居在富士山麓的一个荒村。有一次他与村里的孩子们座谈时，话题偶然转向了外国。他问伦敦、巴黎的人口有多少，孩子们很快就准确回答出来了。但问孩子们自己村里的人口有多少，却都沉默不语了，因为他们不知道有多少人。知道遥远的外国的事情，对自己的国家、身边村镇却不了解。面对这样的事实，岩下产生了一种想法，那就是应该让孩子们受到更扎实的教育，为此他在村里创办了一所私立学校。

　　岩下的这段轶闻所反映的问题，在经济学领域同样存在。关于英美的事情，现在日本的年轻人知道的或许比英美人自己还多。例如，有些年轻人对美元以及英镑的历史了如指掌，甚至能如数家珍地说出英国货币非十进制的老算法，但他们对日本的相关情况却不甚了解，不知道江户时代的货币制度、计算体系。这似乎已经成为一种通病。我只是指出日本年轻人中存在的这种现象，并不是想对他们进行指责，因为直至最近笔者本人还与这些年轻人处于相同的状态。从这个意义上来说，这是一本自我批评的著作。

　　说来，熟知外国的事情，却对本国的情况缺乏了解或者不够重视，这绝不是一件值得称道的事情。在货币论的领域，最近开始出现纠正这种偏差的趋势。新庄博博士在 1962 年出版的英文著作《日元的历史》(History of the Yuan, 1962)中的序言中表明他之所以撰写该书是因为当时还没有日本货币通史方面的日文著作。很显然，新庄博士对这样的事态持一种批判态度。最近，这样的努力开始显现成效。例如，《图录日本货币》(共 11 卷)目前正在刊行，这是一套从理论上研究日本货币史的系列著作，主要不是为了满足收藏家的需求。

有了这样的严谨著作，只要现在的年轻学子有兴趣，就可以比较容易获得关于日本货币方面的科学知识。但必须指出这样的著作也存在一些不足。要想完全理解日元这一现代日本经济的象征，必须了解其起源。然而，不少研究日元的著作要么忽略日元的形成过程，要么将其轻描淡写地一笔带过，或是仅将日元作为前提条件来展开论述。之所以会出现这种现象，是因为像江户、明治这样的时代划分是按照政治、政权的变迁来进行的。因而人们容易产生一种错觉，认为这种划分适用于所有领域，并将之视为金科玉律。本书或许会被误解在单纯地重复前人的研究，但作者希望通过本书加深人们对日元这一经济学研究对象的了解，填补日元研究方面的一些空白。

在此，想谈一点个人的情况，希望得到读者的谅解。本人的祖父出生于 1868 年，1970 年去世，享年 103 岁。祖父在晚年常常对我说："我年轻时，休息日去理发、泡澡堂、吃火锅，哪怕去京极潇洒一下，也花不了 1 日元。"祖父对当时含金量达 1.5 克的 1 日元的购买力有非常清楚的认识。因此，当日元因为通货膨胀而大大贬值时，他甚是痛心，哀叹不已。1968 年，在日本政府举行明治维新百年庆典时，祖父也迎来了百岁，许多人为祖父祝福。笔者曾师事鬼头仁三郎教授，从事货币经济理论的研究。为了庆祝祖父百岁华诞，同时作为货币经济理论研究的一环，我决定对祖父感慨不已、有百年历史的日元展开研究。

在具体研究过程中，我有了意外的发现。明治四年（1871）之后的日元动态有丰富的资料，内容也相当明确，而那之前日元的诞生过程却有许多不明确的地方，甚至连日元这种货币的名称由来都是一个谜团。于是，我改变了当初的计划，将探讨日元的诞生过程作为我研究的首要任务，相关研究成果已经在《经济研讨》《经济理论》《金融经济》《金融季刊》等刊物上陆续发表。在去年的金融学会上，受到黑野幸春先生的启发，产生了将相关成果整理并结集出版的念头，希望得到大家的指正。在撰写本书的过程中，我还得到了中川真一郎先生的指教，借此机会向上述两位先生表示衷心感谢。

　　在准备撰写本书之时,家父辞世。为了忘却丧父之痛,笔者曾像抄写经书一样拼命誊写草稿,这样的情形此刻依然历历在目。家父辞世将近一年了,谨将本书献给家父,祝他老人家安息。

三上隆三

1975 年 5 月于京都绫小路

目　录

第一章　开题

一、日元的比价

　　1971年下半年,日元升值这一经济问题令日本全国感到震惊,可以说这是日本走上资本主义道路以来划时代的经济事件。一般认为日元升值是在其他条件不变的情况下增加日本货币日元的含金量,提高日元与其他外国货币的汇率,日元的价值也因此得到提升。

　　让我们从法律的视角来看一看日元比价的变迁。1871年,1日元兑换0.4匁①,也即1500毫克纯金。接着,在1897年降为750毫克,1937年为290毫克。第二次世界大战后,日本加入国际货币基金组织(IMF)时,按照该理事会的决定,1953年5月在IMF登记的日元比价为2.4685毫克。日元的比价从1871年以来一直在下跌,在短短的83年间,日元贬值到只有原来的1/600。日本很多的经济学词典中有"日元贬值"的条目,却没有"日元升值",这正好反映了日元在日本资本主义经济发展过程中所经历的历史变迁。但是,正如突然出现异变一样,在以前的日本经济中无法想象的日元升值这一现实会突然出现在我们面前。

　　说1971年下半年的日元升值具有划时代性,或许会有人对此进行反驳:1930年实施黄金解禁时不也出现过日元升值吗? 但是,虽然看上去都是日元升值,但两次升值之间存在本质上的差异。

---

　　① 译者注:江户时代的货币单位,1匁(もんめ)为1/60两。匁是日本人造的汉字。

由于当时的日本是通过通货膨胀政策来挽救经济萧条,最终使得国际竞争力下降,带来了贸易赤字、国际收支恶化、日元贬值。为了应对这种状况,必须增加出口,使国际收支产生盈余。为此,一方面对企业实施关停并转,以提高生产效率;另一方面强行实施通货紧缩政策,同时设定降低物价的目标,按原有的日元比价实施黄金解禁,结果使日元升值15%。这便是1931年日元升值的情况及经过。那次日元升值最终以失败而告终,这是因为升值是在国际收支陷入慢性赤字这样的背景下设定的经济努力目标,人为地拔苗助长提升日元汇率,而并没有经济实力来支撑。

为了确立所谓史密森体制①而在1971年12月19日决定日元升值的背景是这样的:截至1971年12月末,日本拥有150亿美元的外币储备,即使去除其中因为日元升值预期而流入的50—60亿美元的外汇,还有90多亿美元的外币储备以及国际收支的盈余。也就是说,日元升值是对日本经济实力的认可。因为日本的经济实力名副其实地增强了(当然,现在日本的经济实力有所削弱),1971年的日元升值是自然而然出现的。因此说这是日元第一次真正升值,具有划时代的意义。

但是,1971年的日元升值并不是由日本单方面的事由引起的,甚至应该说那是由美国方面的事由所引起的。在这一过程中日本表现得十分消极,这一点广为人知。

从20世纪初开始,特别是在二战以来的30年间,美国作为世界超级大国活跃在世界舞台上。由于持续的对外援助、越南战争的支出、国内资本向海外流失等缘故,超级大国美国原来保有的250亿美元(根据纯金1盎司＝31.1035克＝35美元的原比价计算)——美国人曾对此感到十分自豪,终于减少至100亿美元,而100亿美元这个数字被认为是美国世界战略上的生命线。而日本、德国、意大利这些战败国很快复苏,其生产效率赶上了美国。再加

---

① 译者注:此处指实施史密森协定的体制。史密森协定(Smithsonian Agreement)是指1971年12月,布雷顿森林体系解体后西方十国所达成的新的国际货币制度协定。由于会议在位于华盛顿的史密森协会大厦召开而得名。

上新政①以来美国的国策即通货膨胀政策使美国国内物价大幅上涨,使得以往高额的贸易黑字在 1972 年转为赤字,通关赤字高达21 亿美元,陷入了一种紧急事态之中。

这种情形可用"骄者必败"来形容。为了拯救危机,当时的美国总统尼克松在 1971 年 8 月 15 日发表了 8 条对策,其中 1 条就是在一段时期内停止美元与黄金兑换。说是"一段时期",实际上延续了很长时间。为了拯救因停止美元与黄金兑换而引发的美元危机,需要相对增强美国的经济竞争力,美国因此要求德国马克以及日元升值。

其结果是,1971 年 12 月 19 日日本决定将原来 1 美元＝360 日元的汇率调整为 1 美元＝308 日元(按照 IMF 的方式计算,日元对美元升值 16.88%)。从这一点也可以得知,日元升值是通过汇率上涨而实现的,首先是日元的对外价值提升了。也就是说,比价是指以两国货币的含金量为标准计算出来的两国货币相互交换的比率。当今世界各国拥有各自固有的、独特的经济与社会制度以及各种习俗,其经济实力也有所不同。这些条件、情况各异的国家在相互开展贸易时为了方便,根据共通的价值尺度黄金而使各国货币单位形成一定的关系,也就是说,通过相互比较各国的基本单位货币的含金量,而确立并明确显示名称、成色、数目各不相同的各国货币的交换比率和相互关系。

因此,日元升值是日元对其他货币的相对价值关系的变化,或者说是针对新的国际经济条件而对日元进行适当定位。实际上,日元比价这个问题是日本作为国际社会成员必须面对的,而且是十分重要的国际问题。当然,处于闭关自守状态下的国家的货币不会出现这样的问题。在江户时代,德川家康曾在宽永十年(1633)至宽永十六年(1639)先后 5 次颁布锁国令,强行实施锁国政策。即便如此,由于自古以来的关系,期间继续保持着与中国的民间贸易往来,另外通过对马藩与朝鲜半岛有着官方及民间的贸易,而且与荷兰的贸易往来也一直保持着,这些都广为人知。在这些

---

① 译者注:新政是指美国总统罗斯福上任后从 1933 年到 1936 年之间,所推行的一系列经济改革计划,包括企业合并、解决就业、金融改革等。

交易中,货币当然也有比价,这是自然的事情,并无不可思议之处。

　　1639 年,德川幕府驱逐葡萄牙人,锁国政策正式形成。荷兰人被强制从平户迁移至长崎的出岛,在那里接受幕府的严格管理。在迁移至长崎不久后的 1641 年 6 月 29 日,长崎荷兰商馆的麦斯米兰馆长在日记中写道:"检查使将一枚从最近入港的中国船只上发现的一枚面值两 stuiver① 的荷兰硬币给我看,告诉我这是在最近入港的中国帆船上发现的,不知是哪国货币。又问上面刻印的字是什么,值多少(银)匁。我告诉他:文字是荷兰的省名泽兰省,铸有该省的纹章。这种荷兰货币 30 枚相当于日本的 10 匁。我让商馆的书记用日语记下来,交给检查使。"②另外,长崎荷兰商馆馆长加布里埃尔在 1654 年 7 月 1 日的日记中写道:"如果将银 10 匁兑换成 60stuiver 的话……"③1 盾相当于 20stuiver,因此 1 盾大致相当于日本通用银(丁银、豆板银)3.3 匁。

　　日元与外币的兑换比率即汇率在锁国以前似乎就已经形成了。例如,位于平户的荷兰商馆尼古拉斯馆长 1635 年 6 月 5 日的日记中有"船银④ 1 枚大约相当于 13 盾⑤"的记录。在《大日本货币史》中,庆长丁银的重量为 39 匁⑥,不过丁银的重量原本并不确定。在江户时代,银 1 枚正好是 43 匁⑦,在交易时如果重量不足,则用豆板银补充。荷兰方面似乎也将 43 匁视为日本银币的基本单位⑧,荷兰货币 1 荷兰盾相当于日本银币 3.3 匁。

　　当年庆长丁银、豆板银的成色大约为 800‰,因此 3.3 匁通用银的纯银量为 2.6 匁。另一方面,荷兰银币是 1622 年以及 1638 年铸造的,1 荷兰盾的重量相当于 3.1 匁,其成色为 875‰,纯银量为

────────

　　①　译者注:stuiver 为旧时荷兰的货币单位,1stuiver 相当于 5 分。
　　②　村上直次郎译:《长崎荷兰商馆日记》第一辑,1956 年,第 51 页。
　　③　同上,第三辑,1958 年,第 299 页。
　　④　船银就是指江户时代银币——丁银,因为丁银的形状像船,也就是英语的 boat,所以荷兰人就给它取了这个通称。
　　⑤　永积洋子译:《平户荷兰商馆日记》第三辑,1969 年,第 244 页。
　　⑥　吉田贤辅著、本庄荣治郎校订:《大日本货币史》(朝阳会版)第一卷·三货部,1925 年,190 页。
　　⑦　三井高维编:《钱庄年代记》羊钟巷二·考证篇,1933 年,第 174 页。
　　⑧　永积洋子译:《平户荷兰商馆日记》第一辑,1969 年,第 473 页。

2.71 匁。而 1654 年铸造的 1 荷兰盾的重量相当于 3 匁,成色为 872‰,纯银量为 2.6 匁[1]。因此,估计上述汇率是根据纯银量的比值计算出来的。在此意义上来说,日本与荷兰两国货币的汇率是基于银的比价,而且这种关系是不可或缺的。

在幕府的锁国政策下,与荷兰的通商是一种例外,因而受到严格限制,是一种不自由的通商。自宽永年间实施锁国政策以来,日本基本上处于闭关自守的状态,与西欧社会基本上没有什么交往。正因为如此,没有受到海外通货形势的影响,凭借自身的力量形成了日本特有的货币制度,这一点将在后文详述。但这种锁国政策在幕府末年因为外国的压力而发生动摇。例如,由于签订了《日美和亲条约》(Treaty of Peace and Amity between the United States of America and the Empire of Japan),而被迫与各国通商,因而有必要确定日本货币与外币的比价。

在这个问题上,政治势力日趋弱化的德川幕府的态度始终是消极被动的,与之不同的是,才夺得政权宝座的明治新政府则十分积极主动。也就是说,明治新政府为了使日本名副其实地成为国际社会的一员,必须在国际上积极确立日本货币的地位,因此必须确定日本货币与外币的比价。换言之,比价犹如一个国家走向国际社会的资格证书,是与国际社会进行交往的重要条件。因为,日本货币不仅是日本一个国家的货币,还会以与外国货币的比价为中介成为国际货币之一。

日本自从作为资本主义经济国家加入国际社会以来,货币制度一直是以日元为基本单位。日元这种货币诞生于大约一百年前的明治四年(1871)。日元作为日本货币除了具有日本国内货币这样的性质,同时还兼具国际货币的性质。日元在日本国内经历了一百多年的发展变迁,在国外作为加入国际社会的资格证书也经历了不同的比价变化。在对各种情形进行比较、评价、判断时,需要有一个判断标准或者说基准点,这一点非常重要。从这个意义上来说,对诞生于 1871 年的日元进行研究,不仅对日本本身有意

---

[1] 根据 Shaw,W.A.:The History of Currency 1252 to 1896,2nd ed.,1896 一书中第 356—357 页的表计算得出。

义,而且有助于解决与世界经济融为一体的国民生活当中与日元相关的问题。

二、村上勘兵卫版的《新货币条例修订版》

笔者手头有一本题为《新货币条例修改版》的黄色封面日式线装书。这是日本最早的近代货币法规,共有 58 页。其中包括"太政官谕告"、"新货币例目"、"新货币成色重量表"、"新货币通用限制"、"太政官布告"、"造币规章"等内容。这本日式线装书没有标明刊行时间,估计是 1871 年[①](明治四年)9 月由位于京都东洞院通三条的村上勘兵卫书店刊行的。

1871 年刊行的村上版《新货币条例》,不仅在明治时代,直到现代都具有非常重要的意义,因为日本就是在这一年实际迈出了向资本主义国家发展的第一步。资本主义经济原本就是开放性的,与基于地方分权的关卡、国境等格格不入。因此,明治新政府在 1871 年在必要范围内大胆地消除了地方分权的封建制度。

毋庸置疑,"废藩置县"是消除地方分权性封建制度的主要举措。明治新政权废除了为推翻德川幕府做出巨大贡献的诸藩,打破了德川幕藩体制下的地方政权,推行了一系列改革。明治新政府借助维新成功的有利形势,毫不留情地消除了地方分权和封建性。新政府在打破旧制度的同时,又致力于中央集权新制度的建设与确立,为资本主义经济的导入与发展创造了条件。

1968 年 10 月是明治维新一百周年。明治维新给日本的政治、经济、法律、文化、习俗等各个方面的价值体系都带来巨大的变化。日本既没有像印度那样成为殖民地,也没有像中国那样成为半殖民地,而是在这一百年的时间里从所谓落后国家发展为现在的发达国家,这一切都从一百多年前的明治维新开始的。1968 年为了纪念与庆祝明治百年,日本举行了各种各样的纪念活动。自那以

---

① 译者注:1868 年明治维新之后官方改用新历。以前日本一直使用中国农历。17 世纪末以后,先后使用日本独自所作的贞享历、宝历、宽政历、天保历。1868 年明治维新后,于 1873 年废除天保历,改为使用格里历即新历,但民间占卜、算命和春分上坟等习俗仍依照天保历。1873 年之前的月份为旧历月,之后的为新历月。

来，每年都出现明治纪念热潮，估计这种状态今后几年还会持续。

这股热潮从一些小事中也可见端倪。最近时兴集邮，而在1971年发行的多枚纪念邮票中，有三套都与明治维新百年相关。那分别是邮政、户籍制度以及政府印刷事业百年纪年邮票。也就是说，在百年前的1871年，确立了邮政制度、户籍制度（即壬申户籍），国营的纸币司印刷局开业。很显然，这些对近代中央集权国家的形成具有重要意义。

还有一件重要的事情不能忘记，那就是在1871年日本确立了近代货币制度。从国家层面来看，这一制度比上述其他制度更为重要，可与在同年实施的"废藩置县"相提并论。

为了确立近代货币制度，明治政府于1868年（明治元年）11月中旬开工建设造币机构（大阪造币局的前身）①，这是在东京以外地区设立的唯一的中央机关。那期间出现过因为火灾导致的停工，从英属香港造币局购置的造币机器被烧毁等意外，只好通过东洋银行（Oriental Banking Corporation）重新从英国本土进口。在通过试验铸造后，终于于1871年（明治四年）2月15日在大阪举行了造币寮开业典礼，时任右大臣的三条实美等政府高官及其他内外嘉宾都出席了。百年之后，尽管没有发行纪念邮票，但皇太子出席了1971年4月4日（农历2月15日）在大阪举行的造币事业百年纪念活动。

对货币的铸造以及发行权的垄断权利叫作"货币特权（Coinage prerogative）"，是国家主权的核心部分。从历史发展过程来看，在过去该权力掌握在各朝代的权力者，即领主、君主、国王手中，而现在一般由政府掌控。在江户时代，当德川政权财政恶化时，往往会滥用该权力铸造劣币，以获得差价。明治政府被历史学家定义为专制主义（absolutism）政权，拥有强大的权利，自然也紧握货币铸造以及发行的大权。

但是，由于新政府标榜积极推动日本的近代化，力图加入实施资本主义经济的国际社会，因而不能像江户幕府那样为了私利而

---

① 1869年（明治二年）2月5日撤销货币司，成立造币局。同年7月8日，改称为造币寮。

恣意滥用货币铸造以及发行的权力。不仅如此，为了保持政府的声誉和威信，还必须制定法律（即货币法）对货币的重量、成色等进行规范，以取信于国民以及国际社会。而且，明治政府是革命政权，而不是单纯取代江户幕府的一般政权。在经济体制方面，明治政府与江户幕府之间存在本质上的差异。明治政府采取的是重视合理性和经济效率的经济体制，具有革命性，因此必须制定货币法。

不过，《新货币条例》作为造币寮所有业务的法律依据，那是在开业典礼3个月之后，也就是在1871年（明治四年）5月10日才终于公布。其实，严格来说，在开业典礼之前就已经开始铸造货币。另外，1871年1月13日、14日，政府与9个国家就造币条例规定的具体内容进行了探讨①。对于新政府而言，极具重要意义的制度建设的滞后带来了十分不良的影响。

1871年5月10日，外务大臣泽宣嘉致函各国公使，对发生这种情况的缘由进行了解释："日前，我国政府决定增铸新金银铜币，逐次详细告知其成色、重量、本位定位价格之比较及通用之限制等。如阁下等所见，造币寮已举行开业典礼，犹深推考将来之便利，与欧洲诸国、美利坚等金银货币之制度木位定位价格比较等，或考证于书籍，或槟问于识者，大概确定以金币为本位，银币等逐渐用作辅助货币。其普遍之正理可有之。……依之，熟虑细察我新货币今后之便否得失。……至此，更改前议，新铸造二十圆之金币。"②由此可知，明治政府是突然改变了本位货币。关于《新货币条例》的制定以及公布远远滞后于造币事业的经过，将在后文进行详细论述，在此只指出该事实，并列举外务大臣对此所做的解释。

虽然发布时间的滞后了，但是《新货币条例》的出台使得日元

---

① 外务省编：《日本外交文书》第四卷第二册，1936年，第605—608页。由于后述理由导致《新货币条例》发行滞后，造成这个造币规章未能如期实施，而是在大幅修改之后，与《新货币条例》一起正式发布。

② 《明治货政要略》，大内兵卫、土屋乔雄编：《明治前期财政经济史料集成》第十三卷，1934年，66页，以下将《明治前期财政经济史料集成》略称为《史料集成》。

正式成为日本的货币①。然而,《条例》中出现了两个没有预料到的小问题。首先是文字表述上有误,本该写成"贸易银"的地方误写成"银币";货币的误差、重量、纯含量等数值也有错。1871 年 9 月 13 日,政府发布了勘误的公示②。其次,《条例》的印刷数量不足,这是促进政府创办印刷业的原因之一。

太政官在 1971 年 7 月 13 日发布通告称:"此次发行新货币,各管区须认真贯彻执行条例,勿为异说流言所惑,特发行此新货币条例,不足部分可从书肆购买,在管区内广为分发。"③政府发放到各地的条例册数为:东京、京都、大阪各 7 册,通商口岸的官府为 5 册,各藩县各 3 册④。

然而,同年 7 月 17 日,京都府就向太政官提起申诉称:"此次颁布之新货币条例仅有一册用于传阅,称其余可从书肆购买。本府内布告就需要两千余册。此外,为知悉而不可不持有者又有多数,故特申请翻刻。布告所用部分交与官府,其余依本府布令书之例,望允出售。"⑤而当局批复称:"货币之事特别,不可翻刻。"⑥采取了非常强硬的否定态度。

于是,京都府再次提出申诉,表明如果不允许翻刻销售的话,希望大藏省尽快购入京都府所需的五千册并寄给京都府。针对大藏省认为京都府翻刻《新货币条例》会使出版商收益减少的说法,京都府指出:"布告书等无专卖之理,其目的在于广而告之。毕竟不能因为东京府下御用书肆⑦之利益而影响公事。……将之与世间著述书等同对待,其难敬服。"⑧当时,京都府也分拨到了新货币,

---

① 根据《新货币条例》的规定,日元于农历 1871 年 5 月 1 日成为公认的日本货币,一百年后的 1971 年 6 月 27 日是日元诞生的百年纪念日。但是除了一两份报纸、杂志有小篇幅的报道之外,这一天的意义被日本国民完全忽视了。

② 内阁记录局编:《法规分类大全》第一编、政体门五·制度杂款三·货币纸币付·货币一,1891 年,第 149—150 页。以下将该书称作《大全·货币(一)》。

③ 《大全·货币(一)》,第 146 页。

④ 同上。

⑤ 同上。

⑥ 同上。

⑦ 此处御用书肆是指因为和泉屋市兵卫和杉田玄白而闻名的出版《解体新书》(全五册)的出版社须原屋茂兵卫。

⑧ 《大全·货币(一)》,第 147—148 页。

由于事出突然，有人担心新货币能否顺利流通，是否会出现混乱。因此，京都府认为有必要彻底传达《新货币条例》，态度十分坚决。这种情形是中央官僚与地方官僚的情绪化的对立。中央官僚对各地的实际情况缺乏了解，以势压人，而地方官僚则有些自卑。这让人想到当年日本军中新士官与老兵间的矛盾对立。

这个暂且不谈，中央官僚最终屈服于京都府的主张，回复说："关于《新货币条例》翻刻之事，据京都府称，该府书肆中《新货币条例》册数少，无法满足市民所需。且不说销售者，送货人也有不周到之处。因书已出版，京都府内书肆共同支付费用，可允许发行销售。"①大藏省以订正《新货币条例》中的笔误、计算错误以及冗余表述为条件，在1871年9月5日正式批准京都府的翻刻申请②："关于《新货币条例》，其府内数量少，无法满足市民所需，故允许该府书肆购买翻刻木板发行销售。"③9月末，大藏省又通知各地彻底传达《新货币条例》的精神。④

在经历了曲折的过程，得到当局批准后，京都府让村上勘兵卫刊行了该条例。村上在1868年（庆应四年）就曾与井上治兵卫一起刊行过《太政官日志》，该日志便是后来《官报》的前身。正如9月13日布告所告知的那样，由于对旧版本中的错误进行了修改，因此村上刊行的版本取名为《新货币条例修订版》（以下简称《条例修订版》，旧版简称《条例》），但修订范围其实只限于勘误，并未涉及《条例》的具体内容。总之，村上刊行的《条例修订版》成为定本⑤。

如上所述，当时虽然已经开始铸造新币，但因本位货币突然改变，意味着货币制度的根本方针发生了改变。因此，作为造币行为的法律依据《条例》的制定大幅度延误，而且《条例》中错误较多。

---

① 《大藏省旧藏明治前期金融资料》，日本银行调查局编：《日本金融史资料》（明治大正篇）第四卷，1958年，第14—15页。以下将《日本金融史资料》略称为《金融史资料》。

② 《大藏省沿革志·出纳寮第四》，《史料集成》第二卷，1932年，第575页。

③ 《大全·货币（一）》，第148页。

④ 《大全·货币（一）》，第152页。

⑤ 《金融史资料》第五卷（1956年）的附录《明治时代的金融相关的主要文献目录》中有官方发布的《新货币条例》，但是未记录村上版的《新货币条例修订版》。

不仅如此,官版《条例》的分发册数也不能满足需求。这些问题都因《条例修订版》的发行而得到解决。从这些事实可以看出,虽然当局全力以赴建立起了日元货币制度,并力求做得更加完美,然而结果却是朝令暮改,显得十分草率。因此,日式线装本《条例修订版》就成了草率建立起来的日元货币制度的象征。

三、日元货币制度及其问题点

明治政府为什么要那么匆忙地确立新货币制度呢?货币制度犹如国家经济的中枢神经。借用罗斯特(Rostow. W. W.)的话来说,对于当时的日本而言,货币制度的确立既是"早期的决定性条件",同时也是"腾飞的必要条件"[1]。确立货币制度,对外可以保持独立国家的尊严,对内能够彰显政府的威信,具有绝对重要的意义。因此,在确立货币制度时,必须花费时间进行充分的调查、审议,然后采取慎重的行动。然而,是什么原因使得明治政府那么仓促行事呢? 首先让我们来思考这个问题。

可以想到的第一个原因是明治政府的主观意愿。明治政府推翻了持续了将近300年的德川幕府,希望通过重新建立经济生活中不可或缺的货币制度,尽快让人民在日常生活方面强烈意识到新政府的成立开辟了新时代,使人心焕然一新,以此彰显政府的威严。

如果说第一个原因是主观原因,那么第二个原因则属于客观原因。《条例》中的"太政官谕告"中有以下内容:"货币制度依然不规范,货币品种繁多,价值成色不一。今举其概略,有庆长金、享保金、文字金,有一分银、一朱银、当百钱以及大小铜钱多种。其他一时通用的货币更不胜枚举。甚至有限于一国一郡的货币,仅在部分地区使用,而不能在其他地区流通。货币品种各异,方圆大小价值不同,混合繁杂。有的成色差,其中或有赝币,甚为不便。"[2]

---

① Rostow, W. W. The Stages of Economic Growth, 1960, p. 7.
② 《新货币条例修订版》, 1871年, 第2页。

实际上,在 1869 年(明治二年)流通的大藏省认可的货币①,金币有天保二朱判、安政小判、安政二分判、安政一分判、万延大判金、万延小判、万延二分判、万延一分判、万延二朱判、明治二分判、明治劣位二分判,银币有天保一分银、嘉永一朱银、安政丁银、安政豆板银、安政二朱银、安政一分银、明治锌差一分银、明治添铸一朱银,铜币有宽永通宝铜一文钱、宽永通宝铁四文钱、宽永通宝铁一文钱、宽永通宝黄铜四文钱、天保通宝当百钱、文久永宝等。② 在此,作为参考,依据大藏省的调查记录(1875 年 12 月)中的 1869 年(明治二年)的旧货币流通概数表,将其中的金银货币的流通概数整理为表 1。需要说明的是,《明治货政考要》中旧金币群里有"安政·文久大判金"这样的条目,但因为这种名称并不通用,因而在此改为"万延大判金"。

表 1　金银货币流通概额(1869 年)

金
币

- 天保二朱判……7,444,638 两 3 分 2 朱
- 安政小判及一分判……74,170 两 1 分
- 安政二分判……2,110,129 两
- 万延大判金……17,097 枚
- 万延小判及一分判……625,050 两
- 万延二分判及二朱判 ┐
- 明治二分判 ┘……53,240,576 两
- 明治劣位二分判……608,000 两

银
币

- 天保一分银……11,010,100 两
- 嘉永一朱银……9,952,800 两
- 安政丁银及豆板银……79,051 贯
- 安政二朱银……6,700 两
- 安政一分银……28,379,600 两
- 明治锌差一分银……1,066,833 两 2 分
- 明治添铸一朱银……1,171,400 两

出处:《明治货政考要》(《明治前期财政经济史料集成》第 13 卷,第 23—24 页)

---

① 这里所谓的得到大藏省认可尚存疑问。因为当时政府让万延大判金作为通货无条件流通,而且如本小节表中所示的金银货币流通的大概数额也并非基于实际调查,似乎是将旧幕府时代的文书或是 1873 年 2 月江户幕府造币者佐藤忠三郎所制作的《旧货币表》中各种货币未回收额直接看作是流通额(关于这一点请参见第三章中相应部分)。但在此不拘泥于细节,姑且认为得到大藏省认可。

② 《明治货政考要》,第 23—23 页。

如前所述，当时流通的货币种类繁多，不要以为上表网罗了处于流通过程的全部货币。除此以外，还有被称为墨西哥元或者洋银的外国货币在流通，这一点也不能忘记。更值得注意且极具重要性的是，明治政府为了筹措鸟羽伏见之战等一系列推翻幕府的战争的费用，自己铸造了成色极低的劣币以及在银币、铜币上镀金的假金币。正因为如此，属于明治政府阵营的萨摩、筑前、土佐这些大藩也都效仿政府铸造劣币。① 而且这些"假币"甚至被称作讨伐幕府的功臣，它们理所当然地进入了流通过程。②

　　进入流通领域的还不止这些。明治政府就连铸造劣币、假币的金银都缺乏，因此还发行了被称为"太政官纸币"或者"金纸币"的政府不换纸币。这种货币流通性差，明治政府不得不在暗中摸索提高流通性的方法。

　　明治政府嘴上说"若货币种类繁多，市场各品种价值混乱，给万民造成不便"③，这只道出了一半真相。虽然当时还没有完全进入商品生产的时代，即货币经济的时代，但由于发行劣币、假币、不换纸币所造成价格体系的混乱，引发通货膨胀、经济混乱的状态超出想象。如果对这种情况听之任之，新政府必将面临经济瓦解的危机。事实上，1869 年（明治二年）8 月在信州上田藩就发生了民众的叛乱。因此，为了获得国民的信任和信赖，新政府有必要改变

----

　　① 　大藏省关于日本政府在 1869 年（明治二年）7 月 12 日与英法美德意五国公使之间就假币问题的应答称："（公使团）日前就假币一事提出质疑，希望得到解答，究竟是哪个藩在制造假币。会津、仙台、萨摩、筑前、艺州，或许还有其他藩。从大阪到四国、九州一带出现劣币，正在派人打探。"［大隈侯八十五年史会编《大隈侯八十五年史》（影印版）第一卷，1970 年，第 277 页］。《明治货政考要》中也有类似的记载。各国公使质问道："日前贵国答复称铸造假币者为会津、仙台两藩。除此两藩，是否还有其他？"日本政府回答称："两藩以外尚有萨摩、筑前、安艺也在铸造。"（《明治货政考要》，75 页）。萨托在他的日记中也记载英军曾从在萨英战争中缴获的萨摩藩军舰上发现了镀金的二分判金币［Satow, E.M., A Diplomat in Japan, 1921. 坂田精一译《一外交官眼中的明治维新》上（岩波文库），第 108 页］。综合这些记载，主要是萨摩、筑前、艺州在铸造假币，会津与仙台似乎是被冤枉的。

　　② 　1869 年（明治二年）2 月 25 日，寺岛陶藏（宗则）致信五代才助（友厚）称："二分与一分种类多，当地无贸易。二分有十一种，在通用者中，最劣者百两，最善者二分，差至百十一点左右。一分银政府之物为五分半，性甚恶"。（日本经营史研究所编《五代友厚传记资料》第一卷，1971 年，第 110 页）。

　　③ 　《新货币条例修订版》，1871 年，第 6 页。

劣币泛滥的状态,尽早确立统一的、完善的新货币制度。

第三点是对外的物质方面的原因。名目繁多的货币混杂,给人们带来不便。太政官纸币在流通过程中不被认可,又不能兑换成正式货币。① 人们因为收到劣币、假币而蒙受损失,也有蒙受损失的外国人对此提出了责难。代表他们利益的外国公使则完全无视贸易收支赤字的原因,一味地认为日本的劣币、假币是洋银急速升值的原因,要求对这种现象进行整治。例如,在 1869 年 1 月 7 日的抗议书中有这样的内容:

> 闻近来贵国通货一分银及二分金币之时价下跌,为彼此贸易之一大障碍。1866 年 6 月 25 日(庆应二年丙寅五月十三日)之修订条约规定,一分银币之质分为银九分以上,混合物一分以下,全量为一百三十四格令②(一厘七毛多)。此成色一分银三百十一枚值洋银一百枚。然今日一分银时价下跌,致使洋银一百枚值一分银三百四十枚,或三百五十枚。因此,舶来物品销售艰难。且持有贵国货币之外国人多少蒙受损失。盖一分银币之时价如此下跌,非因彼此贸易之盛衰所之致,洋银时价腾贵亦非因贵国政府缔结收买金银条约之故,惟因铸造低于 1866 年条约所规定成色之劣质一分银币,及赝伪二分银之流通。1866 年修订条约既然规定一分银之成色,则贵国政府无理由许可铸造劣币赝币。然如此评说流传,则不仅妨碍彼此之贸易,进而使贵国政府名声扫地。故我等公使不得不对此加以论辩,盖政府不仅应以所承诺之成色铸造货币,而且应防止人民滥造劣币赝币。因请速处理以杜绝动摇人心之评论,以防贵国货币之时价猛跌③。

① 1868 年(庆应四年)7 月 15 日,外国官事务所通告各国外交官称:"今为拯救国民之融通,日前已出台举措。当然,此种纸币为帮助国内融通,不可兑换正金"。[《大全·货币(四)》,1891 年,第 391 页]。

② 译者注:1 格令相当于 0.06479891 克。

③ 《明治货政考要》,第 72 页。关于各国公使的抗议,可参照《日本外交文书》第二卷第一册,25—30、119、144—150、171—172、336—340、348 页。

明治政府多次收到来自各国公使的类似的抗议书。

囿于问题的性质，明治政府迟迟未做回复。英国公使帕克斯（Parkes. H. S.）、法国公使乌特雷（Outrey. M.）以及德国、意大利等国的外交团向日本提出了强烈抗议，甚至大肆谩骂。因此，在1869年（明治二年）5月，担任交涉事务的外国官知事伊达宗城表示："至四月初旬，每次应对皆被怒骂愚弄之甚。宗城纵然厚颜无学，亦难以忍受。"因而提出了辞职申请。外国外交团的这种强硬态度，与黑船来到时并无区别。为了与外压抗衡，保持独立国家的尊严，日本必须建立新的货币制度。

当时政府方面由大隈重信负责货币行政，后来他曾经这样回顾往日的苦衷："外国官副知事不过一名外交官，然而当时的外交问题主要与货币行政相关，其任职者必然不得不思考货币、财政方面的问题，我也不例外。审察当时的财政状况，其混乱纷杂，盖不忍言者颇多。"[1]他还明确指出："造币局乃设立于我国从旧时代向新时代过渡的戎马倥偬之间。……之所以突然设立造币局，是因为与外交相关。"[2]很显然，来自外部的压力不仅对造币局的设立，而且对货币制度本身的确立也产生了极大的影响。[3]

还有一个原因就是，江户幕府在1866年（庆应二年）的《税务协定》（Tariff Convention）中承诺，为了便于洋银与一分银兑换，将以1868年1月1日为期限，建立统一的近代货币制度。众所周知，幕府没能实现这一承诺就垮台了。虽然从国内政治的角度来说，幕府与新政府没有关系，但在这件事情上无法一推了之。因此，不可否认，幕府的对外承诺对于新政府而言是建立新货币制度的一种压力。

《明治货政考要》曾经这样论述新货币制度："我政府货币改革发端于明治初年。当时举国疲惫之极，然而我政府锐意刷新旧弊，以图洗涤陋习。殊如货币改铸之事，不怠其准备。庆应四年（后改为明治元年）戊辰二月，命参与兼会计事务担当三冈八郎、小原仁兵卫两人调查货币改铸事宜，以期长治久安（三月七日）。……政

---

① 圆城寺清：《大隈伯昔日谈》，1923年，第378—379页。

② 《大隈侯八十五年史》第一卷，第185页。

③ 参照高垣寅次郎：《明治初期日本金融制度史研究》，第118—134页。

府断然决定改革旧制,更将万国之良制与我国之惯例折中,新铸划一纯正货币。此乃货币改革之滥觞。"①

1868年(庆应四年)2月至4月,鸟羽伏见之战刚刚结束,又相继发生了东征讨伐彰义队、平定奥羽越之战、五稜郭之战等一系列决定明治新政府命运的战斗。尽管处于戎马倥偬的时期,但因为上述原因,明治政府不得不着手改革对增强兵力不能带来丝毫直接效果的货币制度。虽然是被外国强制的不得已的行为,但一旦决定改铸货币,日本政府立刻从香港境内刚刚关闭的英国造币局购置了造币机器。从这个举措也可以看出,明治政府是以积极主动的态度实施货币改革的。

从1869年(明治二年)3月4日正式开始具体酝酿新货币制度,明治政府首先针对新货币的形态和货币单位计算法进行了审议,之后又经历了迂回曲折的过程,最终在1871年(明治四年)5月10日发布了《新货币条例》,建立了具有统一体系的近代化的货币制度。《条例》规定1日元为25.72特洛伊格令,即纯金1.5克＝四分金块,将1日元金币视为"原币"②,建立了统一的有机的组织体系。

1 日元金币,实际大小

另外,新货币名称以及进制也是一个值得重视的关键性问题。《条例》规定:"新货币以日元为基本单位,不论其数目多寡,皆宜在日元的元之后加数字计算。"③在这样的大原则下,"算则皆用十进一位之法,十厘为一钱,十个一钱称为十钱,百钱为一日元。一元之上至十百千万,皆以十进一位。"④

① 《明治货政考要》,第53页。
② 《新货币条例修订版》,第36页。
③ 同上第10页。
④ 同上第10页。

这种以元、钱、厘的十进制体系与之前的庆长以来的两、分、朱的四进制体系性质完全不同，因此两体系之间出现了断裂的事态。如果只是纸上的或者是观念上的计算问题的话影响不会太大，但因为与国民的日常生活这种具体问题直接相关，这种断裂有可能转化为实际的困扰，并可能招致严峻的事态。也就是说，不管新货币制度本身是多么完善统一，只要与之前的货币制度之间存在断裂，如果处理不好"两"价格体系与"日元"价格体系之间的矛盾的话，那么，为了消除"货币种类繁多，现场各品种价值混乱给万民造成不便"这样的问题而建立起来的新货币制度不但无法达到预期目的，甚至可能使事态进一步恶化。而且，如前所述，政府在建立这种新货币制度时的做法缺乏一贯性，可谓草率上场，存在相当大的风险。

　　从当时政府所拥有的势力以及政局的安定程度来看，这些问题并非仅靠制定法律就能解决。如果处理不当的话，甚至会令新政府面临生存危机。而实际上，正如史实记载，从"两"到"日元"的过渡还是比较顺利的，我们的担心有些多余。不过，这个问题并不会因此而消失。换一个角度来看，这种转化为什么能够顺利进行，这是一个关于日元诞生过程的问题。

　　《条例》是这样来描述旧货币体系与新货币体系之间的关系的："新货币与以往通用货币的价格以一日元充当一两即永一贯文。故五十钱为二分之一即永五百文，十钱为一两之十分之一即永百文，一钱为一两之百分之一即永十文，一厘为一两之千分之一即永一文。"[①]如此轻描淡写，似乎完全没有考虑到有可能出现的问题。通过对从银两过渡到日元的货币制度进行阐述，可以探求日元诞生的问题。然而，为了认识日元诞生的意义，不仅要对日元本身，还必须对构成日元母胎的江户时期的货币制度进行深入研究。

　　因此，研究江户时期货币制度的重要性超出我们的想象，虽然这是一个艰深的课题，在此还是想先论述一下。日本近世的货币制度以及作为其象征的日元是在大隈重信、伊藤博文等精英的指导下创建的。因此，人们一般是从这两人的功绩与贡献着手，研究

---

　　①　同上第 12 页。

1871年（明治四年）创建的日元货币制度，这种做法本身并没有错，可以说完全正确。但仅仅如此，并不能完全探明近代日本货币制度的历史和本质，因为那只是事情的一个侧面。

一般说来，日本史的研究一般将江户时代与明治时代（甚至包括现代）截然区分开来。的确，就政治方面而言，执政者交替，就经济方面而言，江户时代的封建制经济与明治时代的资本主义经济，那在理念和基本原则上都不相同。从这些方面来看，将江户时代与明治时代区分开来是有一定道理的，而且有必要这样做。但问题是，这样做容易造成一种错觉或草率的误判，让人觉得两个时代之间完全没有关系。

将日本的货币制度分为明治维新之前与之后，也就是根据名称上的差异将银两货币制度与日元货币制度一分为二，以此否定货币制度的连续性和传统，我不认为这是一种正确的态度。但以往关于货币制度研究的一般态度是：假定江户时代和明治时代完全断裂，或者把这种认识当成一种默认的前提，认为日元是明治时期的象征，研究日元货币制度只要将明治时代纳入视野就足够了。而且，关于日元以及日元货币制度的研究基本上都是从明治维新开始的。

江户时代的传统影响至今依然渗透在我们生活中的各个方面，其程度之深远远超出我们的想象。为了正确认识与评价，进而为了展望未来，有必要对江户时代的传统进行回顾。关于货币制度的研究也是如此。因此，不宜被将两个时期截然分开这一以往的做法牵着鼻子走，而是有必要将两个时代作为相关联的整体来看待。也就是说，在研究日元时，不能依据体制存续的期间这种政治上的标准来进行时代划分。

仅仅限于明治时代对日元货币制度进行论述，就容易犯一种错误，即只看到地表的建筑物，而忽略地基，这是一种危险的做法。为了证明预先设定的公式、结论而无视对自己不利的、不适合的事实，甚至不惜歪曲事实，其结果是一方面认为日元、日元货币制度是凭借大隈重信、伊藤博文这些人的个人才干、构想而建立起来的，或者认为那只不过是模仿洋银或者是美国美元金币方案这些外国制度的结果，是一种缺乏自主性的货币制度。另一方面，在建立货币制度时,先是计划实施银本位制,然后又突然改为金本位制,对于该现象,以往的研究都称之为草率出台的货币制度,却忽略了这种转变的必然性。

以往关于日元货币制度的研究,对江户时代货币制度的意义没有给予足够的重视,因此带来了一种研究上的盲点。为了克服这些问题,我深切感受到有必要将幕府瓦解前后的历史连接起来。换言之,不是以明治维新作为研究日元货币制度的出发点,而有必要放在更长的时间段内来对之进行思考定位,这样才能对日元货币制度的形成问题赋予新的意义,也能更加正确地认识日元百年史的意义。正因如此,虽然看似舍近求远,事实上我们也需要从江户时代的货币制度着手,去研究日元的诞生以及日元货币制度的创立。

第二章 江户时代的货币制度与货币经济

一、三币制度

孩子长大以后，未必就会朝父母所期待的方向发展，他们常常会按照自己的想法去做。同样道理，所有制度为了维持其有效性，会随着客观条件的变化，凭借自身的力量朝不同方向转变，货币制度也不例外。本章将对德川家康所创建的货币制度在整个江户时代发生的演变、变质过程及其意义进行探讨。

在此，首先谈一谈在本章进行考察时的两个限定条件。第一，关于江户时代货币制度的考察将始终围绕本书的主题，即明治四年形成的货币制度以及作为其象征的日元是如何诞生的这个问题来展开。因此，本章的目的并不是对江户时代的货币制度进行全面阐述，而是将研究重点置于江户中期以后，因为当时货币制度出现混乱，发生了急剧的变化。本章还将对江户中期至明治时代的货币制度的演变过程进行梳理，同时阐明其内在逻辑性。所以，本章对江户时代的货币制度进行考察时不会面面俱到。

第二点，为了认识、把握江户时代货币制度的演变而采用的研究方法。为了了解货币制度的演变与发展，本章采用相对静态的方法，基于各个时期的法规（布告、通告等）对货币制度的变化进行比较，以把握长期的变化趋势，这种方法是法制史的方法。当然，对于这种方法、观点，我会根据需要最大限度地加以运用。但是，我们最为关注的不是法规制度这些形式上、外观上的变化，而是其中的内容，也就是货币本身的变化以及使那些变化必然出现的经济条件的变化。

有关货币的法规制度是建立在货币的基础之上，但没有相关法规制度，货币也能存在。货币是自然物，先于法规制度而存在。相对于法规制度，货币作为独立变量凭借自己的力量而行动。因此，一般来说，法规制度的内容容易滞后于现实，或者说与现实相背离，有可能难以及时反映现实。因此在本章中，我们结合不断变动的货币的状况，也就是说，以作为生活必需品的货币的动态为媒介，来考察江户时代货币制度的实质性动向、变迁及其意义。

在对货币制度的动向进行分析判断时，需要一个基准或者说原点。在此，按照一般性步骤，首先对江户时代创建货币制度的框架进行概述。

众所周知，江户时代的货币制度一般被称为"三币制度"，因为当时有金银铜三种不同材质的货币。[①] 三种货币的流通区域以及功能各不相同。例如，从地域方面来看，以江户为中心的东国以金币作为价值标准，而以大阪为中心的关西则以银币作为价值标准。或是根据交易额进行选择，如大宗交易使用金币或者银币，而小额交易则使用铜币。或是根据阶级、阶层而有所不同，统治者、高级武士、富豪使用金币，下级武士、一般工商业者、富农使用银币，而农民、下层工商业者则使用铜币。给商品标价时也会因为习惯或是商品本身或是商品的社会地位而选用不同的货币，如鲷鱼等的价格会用金币表示，而大米、高级茶叶、和服、砂糖、盐、医药费等用银币表示；一般茶叶、蔬菜、豆腐等用铜币表示。像这样，根据各种因素，三种货币形成了各自的流通圈。

但在法律上来看，金银铜币的流通是不受流通圈的限制的。这三种货币不论在制度上还是在实际流通过程中，相互之间都没有本位货币与辅助货币的区别。因此，可以说那是全国规模的本位货币。而且，三种货币实际上根据市场比价、行情相互交易。因

---

① 江户后期曾出现过用铁铸造的铁钱和用黄铜铸造的黄铜钱，所以也有人主张江户时代的货币制度为"五币"或"五金"，但是这两种货币都是为了弥补制作铜钱的原材料铜的不足而铸造的，所以从根本上来说，还应该说是三币制度。

此，江户时代的货币制度按现在的说法，可以叫作"平行本位制"①（parallel standard）。当然，江户幕府对三种货币之间的比价进行了规定。但是，这种规定的实效如何又是另外一回事。因此，从这一点来说，不得不说那不同于平行本位制。

说来，江户时代的货币制度是按照一定目的建立起来的。首先，通过铸造成色统一的货币（金币则是统一重量）来排斥各地自然形成的、成色优劣不一的货币，例如加贺银这种由地方领主铸造的藩国货币、地方货币，以便在日本全国彰显其权威。同时，德川幕府掌控了贵金属以及从诸如佐渡、生野、石见等地的金矿、银矿新发掘出来的贵金属。德川幕府有意识、有计划地使这些贵金属在全国范围内流通，使其成为服务于幕府的一般支付手段。这便是江户时代货币制度形成的背景。

但是，这样的货币制度并不是在权衡已经在全国范围存在的货币制度的利害得失的基础上建立起来的。毫无疑问，江户幕府在建立货币制度时，并没有可供参考的现成的全国性货币制度。说来，战国时代平定统一日本的丰臣秀吉具有建立全国性货币制度的愿望和能力，可惜他的愿望尚未实现就离开了人世。德川家康继承了丰臣秀吉的遗志，也就是说，他有意识、有计划地确立了由丰臣秀吉所草创的全国性货币制度，从这一点来说，日本最早的货币制度是在江户时代确立的。当然，江户时代的货币制度绝对称不上是合理的货币制度，它不同于近代化的制度，不是在过去失败的基础上经过反复改良而形成的精细完美的制度，因此具有仅凭近代概念无法全面把握的复杂性。

也就是说，江户时代的货币制度在其开始确立的阶段，是针对当时尚不发达的货币经济，试图使幕府掌控下的贵金属作为货币流通。因此有些纸上谈兵，未必切合实际，也包含未分化的因素。后来，由于受到与引力作用相似的经济规律的作用而发生变迁，逐渐向着一元化的、统一的、有机的、严谨的近代货币制度转变。

日元的诞生——近代货币制度的形成

---

① 译者注：平行本位制一般是指金银两种本位币按其所含金属的实际价值流通，国家对两种货币的交换不加规定，而由市场上的金银的实际比价自由确定金币和银币比价的货币制度。

因此,基于在欧美近代的货币制度的基础上形成的现有范畴来教条地、机械地理解江户时期的货币制度,非常容易产生误解,甚至会带来危害。在此意义上来说,乍看这种命名方式只关注现象,并没有深入到问题的内部,但将江户时代的货币制度称为金银铜"三币制度"最符合实际。因此,从这种意义上来说,这样来命名是科学的。

在这三种货币制度中,金币的计算基本单位是两。据称,江户时代的货币制度以及该制度下的金币创始人德川家康借用了武田信玄时代甲州金的名称和计算法。德川家康非常重视甲州金,并将之认定为江户时代唯一的地方性金币。金币的基本单位是两,四分之一两为分,四分之一分为朱。因此,两以下的单位为四进制,但两以上的单位为十进制。

实际大小　　　　　实际大小的 1/2

从 1601 年(庆长十年)开始铸造的金币有大判(十两)、小判(一两)、一分判三种。但是,大判在整个江户时代主要不是用作货币,而是用作礼物、赠品。据称大判金是为了奖励在关原之战中建立功绩的武士而铸造的,因此大判金的面值为十两。不过,那只具有形式上的意义,因为大判金实际上并不是按两,而是以枚为单位来计算。另外,一枚大判的纯金量没有小判的十倍,其价值被认为只相当于七两二分小判①。1837 年(天保八年)铸造了介于大判与小判之间的五两判。当时的川柳短诗中有"五两判用于赠礼"这样的讥讽内容。可知五两判与大判作用相同。因此,实际上小判以

---

① 　参照草间直方:《三币图汇》(泷本诚一校),1932 年,第 538—540 页。

及面额低于小判的金币才是真正意义上的金币。

　　整个江户时代铸造的用作流通的金币,除了上文提及的小判、一分判以外,还有二分判、二朱判、一朱判。这些货币的成色、重量都按照规定统一,属于计数货币(currency by tale),因此在交易时一般不需要对其成色及重量进行确认,而只要数个数就可以了。在日本,最早作为计数货币而铸造的金币是开基胜宝。该金币铸造于 760 年(天平宝字四年),同时铸造的货币还有万年通宝,万年通宝是所谓"皇朝十二钱"之中的一种,为铜钱。另外,丰臣秀吉所铸造的天正判等也是计数货币。但这些货币并没有在实际流通过程中作为货币发挥过作用。另外,武田信玄时代的甲州金币的重量被统一为真炼灰吹金四匁,呈圆形,又被称为露小判或者露金。这种金币从形状上来看,很容易让人联想到计数货币,但其实却是称量货币(currency by weight)。而从史料记载来看,上述江户时代的金币是通过数个数来流通的。由此可见,庆长金币是日本货币史上最早在全国流通的计数金币,这是负责货币政策的官僚以及德川家康英明决断的产物,而作为计数货币的金币成为显示当时经济发展水平的一个大致指标。

　　接下来,让我们来看一看三种货币中的银币。银币以匁为基本单位,十分之一匁为分,十分之一分为厘,一千匁为一贯。因此,银币的计算体系是彻底的十进制,这一点不同于金币。江户幕府时代在银座铸造的银币种类有丁银和豆板银。丁银是大银锭,呈海参状,豆板银则是呈不规则椭圆形的小颗粒,豆板银又被称为小玉银。这些银币的成色统一,但不同于金币的是,每种银币的重量

实际大小的 1/3

和形状都没有严格统一，因此在使用时原则上要称重量，都属于称量货币。豆板银用于补足丁银重量不足的部分（补足时以不超过一块丁银为准），起的是辅助性作用。在需要进行更加细小的增减时，则使用比豆板银更小的颗粒状的露玉银。

如上所述，在创建三币制度时，银币是作为称量货币而铸造的。这是幕府尊重在京都、大阪存在银币圈这种既成事实的结果。京都、大阪商人在与中国商人交易的过程中接触到了中国的元宝，也称作银锭、宝银（日本人将之称为马蹄银）。中国的元宝是在元末明初（相当于日本的室町时代）出现的称量货币。京都、大阪商人比起形式，更加重视内容。德川幕府在制定三币制度时，考虑到了京都、大阪商人的雄厚实力，以及在那一带依然不可小觑的丰臣秀吉家族的势力。正因为如此，银币的单位称呼、计算采取了以往的称重方法。

三币制度中最后一种货币是铜币。铜与金银币相比出现得比较迟。在 1636 年（宽永三年）才铸造了宽永通宝。铜币的基本单位是文，最初一文的重量为一匁，据说"文"一词是由匁的读音讹转而来的，1000 文为一贯。铜钱是十进制的计数货币。如前所述，铜币在全国庶民的日常生活中广泛使用，同时还起到了针对金币的辅助货币的作用。在金币数额未达到金币最小单位"朱"的情况下，以"永（永乐钱）○○文"的方式来表示。幕府分别确定了上述金银铜三种货币的比价。例如，1609 年（庆长十四年）金一两＝银五十匁＝永（永乐钱）一千文＝京钱四千文。1700 年（元禄十三年），金一两＝银六十匁＝钱四贯。但实际上三种货币之间的比率由兑换市场来确定。

以上对江户时代初期的三币制度进行了概述。不过，三种货币之一的铜币（也即铜钱）不是我们研究的直接对象，因而在此不做深入探讨。后文将聚焦于金币与银币来展开论述。

二、从实物经济到货币经济

货币经济并不是指存在某种货币，或是由于便利而使用货币这种状况，而是指没有货币日常生活就难以为继，货币作为绝对不可或缺的因素渗透到日常生活中的状况。我们现在所生活的资本主义阶段便是货币经济的最高发展阶段。[1] 货币的形成与流通是自然发生的事情，但江户时代的货币制度的确立对日本的货币流通以及货币经济的发展的确起到了促进作用。货币制度与货币经济之间当然会形成相互作用的关系。江户时代的货币政策之所以脱离了庆长年间的原型，就是因为那样的货币制度推动了江户时代货币经济的发展。因此，在对江户时代的货币制度变迁进行考察时，有必要一瞥作为其原因的江户时代货币经济的状况。

江户时代的日本原则上采取的是实物经济、自然经济的方式。例如将军、大名、武士等统治阶级的领地、俸禄收入用石、俵、扶持（扶持指一人一天五合玄米）这些大米的数量来表示，那是以农业为基本生产方式，以土地为主要财产的经济模式。但到了17世纪中期前后，由于水稻品种的改良，以及三齿锹、脱壳工具木齿耙、选别谷粒的筛车的出现，再加上鱼肥等肥料的普及，农业技术、生产力得到了飞速发展，农业产量增加，这对江户时代后来的社会各个方面的发展产生了极大的影响。[2] 而对这个农业生产进行系统考察的宫崎安贞的《农业全书》（元禄十年，1697年）便是在这样的背景下问世的。

而我们最为关注的事实是，由于生产力发展迅速，在作为消费阶级的武士、地主阶级与作为生产阶级的农民之外又兴起了以商品生产、流通为职业的大大小小的工商业者。这些工商业者被称为町人或者职人。他们充分利用由德川家康所创设的货币制度，促进了以工商业为主要产业，以金银为主要资产的货币经济的形成与发展。不仅如此，截至宽政年间（1789—1801年前后），"天下之通用金银皆入商贾之手，富豪之名仅商贾有之。永禄年间之富者武士皆转为贫穷。故商贾之势日盛，处四民之上。……若将日本国分为十六，其十五为富商收纳，其一为武士收纳。"[3]可知当时

① 参照三上隆三的《货币经济理论的研究》（1960年）第2页相关内容。

② 内田穰吉在《知识与社会》（1972年）第33页以下的文中论述了其独特的理论，认为这个事实使江户时代出现日本的文艺复兴成为可能。

③ 本多利明《经世秘策》卷下（宽政10年以前稿）《近世社会经济学说大系——本多利明集》（1935年）第28页。

的货币经济压倒了实物经济。像这样，江户时代货币经济的发展程度超出了我们的想象。对于这一点，必须特别予以关注。

最近，人们常用"昭和元禄"来形容经济景气的状况。说到江户时代，人们自然会想到元禄年间，因为元禄年间在各种意义上都是江户时代的一个巅峰。之所以会出现这样的巅峰，首先是因为在那之前农业生产力得到了飞速发展。就我们所探讨的货币经济而言，元禄年间同样是一个巅峰。从元禄年间开始，形成了兑换商这样的货币、金融业者。另外，有关土地抵押、买卖以及一般贷款的近世史资料文献和档案也急速增加。从这些事实也可以看出，当时的货币经济不仅在数量上，而且在质量上得到了很大程度的发展。

货币经济飞速发展，凌驾于实物经济之上，也即实现了从实物经济向货币经济转变。基于这样的观点，我们有必要对被元禄的光环所遮蔽而不太为人所知的元禄以前的宽文年间（1661—1673年）加以关注。因为在元禄时代即将到来之时，熊泽蕃山的《集义和书》（宽文十二年，1672年刊行）和井原西鹤的《日本永代藏》（贞享五年，1688年刊行）这两本书得以刊行。这两本书不仅体现了货币经济完全取代实物经济的事实，而且从封建统治者和被统治者这两种立场对货币经济的威力进行了论述。

井原西鹤出生于大阪商人家庭，而商人是货币经济的实践者，所以他不仅积极承认货币经济的既成事实，并理所当然地对之予以肯定。他的这种态度丝毫不会给人留下不协调之感。他的代表作《日本永代藏》的副题是"大福新富翁教"。在处于实物经济阶段的室町幕府时代，就曾流行过教人如何致富的"富翁教"抄本，该书于1627年（宽永四年）得以刊行。《日本永代藏》将"富翁教"的教理运用到了新近形成、发展的货币经济上。且不谈其成败如何，这意味着该书就是货币经济时代的"富翁教"。因为《日本永代藏》具有这样的特性，所以井原西鹤在该书中以他独特的笔调对货币进行了赞美。例如："不论士农工商，抑或和尚、神社的神官，均宜听凭始末大明神的旨意，积攒金银。此乃双亲之外的重生父母。"[1]

---

[1] 《西鹤集（下）——日本古典文学大系48》，1960年，第33页。

（卷一，第一）。不过，熊泽蕃山与井原西鹤不同，正因为他身为武士学者，是实体经济的承担者和保护者，他书中的内容具有更深刻的意义。

熊泽蕃山在《集义和书》（第十三卷，义论之六）中认为丰收之年米价大跌，武士困窘；而歉收之年民众饥馑，上下皆苦，最终世间将陷入混乱，对此，他认为"虽由此所致甚多，然其大体有三：其一，大都小都皆处于河海通道便利之地，骄奢日久难防，商人富武士贫；其二，以米粟换诸物之事渐少，专用金银钱之时，诸物渐昂贵，财富渐入天下金银商人之手，大身小身皆匮乏；其三，无当然之式时，事繁物多也。士以禄米换金银钱买诸物。米粟贱而诸物贵时愈发穷困，武士穷苦而加倍索求于百姓。故丰收之年匮乏，歉收之年饥馑。……仅大商人日益富有。"[1]

熊泽蕃山的另一部著作《大学或问》（贞享三年〈1686 年〉八月至次年八月脱稿）又被称为《经济辩》、《经济拾遗》、《经济活法要录》，书中也曾指出："诸大名武士若不顾身份借贷，心中好强，取于民之事年年增多。故此，民间借贷量过多。现今世上贵贱皆债台高筑。……纵然官府将所藏金银谷米悉数调出，亦不足百分之一。因现今借银量已超过天下银总量百倍也。"[2]

从熊泽的以上论述可以看出，就在《集义和书》刊行的 1672 年（宽文十二年），即自江户时代货币制度创立之后不到 70 年的时候，货币经济已经得到了显著发展，封建社会的基础受到了侵蚀，这是他不得不承认的事实。当然，熊泽原本对实物经济持拥护的态度，也就是说，他是站在体制一方的学者。他充分认识到：随着货币经济的发展，封建制度正面临着危机，因为封建制度是建立在实体经济的基础之上的。他著书的目的在于指出明确货币经济的急速发展所带来的问题，并寻求解决的方法。他主张："大米如钱一般定价，京都大阪江户诸国以米买卖诸物，购买吴服时以米支付，购其他物品亦以米交匠人，宜用大米交换诸物。东国之人在京

① 熊泽蕃山，《集义和书》，《日本思想大系 30—熊泽蕃山》，1971 年，第 249 页。

② 熊泽蕃山，《大学或问》，《日本思想大系 30—熊泽蕃山》，1971 年，第 415—416 页。

都购物，与西国之人以米支付。或有少许不便，宜会逐日解决。"①熊泽力图实现实物经济的理想，认为应该让大米具备与货币相同的功能，这说明他对货币经济持否定的态度。

不过，有一点值得关注，如果熊泽的建议顺利付诸实施的话，那么货币当然没有用处。他站在崇尚实物经济的立场主张废除货币，但他同时又不得不进行以下的自问自答："金银钱宜废欤？宜依旧使用。米金银钱均正常交易之时，皆有用。"②

上述这些话并不能说明熊泽的观点具有局限性，也不能由此就断定他是机会主义者，而是说明货币经济已经发展到了就连他这样的人也不得不承认的程度。

另外，熊泽之所以没有无视货币，是因为他不同于受到幕府全力保护的官方儒学者。他身为冈山藩的总管家，经历了社会的变化，接触到现实经济生活，有着能够对现实进行冷静分析的学者素养。他指出："因金银钱通用之故，不卖米公役无所调。"③这说明他洞察到货币经济时代必然到来。也就是说，他不仅认识到从实物经济向货币经济的转型，而且还意识到由这种转型所带来的社会构造的变化以及政治体制与经济体制的矛盾，这种矛盾将给立足于实物经济的幕府体制带来危机。他是最早认识到这一危机的学者之一。④

意识这面镜子不仅能够映照客观世界，而且还能够展现未来。而且，意识并不是同步映照客观世界，要想正确反映现实，会滞后较长时间。在此意义上，熊泽虽然最早认识到了货币经济时代的到来，但在他之前的宽文年间，事实上就已经出现了货币经济凌驾于实物经济的情况。货币经济在那之后也保持之前的发展势头，为18世纪中期的江户时代货币改革奠定了最为重要的基础。

在上文中，我们就井原西鹤与熊泽蕃山对宽文年间货币经济

---

① 同上 418—419 页。

② 同前。

③ 同前。

④ 正是因为熊泽蕃山有着如此富于弹性的洞察力，他才会批判冈山藩政，批评社会，但同时也招致御用学者林罗山的怨恨，晚年还犯了幕府当局的忌讳，被禁锢起来。关于藩山的思想与当时经济状况的关联，内田穰吉在其《知识与社会》第28页以下有着令人深思的考察。

发展状况的认识进行了梳理。接下来要看一看对人们的经济观念产生影响的货币经济发展的客观事实。熊泽蕃山《集义和书》成书的宽文年间，是从实物经济向货币经济快速转型的时代，元禄年间以后货币经济得到飞速发展。其证据就是，当时大量铸造了庶民所使用的宽永通宝，1662年（宽文二年）大阪还开设了"金行情会所"前身的机构，在1670年（宽文十年），有实力的钱庄商人设立了"十人钱庄"。另外，破损小判以及轻量小判也在宽文年间大量出现，这一点值得关注。所谓破损小判是指断裂或者开裂的货币，而轻量小判则是指那些由于使用过程中的自然磨损导致重量达不到规定要求的货币。自1601年（庆长六年）第一次铸造货币以来，在大约半个世纪以后开始大量出现这类破损、轻量小判。这种有瑕疵的金币是因为广泛使用所致，说明货币经济发展普及到了相当高的程度。

不过，这种瑕疵货币并不都是在流通过程中自然出现的，其中一些是有人钻规章制度不健全的空子，半合法地减少金币重量的结果。庆长金币的破损、磨损金币在时隔50年之后才出现，但那之后的官方资料显示，官府正式发文确认出现瑕疵金币的时间与铸造时间的间隔变小很多。1695年（元禄八年）铸造的元禄金币在1705年（宝永二年）就已经出现了瑕疵金币，而乾字金币（1710年，宝永七年）、正德金币（1714年，正德四年）、享保金币（1716年，享保元年）等金币在1723年（享保八年）出现瑕疵金币，文字金币（1736年，元文元年）在1745年（延享二年）、文政金币（1819年，文政二年）在1833年（天保四年）分别出现瑕疵金币等，从铸造到出现瑕疵金币的时间只有9—14年。而且，这还是官方资料确认的时间，比实际时间要滞后不少。因此，在元禄金币以后，瑕疵金币出现的期间缩短了。所以说，那不仅是因为流通过程中的自然磨损，也是由人为地削切金币而造成的。

当庆长金币出现比较严重的瑕疵时，幕府会将其回收至金座①进行修补。修补过的金币会刻上"六角之内本字"的印记，作为"修

---

① 译者注：金座指江户时期铸造、发行金币的机构，于1868年废止。除金座之外，还有银座。位于东京的银座原本就是江户时期铸造、发行银币的机构。

补小判"重新发行。但在宽文以后,也就是 1674 年(延宝二年)4 月 5 日,江户钱庄行会向奉行衙门提呈的诉讼状备忘录中有这样的内容:"新修补的小判背面有'六角之内本字'之印。诸人知此,除上述新修补小判之外一概不收。四月五日,已将诉讼状提呈贵府大人。"①由此可见,人们偏爱重量符合标准的金币。这种偏好甚至到了令钱庄经营面临困境的地步。虽然金币的面值与重量之间有些不吻合,但瑕疵的金币依然能够凭借其面值作为标准金币流通,这其实就是计数货币的本质。以这样的经济规律为前提的作为标准货币的修补货币自然受到人们的欢迎,但这也表明金币受到特别的关注,成为故意切割的对象。

现在并未发现刻有"本"字的金币,如果这是事实的话,有可能是被人们切割或者被溶解了。也就是说,切割行为常态化了,而且切割行为的常态化如实地反映了货币经济的普及。宽文年间瑕疵货币出现时的状况,与引发 1690 年代英国货币改铸争论(Recoinage Controversy)时的货币状况有些相似。该争论是在以洛克(Locke, J.)和朗兹(Lowndes, W.)为代表的论客之间展开的。英国的那场争论是由瑕疵货币所引发的,其出现时期与宽文年间大致相同。我们往往有一种先入观念,认为那时的日本与发达国家英国相比是一个落后国家。而这一事实可以为比较经济史提供一个饶有趣味的个案。

当货币作为流通手段发挥作用时,无法避免面值与重量的不相吻合的问题。对此,幕府采取了以下对策。如前所述,幕府在修补过的,或者是符合标准的金币上刻上印记。在 1674 年(延宝二年)4 月又发布通告称:"今后若未通告停用,无论是否刻有印记,皆可使用。"②命令无论金币上是否刻有印记,其重量是否符合标准,都可以按照面值使用。1705 年(宝永二年)10 月的通告又称:"今后破损小判无碍使用,不得收取步银。"③禁止钱庄针对瑕疵货币以银币收取金币的不足部分,并允许瑕疵金币流通。1721 年(享保六年)6 月,幕府规定:"今后小判有一处三分之一以内的破损,金额三

---

① 三井高维:《钱庄年代记》关键卷一·资料编,1932 年,第 213 页。
② 高柳真三、石井良助编:《宽保年间官方通告汇编》,1934 年,第 892 页。
③ 大藏省编:《日本财政经济史料》卷二经济部一,1922 年,第 575 页。

厘以内,以及一分判有瑕疵少许可通用无碍。"①设定了误差范围,这一点值得关注。1723 年(享保八年)3 月又规定:"今后无论瑕疵大小皆可通用。"②1735 年(享保二十年)11 月再次重申"无论瑕疵大小皆可通用",又规定:"今后……金额相差四厘以内可通用。"③关于一分判,则规定"不得将裂疵称为折疵,将修补过的金币称为补丁金",不允许以此为由拒绝收取。还称"金币分量相差二厘以内通用无碍"④,降低了瑕疵货币进入流通渠道的标准。

降低瑕疵货币进入流通渠道的标准也就是扩大公差,这种做法一直在持续。在 1749 年(宽延二年)12 月规定一分判金币"上述分量[四厘]不足部分可无碍通用"⑤。1750 年(宽延三年)5 月,由于断裂的小判不好流通,于是规定破损不超过五分的破损金币、偏差四厘以内的轻量金币应该收取,但可以不收取"外形破损、开孔或者有数处瑕疵之类"。⑥ 1833 年(天保四年)5 月再次规定,二分判金币不足部分在四厘以内可以通用。以上引用的规定都是在量或质方面降低瑕疵货币进入流通的标准,以扩大其流通。不过,坚持原有标准,强调确认原有规定的通告的数目也与新规定不相上下。⑦

总而言之,反复发布这样的规定,在各种意义上都反映出货币流通的频率增大,也就是说货币经济得到了发展。这种规定最早发布是在元禄之前的 1674 年(延宝二年)。从这一点可以看出,在元禄之前,也就是宽文年间货币经济已经实现了质的飞跃。我们关注宽文年间的货币经济,不仅是因为那个时期货币被广泛使用,如果仅从货币的流通来看,镰仓时代、室町时代就已经出现了这种现象,尽管程度有所不同。因为在宽文年间货币经济开始取代自然的实物经济,之后这种新型经济得到了不断的、坚实的发展,成为日本货币经济的真正的出发点。这才是我们不得不关注宽文年

---

① 同上,第 618 页。
② 同上,第 618 页。
③ 同上,第 621—622 页。
④ 同上,第 622 页。
⑤ 同上,第 635 页。
⑥ 同上,第 636 页。
⑦ 《德川禁令考》第六卷,1932 年,第 194—200 页中收录了相关的主要内容。

间的缘由之所在。

如前所述，幕府为了让这种瑕疵货币能够流通，曾多次发布命令。那么，这些命令的效果又如何呢？让我们来看一看中井竹山在《草茅危言》(卷五)中的描述："世间轻量金币、破损金币不能通用，此事甚为不便，且颇为麻烦。故官府反复命令可无碍通用，金币若非破损为两半均可用。然虽有官府命令，却不可行。不可行之缘由有二：其一，闻民间向官缴纳金币时，或因有司之私心之故，上述两种金币必不肯收。此似自令自犯者，有碍民间通用也；其二，士大夫以下一介平民收取金币之时无任何念头。然将之用于兑换，上述两种金币均被折价收取，故皆蒙受意外损失。钱庄手中金币交易多，故入时减价，出时按常价，以谋私利。故钱庄喜两种通用有碍。若此两种甚不可然，则务必重新发行命令，上述两种金币可随时缴纳、交易，在钱庄两种金币可以通用。若以后钱庄言两种金币之不同，可早早诉讼，根据兑换金额之多少，可令金主承担出超费用，此害可速消除也。"[①]

由此可见，幕府的告示并没有达到预期效果。作为计数货币，如果将重点放在标准货币上，那么瑕疵货币就无法流通；而如果将重点放在瑕疵货币上，那么标准货币就会被人收存，由此退出流通领域，其结果是只剩下瑕疵货币在流通。这可谓计数货币的宿命。然而，只有瑕疵货币流通，这与本位货币的本质是不相容的。尽管如此，瑕疵货币的出现及其流通对于计数货币而言，是不可避免的经济规律。而宽文年间货币经济得到飞速发展这一事实又使得这种状况常态化了。而且，对这种状态尽管没有进行系统的、科学的理论把握，但人们根据多年的经验铸造辅助性的计数货币来应对。不过，这一点不是本节的主题，将另外进行论述。

三、新银币的出现

在江户时期的货币制度摆脱初期状态发生质变的过程中，银币起到了非常大的作用。如前所述，自庆长年间以来，铸造了被称

---

① 《日本经济大典》第二十三卷，1929年，第446—447页。

为丁银、豆板银的银币,这些银币在整个江户时代一直都被铸造并流通。在江户时代,和服、烟草、高级点心等的价格只用银币表示。即便到了明治时代,依然沿用"银〇〇匁的茶"这种方式来表示茶叶的品质、级别。然而,在货币经济相当发达的江户中期出现了新银币,它不同于江户初期开始实施货币制度以来的银币,并且得到了幕府的公认,与幕府所铸造的丁银、豆板银同样流通。正是这种新银币使江户时代的货币制度发生了质变。

最早的新银币是在时任财务长官的川井久敬的建议下,于1765年(明和二年)9月发行的长方形的"五匁银"。当时的告示称:"此次新铸造的银币与文字银成色相同,重量定为五匁,新银币与以前的丁银小玉银兑换,交易双方可无碍通用。"①由此可见,五匁银与当时通用的元文丁银的重量以及成色相同(实际上五匁银的成色与丁银并不一致。关于这个问题,将在下文中进行论述)。官府规定五匁银与丁银、豆板银同样流通。

但幕府此后又三番五次发出了类似告示。首先是在1767年(明和四年)3月命令勘定奉行②:"无论行情如何,均以金一分兑银三枚、金一两兑银十二枚之比率兑换,交易双方可无碍通用。此布告公布期间,均以此比率兑换。"③接着,又在同年12月发出告示称:"与文字银成色相同,重量定为五匁的新铸造银币与以往丁银小玉银兑换,交易双方可无碍通用。以后,无论五匁银之行情如何,均以金一两兑银六十匁,即金一分兑银三枚、金一两兑银十二枚之比率兑换。交易双方可无碍通用。"④也就是说,是幕府单方面要求无论五匁银的行情如何,都必须按照官方规定的金一两=银六十匁=五匁银十二枚的标准进行兑换。

这种五匁银在形式上兼具称量货币与计数货币这两种异质货币的性质。幕府抱有这样的期待,并认为那具有可行性。实际上,五匁银的实质性作用后来远远超出幕府的预想,成为日本货币史

---

① 高柳真三、石井良助编:《天明年间官方通告汇总》,1936年,第815页。

② 译者注:勘定奉行指江户时代掌管幕府所辖地的财政、税赋及行政、诉讼等事务的职务。

③ 高柳真三、石井良助编:《天明年间官方通告汇总》,1936年,第816页。

④ 同上,第817页。

上重要的事件。

实际大小的 2/3

那么江户幕府为什么要在江户中期开始铸造这种计数货币呢？首先可以想到的是为了解决丁银交易过程中称重不便这种技术上的问题。关于这一点，羽田正见在其《货币通考》（安政三年〈1856 年〉刊）中指出："不知何人想到若银亦如金，有定量银币便于急用，虽银已废日久，后世开二朱一朱一分之大利，乃因有此先驱，其功伟也。"[①]用这种方法可以消除在使用称量货币过程中不可避免的不便，但这不是五匁银产生的决定性原因。因为人们已经想出了弥补称量银币的这种本质性缺点的方法。据说那是被称为钱庄开创者的天王寺屋五兵卫想出来的，他在商业交易中使用银票，不用丁银而用银票来结算。之后，这种方式得到普及。

另一方面，幕府还常常使用"包"，包主要有五百目包和枚包两种。所谓五百目包，是指用高级和纸包封的五百匁的丁银和豆板银。另有用一枚为 43 匁的通用银包封的，故称枚包。枚包与大判金币一样，用于赠送礼金，而五百目包则是为了节省在流通过程中的称重环节，是以包封的形式使用的。但不足五百匁时，还是要称重量。[②] 总而言之，消除称量时的不便是附带的理由。

其次可以想到的是幕府是为了维护自己的权威与威信。如前所述，有一个不可思议的事实，即在整个江户时代，金币和银币的流通地区是不同的，这一点从"关东用金，关西用银"或者"江户用金，大阪用银"这些说法中也可以得到印证。这种现象不是江户幕

①　羽田正见：《货币通考》，胜安房：《吹尘录》第 14 册所收，1890 年，第 27 页。
②　参照田谷博吉：《近世银座研究》，1963 年，第 124—127 页。

府造成的,在江户时代之前就已经存在,江户时代只不过是出于对既成事实的妥协或是遵照惯例加以运用而已。这是因为东日本金矿比较多,而关西地区银矿比较多的缘故。平安末期的藤原三代之所以繁荣,是因为他们掌控了陆前至陆中一带的沙金地带,那里金矿十分有名。另外下野、骏河、常陆、甲斐、佐渡的金矿也十分有名。从镰仓时代开始,关东就使用金币,而关西则使用银币,石见的大森、但马的生野、因幡的蒲生、摄津的多田,以及对马的银矿产量丰富。再加上京都的铜匠苏我理右卫门(住友寿济)在天正年间(1573~1592年)发明了被称为"南蛮绞"的银铜加工法,能够从含银的交易铜中提炼银。由于这项技术的普及,关西地区的银产量增加。再加上关西地区自古以来就是日本经济的中心,与中国的贸易也是用银结算,因此自然而然使用银币。如前所述,关西的银币与中国的马蹄银一样是称量货币。自然而然地银币就成了关西的主要货币。

面对这样的状况,德川家康在使用金币的关东地区采取了大判金、小判金、一分判金币的形式,投入自己拥有的黄金来奠定江户幕府的经济基础,另一方面在使用银币的关西地区则按照惯例,让丁银、豆板银相继流通,投入自己所拥有的白银,向町人展示幕府的权力和经济实力。

另外,如前所述,在草创时期还必须考虑到当时依然具有影响力的丰臣秀吉余党的势力。因此,幕府一方面按照一定的成色、重量铸造金币并烙上印记,按面值流通;另一方面,针对成色相同但重量、形状各不同的银币设定了官方金银交换比率。例如,在1609年(庆长十四年)为金一两=银五十匁,以期银币能够以稳定的价格流通。由官方规定的这种金银比价得以维持,也就是说,幕府所规定的银价得到认可并能保持,那就说明幕府在关西拥有绝对的政治威信。但事实上,金银比价是由各个时期的市场行情所确定的,因此官方定价只是有名无实。而且随着时代的变迁,钱庄、商人等操纵市场,利用金银两种货币的行情变动获得投机性利润,一般民众以及幕府自身都因此而陷入困境。

总而言之,幕府的权威对银价没有产生丝毫影响,京都、大阪的商人一直按重量衡量银币的价值,他们采取了彻底的合理主义的态度。金币和银币的兑换比率是在市场交易中形成的，这表明幕府在货币方面的政治权力最终屈服于关西的经济实力，货币政策不得不根据关西的经济状况来决定。这样一来，幕府成为富人的造币承包人（当然，实际从事货币铸造的是金座以及银座的工匠们）。换言之，不是幕府支配商人，而是商人支配幕府。幕府的货币政策的实施能力也因此下降，而铸造这种作为计数货币的五匁银的目的就在于否定作为通用银的丁银、豆板银的市场价格，规定金一两＝银六十匁这样的官方比价，按照这种比价强制流通。属于这种系列的最早的银币——天保一分银出现之后，就完全证实了幕府这种意图。关于这一点，将在后文中进行论述。

但是，旨在重新确立幕府权威的这些货币政策，意味着幕府的政治权力向关西的财力、经济实力发起挑战，是在与关西争夺经济利益，是与经济利益互为表里的政治权利，这是幕府铸造新银币的第三个也是最基本的原因。如果幕府只是为了树立权威，也就是说为了在形式上、观念上自我满足而铸造新的计数货币，那就小看了幕府，因为如果仅仅是为了树立权威，完全可以通过铸造已有的丁银来实现。

具体来说，维持官方规定的金银兑换比率有一个必不可少的前提，那就是让一定数量的银币以高于其实际价值的价格流通，幕府通过获得差价来扩大财源。这项新银币方案是由田沼意次采用并强行付诸实施的。幕府以确保财源为主要目的，鼓励种植经济作物和开垦池沼，致力于振兴长崎贸易、确立专卖制度，并计划开发北海道。通过这一系列举措，与城市的商业资本联手推行重商主义的积极扩张的财政政策。可以说，在上述三个原因当中，前两者是后者的必要条件，后者才是根本原因。第一、二个原因掩盖了后者的本质，只不过是一种冠冕堂皇的借口而已。

那么，这种银币的差价有多少呢？明和五匁银的重量为 5 匁，成色为 460‰。因此，一枚银币的含银量为 2.3 匁。五匁银 12 枚＝60 匁＝金 1 两，其含银量为 27.6 匁。正如在前文中论述过的那样，幕府的告示规定五匁银与文字银＝元文丁银的成色相同，但根据甲贺宜政的《德川氏货币一览表》①称：用元文丁银多次进行试验，证明其成色为 451‰②。据《货币制度调查委员会报告》(1895 年)所收录的"1601 年(庆长六年)以后本邦金银币价格比较表"的统计，在出现五匁银的 1765 年(明和二年)，金 1 两折合 62.5 匁，而金 1 两折合元丁银 28.4 匁。这么一来，与铸造丁银相比，幕府每铸造价值金 1 两的五匁银，就可以获得银 1 匁的利益。每使用金 1 两，可以少花费银 1 匁。

不过，就五匁银本身而言，差价其实并没有很大的吸引力。但如果不只看到五匁银这种新银币出现时的情况，同时也关注相同系列的其他银币后来也被陆续铸造这样的事实的话，就可以明确看出幕府铸造新银币的目的在于赚取差价。幕府试图按照金 1 两＝银 60 匁的官方比价强行让五匁银流通，但通用银的市场比价是金 1 两＝银 63 匁，因此这种做法并没有取得预期效果。正如幕府致勘定奉行的信函中所描述的那样，"五匁银之事以来，已告知无论行情如何，可以金一两兑换银六十匁。若钱庄五匁银积压，有碍金币之时，钱庄可以五匁银兑换金币。"③幕府不是通过发布告示，而是通过收购积压在钱庄的五匁银这种方式，让五匁银从流通过程中自然消失。④

因此，幕府不得不废除五匁银。但幕府并没有就此罢休，在1772 年(明和九年)12 月又费尽心思调整方案，铸造了五匁银系列的银币。当时的告示称："此次为了通用，以上等银'南镣'铸二朱步判，

---

① 此表收录于三井高维《钱庄年代记·关键卷一·资料编》，1933 年，795—801 页。以下文中凡是没有特别标明，江户时代货币的技术数值均来自此表。

② 江户幕府虽然公开表明五匁银与文字银成色相同，但实际上成色的差异远远大于铸造技术不熟练所导致的误差。幕府一直采取追求差价的态度，从这一点来看，对这种事实又该如何理解呢？这是幕府有意为之，我觉得这样考虑比较自然。因为，当局在发行五匁银时，强调五匁银不单是重新铸造的文字银，是新铸的通用银币，与已有的通用银币共同使用。或许是为了增强说服力，幕府新铸的通用银币不仅成色有所不同，而且使用的材料是灰吹银，这一点与文字银不同。参见田谷博吉的《近代银座研究》，第 304—305 页。

③ 《天明年间官方通告汇总》，第 817—818 页。

④ 竹原店经理久兵卫著、三井高维校注增补：《钱庄年代记》原编，1933 年，第289—290 页。另外可参照三井高维：《钱庄年代记》关键卷一，第 647—655 页，该部分论述了从钱庄的角度来看，五匁银的流通是多么困难。

以上述步判八枚兑换金一两。"①在这里，没有使用"银"这个一般性的用语，而是使用了"南镣"②这个表示高纯度上等银意思的词语。另外，以从唐、安南、阿兰陀进口的银为原料③铸造了与"南镣"这个词语相称的、成色高达978‰的接近纯银的银币。然而，正如1773年（安永二年）的告示所称："为了促进二朱判在世间通用，以南镣银铸造。南镣迄今以十匁兑换通用银二十五匁，以此比率与金兑换，二朱判八枚值金一两。"④也就是说，因为南镣是上等银，其价值为一般通用银的2.5倍，故可以用8枚二朱判兑换金1两。接着，在被称为新一分银的安政一分银（安政六年＝1859年）出现之前，陆续铸造了文政南镣二朱判（文政七年＝1824年⑤）、文政南镣一朱判（文政十二年＝1829年）、天保一分银（天保八年＝1837年）、嘉永一朱银（嘉永七年＝1854年）这些与五匁银相同系列的银币⑥。

　　五匁银系列的新银币给幕府带来了多少差价，从下文的表2"各种银币针对金1两的含银量"便能一目了然。且不谈在相同系

---

①　《天明年间官方通告汇总》，第820页。

②　据《吹尘录》记载："二朱判为南镣，故称银之上品为南镣。"（该书第8册，46页）。"南镣"这个词源自《尔雅·释器篇》："白金谓之银，其美者谓之镣。"另外，还有一种说法，认为产自中国南方的银进口到日本，故将上等银称为南镣（三井高维：《钱庄年代记》关键卷二，第181页）。有必要提及的是，从中世纪起，与南镣同样使用的还有南挺、南廷这样的词语。南挺是"南镣一挺"的简化表述。南镣、南挺原本是指从中国进口的上等银，从室町时代后期起，泛指一般上等银。

③　《通航一览》第五，1913年，第247—248页。主要是指因为大量进口拉丁美洲的银而导致价格下降的欧洲的银，尤其是1769（明和六年）起大量购买的荷兰银。

④　或许是因为顾及幕府，羽田正见说"安永二巳年十二月之令中二朱判乃纯银所造"（《货币通考》，《吹尘录》第14册所收，第30页），将南镣夸大解释为纯银。另外，还称含银量更少的天保一分银使用了比南镣更好的花降银。但实际上南镣与花降银之间似乎没有明显的区别（请参见日本银行调查局编《图录日本的货币》4，1973年，第172页）。

⑤　在明和南镣二朱判与文政南镣二朱判之间，还有宽政十二年（1800年）铸造的南镣二朱判，铸造者为银座官衙（1800年由银座从独立组织而被改设为幕府的铸银官衙）。同年十一月发布过如下内容的公告："关于二朱判，由于今年支付殆尽，铸造期间可通用无碍。"［高柳、石井编：《天保年间官方通告集成》（下），1941年，第582页］。据三井高维称，文政南镣为2匁，而宽政南镣为2.1匁，后者稍微重于前者（《钱庄年代记》关键卷二，第182页），不像天保一分银和安政一分银之间存在明显的差异。因此，依照通例，将宽政南镣与文政南镣等同看待。

⑥　在安政一分银之前，除上述银币以外还铸造了安政二朱银。但是，这种货币比较特殊，不宜相提并论，故笔者特意在此将之除外。关于其特殊性，将在后文论述。

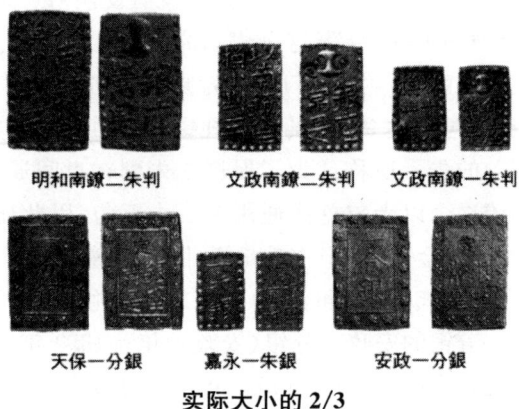

| 明和南鐐二朱判 | 文政南鐐二朱判 | 文政南鐐一朱判 |
| 天保一分银 | 嘉永一朱银 | 安政一分银 |

实际大小的 2/3

列的银币之间进行比较，而将各种新银币与相当于金 1 两的含银量与当时的通用银的市场价格所需含银量进行比较，可知明和南鐐二朱判为 9.6 匁，文政南鐐二朱判为 7.2 匁，文政南鐐一朱判为 11.5 匁，天保一分银为 6.6 匁，嘉永一朱银为 9.7 匁，安政一分银为 1.7 匁。这样一来，这些银币都能给幕府带来差价。即便与依据官方规定的比率计算出来的含银量进行比较，明和南鐐二朱判为 5.9 匁，文政南鐐二朱判为 5.4 匁，文政南鐐一朱判为 10 匁，天保一分银为 6.5 匁，嘉永一朱银为 7.8 匁，之间也都存在差价。

在这种情况下，五匁银和安政一分银不能带来差价，因此幕府是在意识到市场银价的状况下铸造了新银币。另外，幕府也承认通用银的官方比价有名无实，因此希望通过铸造新银币来恢复幕府的威信，这一点十分明显。

从 1736 年（元文元年）至 1859 年（安政六年）的大约 120 年间，幕府总共铸造了 4 种丁银，而新银币则铸造了 7 种（安政二朱银除外）。不仅如此，元文丁银（包括豆板银，以下同）的铸造量为 52 万 5466 贯，文政丁银约为 22 万 4982 贯，天保丁银约为 18 万 2108 贯，安政丁银约为 10 万 2907 贯，每年都在大幅度下降。而新银币的铸造数量则保持稳定。例如，五匁银大约为 1806 贯，明和南鐐二朱判为 12 万 8153 贯，文政南鐐二朱判为 12 万 1379 贯，文政南鐐一朱判为 9 万 7938 贯，天保一分银为 18 万 1508 贯，嘉永一朱银为 7

万 9622 贯①。这些都进一步证明了银币铸造的重点从以往的丁银转向了五匁银币系列的事实②。

表 2　各种银币针对金 1 两的含银量

新种银币				通用银				
银币名	重量	成色（千分比）	含银量	相当于金 1 两的含银量	银币名	成色（千分比）	官方比价针对金 1 两的含银量	金 1 两的市场价格	相当于金 1 两的含银量
	匁		匁	匁			匁	匁	匁
五匁银	5.0	460	2.3	27.6	元文丁银	451	27.0	63	28.4
明和南镣二朱判	2.7	978	2.64	21.1	元文丁银	451	27.0	68	30.7
文政南镣二朱判	2.0	979	1.958	15.7	文政丁银	353	21.1	65	22.9
文政南镣一朱判	0.7	989	0.692	11.1	天保丁银	353	21.1	64	22.6
天保一分银	2.3	989	2.27	9.1	天保丁银	261	15.6	60	15.7
嘉永一朱银	0.5	978	0.489	7.8	天保丁银	261	15.6	67	17.5
安政一分银	2.3	893	2.05	8.2	安政丁银	135	8.1	73	9.9

注(1) 根据甲贺宜政《德川货币一览表》制作。关于市场价格，依据《货币制度调查会报告》(1895 年)凭证二，以及"1601 年以后本邦金银价格比较表"。
(2) 各种银币中所含微量黄金忽略不计。

――――――――

① 安政一分银以及安政二朱银的铸造量也不宜与其他银币相提并论。关于这一点将在后文中进行论述。
② 福田务廉在《丁银改铸秘策》(1809 年)中甚至主张"今若将丁银悉数改铸为南镣，无成色之差，不便之物变为便利之物，且有金六百万余两，铜四十万余贯之益。"（《古事类苑》泉货部五，1899 年，第 317 页）。

四、银币作为计数货币的意义

1765 年(明和二年)开始出现的新银币五匁银在江户时代的银币史上并非一时性的例外现象。关于这一点,已经在前文中进行过论述。以这种五匁银为代表的新银币[1],也就是五匁银系列的银币长期存在这一事实,这不仅对以往的银币,而且对于金币,甚至对整个江户时代的货币经济也都产生了深远的影响。这些影响主要是由五匁银币系列所有银币所具有的计数货币的性质所带来的。我们在对五匁银系列的银币在货币经济史上的意义进行考察时,可以列出以下几点:

第一,庆长年间以来一直持续作为称量货币的银币,其意义以及传统因为作为计数货币的新银币的出现、存在而受到排挤,从而走向衰退。一般说来,从称量货币到计数货币的变迁,可以说是一种自然规律。在日本,因为上述原委,计数货币由江户幕府自上而下实施,这只不过是这种变迁的一种契机。而且,在计数货币铸造以后,称量货币并没有被废止,而是继续铸造。虽然这两种货币都是在幕府的银币专用造币所"银座"铸造,并且是同时流通的,但两者的性质不同。

不用说,幕府当然希望两种货币同样流通,但现实却不是这样。如前所述,计数货币五匁银要比称量货币丁银成色差。正如有名的格雷欣法则[2]所显示的那样,良币丁银逐渐从流通过程中消失,而劣币五匁银作为计数货币,其影响日趋增大。

此处的格雷欣法则是指劣币作为计数货币堂堂正正流通并占

---

① 德国学者那特矸于 1882 年受邀来日本教授政治学,在日期间研究了日本经济,回国后发表了其研究成果[瓦格纳〈wagner, A.〉曾盛赞该成果为典范性的著述(山崎觉次郎:《若干货币问题》,1927 年,第 61 页)],可谓研究日本经济的海外学者的先驱,但是他在作品中忽略了五匁银的意义(Rathgen, K.; *Japanes Volkswirtschaft und Staastshaushalt*, 1891, S. 159)。

② 译者注:格雷欣法则(Gresham's Law)指在实行金银复本位制条件下,金银有一定的兑换比率,当金银的市场比价与法定比价不一致时,市场比价比法定比价高的金属货币(良币)将逐渐减少,而市场比价比法定比价低的金属货币(劣币)将逐渐增加,形成良币退藏,劣币充斥的现象。

据支配性地位。但实际上，计数货币要想实现格雷欣法则，需要排除所遭遇的强烈抵抗，而绝不会自然而然一蹴而就。如前所述，作为计数货币的新银币的出现与流通，这本身就是关东金币圈幕府的政治势力对关西银币圈商人的财力、经济实力的一种挑战。而且，五匁银未能按原计划流通，有损幕府的威信。五匁银发行计划以失败而告终，意味着幕府的权威在一般民众的经济合理主义的反抗面前遭到了挫折。

但幕府并没有因为五匁银的发行失败而放弃，而是改头换面又铸造了明和南镣二朱判，再次以政治权利挑战关西的经济实力。面对这样的挑战，银币圈自然进行了抵抗。为了使新铸造的货币能够流通，幕府相继发布了命令。例如，在 1773 年（安永二年），即明和南镣二朱判发行的第二年 5 月的通告称："关于在世间通用之事，各地均可通用无碍，与金无异。"①同年 6 月的命令又称："南镣二朱判之通行勿得凝滞。"②1856 年（安政三年）7 月的命令称："二朱判在京都、大阪流通不畅，兑换困难，影响到江户批发商用于各地批发商的支付。另外，二朱判之铸造量增加，每月从银座运往大阪金库，京都、大阪应有所流通。各批发商之间的支付固然如此，兑换等宜与金币同样使用，使之通用无碍。"③对于幕府凭借权利强制南镣二朱判流通这种做法，商人及手工业者所采取的反抗手段与格雷欣法则相反，他们拒绝接受劣币南镣银币，而选择使用以往的良币丁银、豆板银。

不过，1788 年（天明八年）4 月的布告中有以下内容："闻迄今为止远离江户之地依旧不习惯使用二朱判，为使永代统一通用，可通用无碍。"④1790 年（宽政二年）9 月的布告中称："明和九年已告示，其后也就明和南镣通用之事屡屡告示。西部三十三国之内，不通用之国多。"⑤从这些内容来看，估计从这个时候起，京都大阪的一般商人逐渐按照幕府的意图开始使用南镣二朱判。

① 《天明年间官方通告汇总》，第 822 页。
② 《大日本货币史》第一卷，第 317 页。
③ 《天明年间官方通告汇总》，第 822—823 页。
④ 《天保年间官方通告汇总》（下），第 573 页。
⑤ 同上第 576 页。

南镣二朱判铸造于 1772 年（明和九年）9 月。一个月后，幕府将该种货币无息贷给大阪的兑换商人以及有实力的町人。[①] 另外还规定"二朱判不仅可以用于缴纳地租，还可用于缴纳各种租税"[②]。兑换商出售南镣二朱判时，每 1 两的优惠额为 0.4 匁，相反兑换商买相同银币时，要从出售方多收取 0.8 匁银。这种鼓励使用南镣二朱判的做法又被称为"卖四买八优惠"[③]。这一方面是因为幕府的积极政策取得了成效，另一方面是商人根据形势的变化所采取合理行动的结果，这一点不能忽略。认为明和南镣二朱判在京都、大阪流通是町人向官府权力全面屈服有些为时过早，因为他们只不过转换了在经济上进行反抗的战术而已。与其用以卵击石的方式来反抗官府，付出无谓的牺牲，不如采取既顾及官方的体面，同时自己也能获益的方式来进行持续抵抗。

这种在经济上进行反抗的战术转化具体情形如何呢？1779 年（安永八年）1 月的告示称："关于二朱判，因世上通用增加，告示从去年辰年起与金币同样使用，二朱判亦可通用。当时铸造量增大，因而主要以二朱判进行交易，小判小粒相继被人们收存。因金银交易世上通用融通之故，二朱判铸造亦无可奈何，与金愈加无差别交易，二朱判皆可通用，金与二朱判无差别。若诱人收存金币，可速咎之。"[④]1788 年（天明八年）4 月发布告称"此度停止二朱判，铸造丁银。"[⑤]

从上述内容可以明显看出，町人抵抗幕府的战术由"选择良币"转向了适应格雷欣法则。也就是说，由于南镣二朱判的出现，町人在流通过程中将良币金币收存起来，其结果是良币的流通量减少，町人有意识地只使用二朱判，以这种方式来与幕府抗争。幕府因此处境狼狈，苦于应对。1789 年（宽政元年）3 月的布告称：

① 《天明年间官方通告汇总》，第 821 页。安政六年，当局就此曾解释说："二朱银铸造后，其流通不畅，虽数次发通告亦无改观，故将该银贷给大阪商人，之后渐渐开始流通"（《大日本古文书——幕末外国相关文书之二十九》，第 91 页。下文中称该书为《幕末外国相关文书》）。

② 《天明年间官方通告汇总》，第 822 页。

③ 同上。

④ 《天明年间官方通告汇总》，第 826 页。

⑤ 《天保年间官方通告汇总》（下），第 573 页。

"丁银所持者尽量使用,不可收存。若不辨上述旨趣,惜用可通用成分,或收取佣金等,可酌情严厉斥责。"①1820 年(文政三年)7 月的告示称:"支付丁银,兑换成小玉银,或支付小玉银,兑换成丁银,可任其便,……若有不用于交易而收存,可酌情严厉斥责。"②从这些告示内容可以清楚地看出良币被劣币所驱逐的事实。

1837 年(天保八年)铸造的"一分银"成为名副其实的真正意义上的计数货币。下文中将对这一点进行论述。然而,在天保一分银铸造出来时,也出现了与前文中相同的事态。这一点从 1839 年(天保十年)12 月的告示中也可以得到印证。"前改铸通用银(丁银、豆板银),闻尚不足也。因停铸一分银,增铸通用银。"③像这样,尽管都是在 1837 年铸造的,但丁银、豆板银这些良币被一分银这种劣币所驱逐,从流通过程中消失。一般民众,特别是京都、大阪银币圈的町人从有选择性地收取良币到完全遵从格雷欣法则,前后采取了完全相反的态度,以此应对幕府强制推行计数货币的做法。

尽管町人前后的态度有所不同,但其本质上是相同的。也就是说,不是根据幕府所规定的货币价值,而是根据货币素材本身所具有的价值来对待货币,町人一直拥有这样一种合理主义的精神。而且这种基于和平主义的行动在形式上来看是屈服于幕府的权力,但实际上一直在选择良币,先是交易时选择良币,后是顺从格雷欣法则。虽然如此,这时作为计数货币的新银币还是扎扎实实扩大了流通份额。

第二点要说的是,银币体系原本就具有独立于金币体系的自我完整性,然而由于银币体系内部瓦解,逐渐被金币体系所吸收合并。事实上直到幕府末期,幕府都还在铸造丁银、豆板银。因此,尽管在那期间经历了一些曲折,但从形式上来看,银币本身的独特

---

① 同上第 575 页。

② 同上第 593 页。

③ 《大日本货币史》第一卷,第 387 页。但是《大日本货币史》中的一分银被写作"一朱银"。在当时,说到一朱银,都是指文政南镣一朱判。但是这种文政南镣一朱判在天保八年的时候已经废止了,所以不可能在天保十年 12 月的通告中特地宣布停止铸造一朱判。所以这里当然是指从天保八年开始铸造的一分银。所以在此处将该书中的一朱银改为一分银。

体系一直维持下来了。不过,从整体上来看,银币体系实际上被金币体系所吸收,失去了其独立性。正如在前文中论述的那样,作为计数货币的新银币在流通中所占的份额逐渐增大,成为银币的代名词,但它每次改铸,都会更换银币上的刻印。其独立性的丧失从这一点也可以看出来。

明和五匁银作为最早出现的计数货币,上面刻有"银五匁"的字样,这种货币本身还带有浓厚的称量货币的特征。事实上,在刚刚铸造时,也是被当作称量货币来对待的,甚至不妨视其为丁银的一个变种。但第二种新银币明和南镣二朱判和第三种新银币文政南镣二朱判的刻印变成了"以南镣八片换小判一两"。第四种新银币文政南镣一朱判上的刻印为"以十六换一两"。这些所刻印的"一两"和小判一两,无非就是指金币的"一两小判",因为幕府从未铸造过一两小判银币。

因此,依照上述三种南镣货币上刻印的与金币 1 两的交换比率进行计算,让人们认识到它具有相当于金币计算体系的二朱或者一朱金币的价值,并以这样的价值来强制人们使用。这几种南镣货币上的刻印十分费解,虽然形式上没有使用金币体系的名称,仍在勉强维持银币本身的体面与独立性,但实际上已从属于金币体系。

这一点说明,南镣银币上的这些刻印表明其价值不在其本身,而在于与金币的兑换关系。因此,可以说这种银币从属于金币体系。从此意义上来说,"以南镣八片换小判一两"、"以十六换一两"的刻印,与 1942 年以前日本银行券上所印的"此券可兑换 X 日元金币"的作用在本质上是相同的。不过,日本银行券形式上可以与金币无条件兑换,但实际上能够兑换的时期相当短暂。

南镣货币的情形却有所不同。[1] 例如,1772 年(明和九年)9 月发布的关于明和南镣二朱判新铸的告示称:"南镣二朱银可与金同

----

[1] 关于明和五匁银,在明和四年 12 月的布告中称:"五匁银……按金一分兑银三枚、金一两兑银十二枚之比例兑换。交易双方可无碍通用"(《天明年间官方通告汇总》,第 817 页),由此可判断五匁银具有相同于南镣二朱判的性质。羽田正见也评价五匁银为"最初是铸造为银通货,但最终成为金通货的一部分"(羽田正见:《货币通考》《吹尘录》第十四册所收,第 27 页)。

样通用。"①1773 年(安永二年)11 月的告示也称明和南镣"最初即可与金币同样通用。"②从幕府反复告示这一点便可以清楚看出,南镣银币上的"换小判一两"中的"换"字只不过是让人们将之视为与金币相同价值的货币来接受。③ 幕府一开始就没有打算无条件地接受银币与金币的兑换。新银币不同于丁银这种通用银,是用高纯度的上等银铸造的,因此幕府希望人们将之与金币等同对待。说得更准确一些,甚至是想让人们将之视为金币。例如,南镣银币的正式名称不是二朱银,而是故意使用与金币相同的名称二朱判,而且还要求人们在兑换时"小判兑换之时,不论多少,皆可与小粒进行兑换。……金与二朱判无差别,如若有钱庄要求补差价或是不兑换,可速咎之"④,这一点值得我们注意。

这三种南镣货币虽然取的是与金币相似的名称,但实际上是银币。从作为计数货币的银币系统的历史来看,它们呈现的是过渡时期的形态。也就是说,处于明和五匁银与天保一分银之间的位置,无论是在名目上还是在实质上都不再是称量货币,而是向计数货币过渡的完全从属于金币的货币。天保一分银是第五种作为计数货币的银币,该银币上仅刻有"一分银"的字样,因此无论是在形式上还是在本质上都失去了银币体系的独立性,而从属于金币体系。

像文政南镣二朱判这样的南镣货币,根据官方规定的兑换比例,1 枚相当于 7.5 匁通用银。但天保一分银的单位"一分"是金币的一分,而不能有其他解释。因此,作为计数货币的天保一分银的出台就直接意味着那相当于一分判金币,也就是直接被定位在金币体系之中,作为金币被强制流通。换言之,一分银是名副其实地以金币的价值为基础,起到了代替金币的作用。

对主要基于格雷欣法则的计数货币横行这一事实进行长期观察便会发现,在这些银币群当中还存在另外一种倾向。为了对这个问题进行清晰阐述,我们以官方银价 60 匁为前提,对主要计数

---

① 《天明年间官方通告汇总》,第 820 页。
② 同上,第 822 页。
③ 参照竹越与三郎:《日本经济史》第五卷,1920 年,第 344 页。
④ 《天明年间官方通告汇总》,第 822 页。

货币进行了分析。在明和五匁银通用时所铸造的通用银是元文丁银。之后,与最后的安政一分银对应的是安政丁银。在那个期间铸造的丁银有文政丁银与天保丁银,这些丁银的成色都有所不同。也就是说,依照官方银价 60 匁来看,1 两通用银的含银量如之前的表 2 所示,元文丁银为 27 匁,文政丁银为 21.1 匁,天保丁银为 15.6 匁,安政丁银为 8.1 匁。在相同时间铸造的主要计数货币有五匁银、明和南镣二朱判、文政南镣二朱判、天保一分银、安政一分银。按照上述计数货币发行的年月与通用银进行对比,并参考前文中的表 2,把相当于金 1 两的计数货币的银含量与通用银的含量进行对比,就可以得到如下图表。

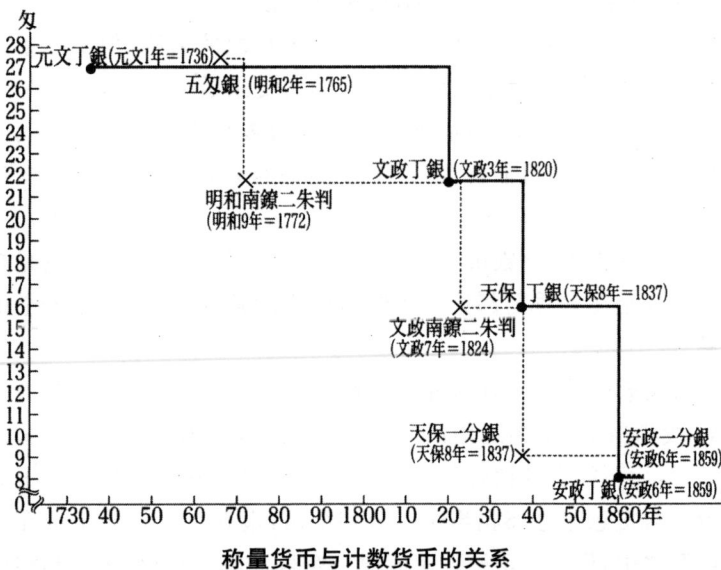

称量货币与计数货币的关系

　　在此图中,纵轴表示银的重量(匁),横轴表示年代,称量货币及其变动用●和实线表示,计数货币及其变动用×和虚线表示。那么,从这张图中我们能够看出什么呢? 随着年代的推移,不论称量银币,还是计数银币,每两的含银量都在急剧减少,而这种减少是由计数货币所导致的。当称量货币即丁银的含银量减少到计数银币的水准时,计数货币的含银量也会随之下降,有时候中间会有一小段间隔(例如文政丁银与文政南镣二朱判之间),有时则立竿见影(例如天保丁银与天保一分银之间)。之后,称量货币会再次发生变动。

从这张图中还可以看出：称量货币向计数货币的含银量看齐，是幕府为了应对称量货币由于格雷欣法则的效用从流通中消失这一问题。但若想防止相同含银量的两种系统的银币之间出现格雷欣法则的效用，就意味着幕府无法获得两者之间的差价。而幕府为了应对财政难的问题，一直在谋求差价。因此，幕府不可能真正采取有效的对策来防止格雷欣法则效应的出现。也就是说，由称量银币的实线与计数银币的虚线构成的四方形，这就是幕府所获得的差价（不过，这是以官方银价为前提），而这个四方形是以计数银币为主导形成的。而且，只有在文政丁银与明和南镣二朱判的 1820 年（文政三年）至 1824 年（文政七年）这么短暂的 4 年，1 两的含银量在两个系统的银币之间出现一致。由此而言，从明和二朱判到天保一分银之间铸造的计数银币的含银量减少，都是为了获得差价。

虽有画蛇添足之嫌，但我还是想说明的是，明和南镣二朱判 1 两的含银量为 21.1 匁，与文政南镣二朱判之间的差价为 5.4 匁。为了应对格雷欣法则效应，也可以废止丁银，但那样做意味着要突然改变多年的习惯、偏好，估计会面临极大的困难。这是因为，虽然作为计数货币的银币实际上已经成了金币的辅助货币，但幕府并不具备近代货币的知识，因而未能将其关系处理为本位货币与辅助货币的关系并将之固定。关于这一点，将在后文中进行论述。总之，这个图给我们展示了江户中期以后银币的动态。计数银币的出现以格雷欣法则为中介，在与称量货币之间出现矛盾与冲突的过程中陷入一种必然的恶性循环，使每两的含量减少。以上是第三点意义。

第四点意义是，由于天保一分银的出现，银币不论是在形式上，还是在实质上都被金币体系所吸收，银币体系本身的独自性趋于瓦解。因此，在商品价格的表示方面，银币所特有的匁、分、厘这些单位也不再使用，逐渐统一成金币的两、分、朱。不过，用于小额交易的铜币的单位则另当别论。这一点为之后的明治新政府强行停止使用丁银、豆板银奠定了物质基础。明治新政府不仅完全没有考虑铸造丁银、豆板银，还在取得政权不久后的 1868 年（庆应四年）发布告示称："本次在调查货币定价的基础上，决定今后停止通用丁银、豆板银，之前用银币进行的借贷按交易之年月日的比价，按金价进行结算。"①其目的虽然在于消除"关东用金，关西用银"这种由于商业习惯的差异所带来的不便，但同时也是为了打压以银币为经济基础的关西地区。

说来，针对停用丁银、豆板银这样的处置，处于银币圈的中心的大阪的钱庄有的以歇业表示抵抗，还有将近 40 家钱庄因为银票持有②者的挤兑、抢兑而倒闭。有一种说法认为新政府所采取的措施是为确立新货币制度做准备，或者是为了杜绝由大阪商人发行的无异于纸币的银票，以期新发行的太政官纸币能顺利流通。③ 但从结果来看，丁银、豆板银的停用并没有给物价体系，也就是说没有给国民生活带来根本性的混乱。因此，除了钱庄以外，一般庶民并没有真正进行反抗，因此才能够强行废除丁银、豆板银。不过，从根本上来说，当时的银币不仅成为计数货币，而且被完全吸收到金币体系，丁银、豆板银已逐渐成为无用之物这一事实使得废除丁银、豆板银的做法得以顺利进行。

另一方面，正如在第三节中所论述过的那样，幕府当局的铸造重点不在丁银，而是铸造新银币一分银，因此出现一种事态，即"银价是一种摆设，虽有丁银但数量极少，根本就不是通用货币，那被称为正银，价值昂贵。"④其必然结果是，"银价成为一种摆设，有人主张废除，不再用银价来衡量一切。"⑤从另外的角度来看，铸造计数货币与废除银价是能两立的。由此可知，认为明治政府"一方面决定废除银价，另一方面又增加判金以及一分银、一朱银的铸造量

---

① 《大全・货币（二）》，1891 年，第 176—177 页。布告内容之所以能落实，或许是因为规定要求在提交官府的公文中，所有用银价表述的金额都会用红笔换算成金价。需要说明的是这仅局限于江户地区（竹越与三郎：《日本经济史》第五卷，第 362 页）。

② 在之后采取了一连串看似朝令夕改的事后缓和措施，如 5 月 12 日认可将 5 月 9 日银比价中的银票换算成金票流通，5 月 30 日又规定，可以不受上述 12 日的布告约束，根据具体的市场比价换算成金票（泽田章：《明治财政的基础性研究》，第 172—176 页）。

③ 吉冈源七：《钱庄商沿革史》，《大阪商业史料集成》第三辑所收，第 135 页。竹越与三郎：《日本经济史》第六卷，第 104—110 页。

④ 泽田章编：《世外侯事历维新财政谈》上卷，第 43 页（芦田顺三郎的谈话）。

⑤ 同上第 44 页。

的做法前后矛盾"①的观点有失得当。

在截至 1870 年(明治三年)发行的大量政府纸币、兑换纸币、兑换公司纸币当中,除了 1869 年 6 月由东京兑换公司发行的"银 3 匁 7 分 5 厘"(相当于金 1 朱)的银票②之外,其他都是金票或者钱票。另外,在地方上流通的府县纸币基本上也都是金票和钱票。从这些事实可以看出,废除银币在称量货币的形式化、名目化这样的背景下产生了很明显的效果。这绝不是因为人们惧怕新政府的权威,而是因为丁银、豆板银实际上已经起不了什么作用。

作为唯一的例外,新政府规定在 1879 年(明治十二年)12 月 31 日之前可以用银价体系表示洋银的价格,除此之外都要求废止。例如,1869 年(明治二年)3 月 12 日的布告称:"停止以银价通用,并代之以金钱之价,请务必遵守。"③政府还命令:"既然发行新货币,凡百货之时价必须全部根据本位货币,如金几元某物若干,或某物若干金几元几钱。切勿用以往的银匁及其他称呼标记。都邑市井尤需注意,按照官府规定执行。"④正如 1874 年(明治七年)7 月大藏省的通告所称:"交换买卖世间诸物品之际,关西的大阪京都等地大都用正称,其他的则会出现甲用银价,乙用钱称……缕缕不可言,导致烦冗。"⑤在相当长的一段时间里一般商品的价格依然用银价表示,特别是在地方上这一点尤为突出。当然,其中许多都是习惯性的、形式上的、名目上的价格表示法,只不过是将本该用"1 日元"表示的价格写成银 60 匁,其实质性意义并没有发生改变。

在江户时代货币制度的起始点上,存在有金银铜三种货币。从制度上来看,直到幕府灭亡,三种货币制度都得以存续,但实际上随着经济的发展,丁银、豆板银被淘汰,再加上计数银币从属于金币,到了江户末期只剩下金铜两种货币的制度。虽然铜币在消

---

① 泽田章:《明治财政的基础性研究》,第 178 页。

② 当时为了解决缺乏小额通货的问题,本准备发行一朱金的金票,但考虑到银票的面额数字大,能给人以视觉上的数量感,故采取了改为发行相同金额钱票的策略(参照阿部谦二:《日本通货经济史研究》,1972 年,第 209—215 页)。银票背面的"以此札拾六枚换金札一两"的字样可以说是这种推断的证据。

③ 《大全·货币(二)》,第 180 页。

④ 《大藏省沿革志·本省第五》,《史料集成》第二卷所收,第 187 页。

⑤ 《大全·货币(二)》,第 186 页。

费生活中的意义不可否认,但由于金币在积极的经济领域发挥主要作用,可以说实质上已经是金本位制了。从这个意义上来说,由田沼意次所采用的新银币政策开辟了货币经济中金币一元化的道路,无论他们是否意识到了这一点。

总之,明治新政府面临如何顺利确立新货币制度、新价格体系这些重大课题。对于明治新政府而言,尽管江户时代货币制度具有法治化的外表,但新政府必须认识到从江户时代后期起,逐渐形成并走向完善的实质上的金币本位制度以及金币价格体系是一种隐性的、具有强大约束力的货币制度。不过,在此我们只指出这一点,详细论述将在后文进行。

作为计数货币的新银币所产生的第五点影响是,不论法规上还是幕府的官方解释如何,作为计数银币的天保一分银实际上针对金币起到了定位货币、辅助货币的作用。其实,在前文中已经涉及这一点,这一点也与在前文中论述过的内容互为表里。例如,庆应年间铸造的若松一两银判(通称一两通银,上面铸有"一两通"的字样),以及 1863 年(文久三年)铸造的秋田银判(通称一两银判,上面铸有"九匁二分"的字样),这些与金币具有相同名称的银币在一些藩国出现,但在整个江户时代,幕府并没有铸造过在全国通用的一两银币。因此,不得不说"一分银"并不是针对一两银币的一分,而是针对一两金币的一分。

很显然一分银并不是按照其材料价值来被评价,而是被规定为相当于一分金币。对此,幕府自己也表示承认:"我国之通用金银不拘轻重,依照政府之命令刻印,按照刻印通用。"[1]"当今之银币二十年来通用,以银之极上品制造,由前条明显可知银币价格由刻印所定,银币多少之价不拘轻重,根据所铸字样而定。此所谓银一步重二匁三分,以相当于金七分五厘的价值通用。"[2]

在江户时代,幕府买入金银时的官方定价被称为"互兑行情"。幕府沿用丰臣秀吉的做法,将全国重要的金矿银矿都纳入自己的直辖之下,实施垄断经营,因此没有像欧美那样形成自由的金银市

---

① 《幕末外国关系文书之六》,第 590 页。
② 《幕末外国关系文书之二十四》,第 76 页。

场,事实上也没有能形成自由的金银行情,买入价格是由官府决定的。这种"互兑行情"是指用通用银来表示金1匁,或者银10匁的官方牌价。例如,表示为金1两＝银60匁[1]。不过,虽说是官方牌价,但并不向一般民众公开,因此各个时点的行情未必明确。但既然是行情,那么即便是由权力机构幕府所规定,为了应对不同时期的经济状况,也不得不有所浮动,尽管浮动的幅度有限。

例如,在铸造明和南镣二朱判的安永年间的互兑行情是根据"二朱银重2匁7分5厘,1两相当于22匁,而25双之值此时大约为通用银55匁"[2],也就相当于25双。但是,由于市场行情暴涨至大约40双,1855年(安政二年)在此前的26双的基础上,增加5双5分,变成了31双5分。[3] 在1858年(安政五年)末又上涨到37双左右。[4] 从以上说明也可以清楚地看出,37双的价值是指银10匁的价值相当于通用银37匁。现在以较高位的官方互兑牌价37双来评价计数银币,买入价值相当于金1两的纯银的重量分别是:21.1匁的明和南镣二朱判为78.07匁,15.7匁的文政南镣二朱判为58.09匁,11.1匁的文政南镣一朱判为41.07匁,9.1匁的天保一分银为33.67匁,7.8匁的嘉永一朱银为28.86匁,8.2匁的安政一分银为30.34匁。即使用互兑行情中最高值的37双来看,明和南镣以外的所有银币的材料价值都低于官方牌价。由此不难看出,在发行天保一分银时37双这样的行情多少还具有实际意义,但那之后银币的材料价值越来越低。而且,在1854年(安政元年)以前是26双,其程度也越来越严重。像这样,廉价的银币由于幕府的权利

---

① "互兑"之所以用通用银来计价,是因为银币的计算体系是十进制,适合计算及标示尾数、小数等(田谷博吉:《近世银座研究》,第428页)。

② 羽田正见:《货币通考》,《吹尘录》第十四册所收,第30页。这个计算结果是羽田按照官方发布的南镣二朱判成色计算出来的,也就是将其认定为纯银(同书第30页),其成色为978‰。

③ 《幕末外国关系文书之二十一》,第838—839页。

④ 推断37双这一数值的根据如下:在1858年(安政五年)11月,勘定奉行向幕府执政官建议:"伴随着即将开始的与海外贸易,为了应对外国货币的流入或是与本国货币之间的兑换,应该减少本国货币的成色,例如往小判中加入更多的银"(《幕末外国关系文书之二十一》,第830—831页),根据其中提出的关于天保小判的铸造提议,可以计算出追加银量大约为5贯709.7匁,相当于355两,一两＝银60匁,所以追加银1匁的价值就是3.73匁。

（即刻印）而获得了高于实际价值的评价，并得以流通。例如，认定一分银相当于一分判，以高于其价值的价位流通，因此，一分银就成为针对金币的定位货币或者说辅助货币。

更准确地说，天保一分银成了真正意义上的计数货币，但它只能作为辅助货币来流通、存在。因为明和五匁银原本是作为称量货币的一个变种出现的，既然如此，无论幕府如何发动强权，甚至打破金 1 两兑换通用银 63 匁左右的市场价格，也无法按照官方牌价来流通，因此以失败而告终。在不承认自由铸造以及按照官方牌价进行自由交换的条件下，这也是理所当然的事情。因此，当局考虑到五匁银的失败，在赚取差价这一相同目标下采取了不同的方式，铸造了南镣二朱判。

说来，二朱这种单位的计数货币最早是作为金币出现在 1697年（元禄十年）。而作为金币的二朱金币则是在第六次金币改铸的 1832 年（天保三年）才出现。元禄二朱金在 1710 年（宝永七年）停止铸造，而继承该二朱金之地位的计数银币的单位不是一分或一朱，而是二朱。因此，南镣二朱判（银币）是元禄二朱金币的替代物，可以说是有意识地将之用于针对金币的辅助货币。这或许是因银币的计数货币化在发行五匁银上遭受挫败，却在二朱判上获得成功的原因之所在。

而且，这种南镣二朱判一方面获得较大的差价（金 1 两相当于27.6 匁的五匁银，21.1 匁的南镣二朱判），另一方面借助金币的价值来给银币定价，以隐瞒其贬值的事实，同时通过贬值使之成为辅助货币，最终成功铸造了能够流通的计数银币。很显然，天保一分银就是这一举措下名副其实的完成品。

实际上，计数银币之所以能作为定位货币、辅助货币成功流通，一方面是因为幕府的努力和强制，另一方面则是因为便于使用，民众也顺应格雷欣法则。正如田边太一所指出的那样："当时我国流通一分银，那原本是一分金的代用品，不应该将之视为真正的银币。当时，这种一分银在国内的交易中广为使用，以至于几乎无法在市场中看到被称为判金的金币。"[1]但更为根本的原因是由

---

① 田边太一：《幕末外交谈》（东洋文库版）（Ⅰ），1966 年，第 132 页。

于江户中期以后的实物经济、自然经济瓦解，货币经济不论在规模上还是在性质上都发生了变化，这一点不可忽视。

正如熊泽蕃山所指出的那样："因金银钱通用之故，不卖米公役无所调。"也就是说，全国的大名将各自生产的粮食运往大阪换取现金成为一种常态。另外，为了满足武士集团的消费需求，形成了以大阪至江户为主线的大型消费城市带，其中包括江户、大阪、京都以及各地的各类城镇，那些地方的物流以及销售繁荣。而支撑这些的则是全国的商业发展以及由各地农作物商品生产和作坊的兴盛所带来的手工业的发展。例如棉花、蓝布、烟草、砂糖、橘子、茶叶等经济作物以及棉织品、丝绸、染色品、纸、盐、蜡、酒、油、漆器、陶瓷器、金属加工、铸件等商品生产都获得了较大的发展。这些商品物产的流通量增大必然使得对货币的需求增大。

而且，商品流通的发展使得交易持续进行，货币一直在流通，因此其作为流通手段的功能得到强化。就这一点而言，由于货币不停地在交易者之间流动，只要货币能够成为暂时性的价值证明并得到公认，那么其分量是否充足，也就是说其材料价值并不是绝对条件。即便因为在使用过程中出现磨损，重量变轻，也就是说形式上的价值与实际价值，或者说面值与重量之间存在差异，也可以凭借其形式上的价值即面值而作为完整的货币来流通。正是由于生产力提高，商品数量增大，以及由此而来的对于货币需求的增大，这种经济规律使得成色不足的计数货币也能在市场上流通。

幕府自身只在即将瓦解之时发行过实际流通的纸币。不过，在1661年（宽文元年），幕府允许越前藩发行银10匁的纸币。在那以后出现过起伏，但总的来说全国许多藩以及将军直属家臣的领地也都被允许发行了纸币。幕府之所以允许这些藩发行纸币，一方面是因为金银通过长崎贸易流向海外，另外金银产量也有所下降，幕府的货币铸造和供给能力无法满足市场的需求。供需矛盾在东京、大阪、江户、长崎这些幕府直辖地区以外的地方更加突出，而这一点给旨在赚取差价的元禄大改铸提供了最好的借口①，也为虽然成色不足却能流通的计数银币的出现奠定了基础。不仅如

---

① 《宽保年间官方通告汇总》，第 892 页。

此,这种贬值货币还作为金银币与纸币(此处的纸币指当时为了弥补流通所需货币量与现实流通金银货币量之间的差额而出现的各地发行的纸币)兑换,起到了准备货币的作用。①

幕府依照货币的经济规律,使得作为计数货币的银币流通,这种做法从长远来看幕府是在通过促进货币经济的发展来自我否定实物经济的基础,而实际上实物经济才是幕府统治得以存续的条件。顺便说一下,这个时期计数货币的流通说明日本农业生产力,甚至整个经济的实际水准已经超过当时的发达国家中国。因为在中国,作为称量货币的元宝一直沿用到1933年废两改元的时候。

表3 丁银成色表 成色 千分比

种类	金	银	铜
庆长银	2.0	791.9	206.1
元禄银	1.4	646.0	352.6
宝永银	1.2	507.0	491.8
永字银	0.8	416.0	583.2
三宝银	0.8	326.5	672.7
四宝银	0.2	204.0	795.8

在这里,还想谈一谈与计数银币的定位以及作为辅助货币的存在相关联的计数银币贬值的现象。计数银币遵循了流通必要货币量的经济规律,最为合理地获得差价。不过,就贬值这一点而言,称量货币也是一样。② 这一点只要看表3便会一目了然。特别是宝永银(通称二宝银)、永字银、三宝银、四宝银这四种银币是在1706年(宝永三年)至1711年(正德元年)的短短6年间铸造的劣币。到了四宝银的时候,银铜比为2比8,与庆长银的比值颠倒过来了,这种货币已经不适合被称为银币。元禄以后所有劣币都是在勘定奉行荻原重秀的主导下铸造的,他作为财政专家得到了幕

① 有学说认为幕府在安政年间就有发行纸币的计划,甚至有人认为在更早的1719年(享保四年),但实际发行的却是在1867年(庆应三年)8月之后的江户横滨通用的金券、兵库开港金券、江户及关八州通用金券。

② 作为贬值的间接方法,幕府曾经强行要求通用不良银币,具体对丁银的做法如下:"今后有一处破损的银币照常通用,有六七成缺损或是重铸、切割的银币即便有刻印也不可通用。"《日本财政经济史料》卷二·经济部一,1922年,第575页。

府的重用。由于新井白石的弹劾，他于1712年（正德二年）被罢免，这股铸造劣币的倾向才得以停歇。

劣质银币之所以被反复铸造，从私的角度来说是荻原个人为了中饱私囊，从公的角度来说是为了从中获得差价以缓解幕府财政困难的状况。德川幕府财政是建立在丰富的金银产量以及霸占丰臣家族所拥有的金银币的基础之上，但由于建造日光庙、修理江户城、镇压岛原之乱，再加上将军个人的奢华生活、自然灾害、金银产量的减少、对外贸易入超所导致的金银流失这些原因，在第四代将军德川家纲的时代收支逐渐失去平衡，到了第五代将军德川纲吉的时代，财政陷入困境，这才是元禄时代不得不对金银币进行大规模改铸的背景。自那以后，由于将军以及一般武士生活的奢侈化，以及接二连三的自然灾害，幕府财政一直处于困境，因此也就一直需要通过铸造金银币来获得差价收益。

像这样，可以说自元禄年间起就一直以获得差价为目的而铸造劣币，其中既有称量货币，也有计数货币。但如果降低称量货币的成色的话，市场或者商人会根据银币的实际价值来进行适当的评价，必然导致用银币表示的价格上涨，也就是说会导致物价上涨。因此，如果从铸造发行劣币到物价上涨的过程短的话，贬值效果就非常不稳定。①

幕府为了弥补财政赤字，除了针对关西富豪征收御用金税②之外，还采取了让货币贬值、降低成色的手段。御用金税的效果是局部性的、直接的，因此在实施过程中容易遭遇强烈抵抗，而通过降低成色来获得差价收益的改铸劣币法，其效果是全面的、间接的，因此更易于实施。而且，民间有时候对情况不了解，会接受新旧货币的替换，因此幕府获得差价收益的目的也能得以实现。但如果

① 当时获准与锁国的日本进行交易的"唐船交易之时用银币……原本约定用二宝银，交付时付三宝银、四宝银，唐人不收"（九州史料刊行会编《崎阳群谈》第二分册，1956年，第58页），可见三宝银、四宝银甚至比铜币还低劣，被中国人拒收。

② 御用金税是1761年（宝历十一年）之后实施的，最初的目的是为了抬高米价以巩固武士阶级的地位。也就是说，通过征收御用金税，以获得的巨额金银为财源，一方面幕府会临时买断大米，另一方面借米给各大名，控制流入市场的大米的供给与销售额，以提高米价。但是天保以后的该赋税主要是为了填补幕府的财政赤字。

反复实施，民间的反应也会变快，其收益就会显著下降。这一点从民间对宝永银、永字银、三宝银、四宝银这一系列劣币在短时间内疯狂铸造这样的事实有所察知也可以得到证实。这是对所有货币都有效的原理，计数货币自然也不例外。

尽管如此，江户时代的计数货币还存在一种特殊情况。计数货币实际上是定位货币、补助货币，这种货币的出现与贬值在原理上可以两立，因此并不矛盾。本位货币金币不降低成色，只要计数货币的数量不超过商品流通所需货币量，那么计数货币的贬值在原理上就不会成为物价上涨的原因。在这样的条件下，一分银等计数货币的差价收益持续稳定，这与丁银这一称量货币一时性的不稳定的差价收益有着本质上的区别。这一点是促进计数银币贬值的基本条件，同时也是幕府将银币铸造的重点由丁银转向计数货币的原因之所在。

在此顺便指出一个问题。英国是世界上最早确立资本主义经济体制的国家，最早实施金本位制。确立金本位制，那意味着否定银作为价值尺度的功能。然而，正如马克思所指出的那样："1816年乔治三世第56年第68号法令正式宣布废止银作为与金并列的货币尺度，其实早在1774年乔治三世第14年第42号法令※就已经从法律上规定废止了，因此一般认为更早就已废止。"[1]也就是说，1717年根据牛顿（Newton, I.）的建议，规定1吉尼金币折合21先令银币，采取了金银复本位制。之后，金银的法定比例与实际比例之间出现了差距，实际上促成了金本位制。[2] 事实上，1717年以后，银就失去了本位货币的地位。

到了1774年，尽管对金币进行了改铸，但银币由于格雷欣效应而成为广为流通的劣币。也就是说，分量不足的银币没有被改铸，而是照旧通用。但法律规定用银币支付的金额每次不得超过25镑，这使银币成为实质上的定位货币、补助货币。如果金额超过25镑，则需要称重量，也就是以银币的实体、实际材料作为价值标准。至

---

① 《经济学批评》（马恩选集·补卷3）日译本，第70—71页。有※标记之处，原本马克思写的是"1734年乔治三世第14年第42号法令"，该译作的译者注中指出与史实不符，故在正文中订正。

② 新庄博：《货币论》，1952年，第85、95页。

此,实际上实现了金本位制。而且,在1798年禁止自由铸造银币,巩固了金本位制的地位。因此,不妨认为英国实际出现作为定位货币、辅助货币的银币是在1774年;而在日本,最初的实际上的定位货币、辅助货币(即明和南镣二朱判)出现于1772年(明和九年)。

对日英两国的银币进行若干比较就会发现,在英国,巴纳德1759年在题为《关于银币匮乏之所见》(Barnard, J.; *Some Thoughts on the Scarcity of Sliver Coin, with a Proposal for Remedy thereof*, 1759)的小册子中对银币用作辅助货币的必要性以及条件进行了论述。在那之前的17世纪90年代,佩蒂(Petty, W.)以及洛克(Locke, J.)曾经对货币进行过理论考察。不过,在日本不曾有人进行过这种正式的理论探讨,因此日本没有像英国那样出台限制银币流通的规定。

但英国的银币在成为定位货币、辅助货币时原本已经存在轻量化(即分量不足)的问题,而且这种轻量化是由一般民间人士非法切割所造成的。换言之,暂且不谈自然磨损,轻量化的实施与造币当局的意图没有丝毫关系。从形式上来说,造币当局所铸造的银币全都是重量充足,将银币用作辅助货币是与轻量化这一现实妥协的结果,实属无奈之举。然而,如前所述,明和南镣无论是与金币还是与通用银相比,其价值都非常低,而且这还不是因为民间人为切割所导致的,也非政府不希望看到的结果,而是造币当局有计划、有意识地积极推动的。就作为定位货币、辅助货币的银币的出现而言,英国与日本很难说哪一种方式更为先进合理。

让我们再次回到前面的话题。以天保一分银为代表的计数银币,在其发行总量以及流通方面都没有法律限制,因此这些货币在法律上始终是本位货币,而不是辅助货币。但不可否认,这些货币事实上是辅助货币。也就是说,在法律上是本位货币,但实际上是辅助货币。幕府当局主张:"金币乃原本的货币,银币作为替代品,铸有印记才有效力。然而,纵然在纸张或者皮革上印字,亦同样有效。"[1]当然,这是发生在安政二朱银事件后表明的观点,这不仅是

---

① 《幕末外国关系文书之二十四》,第76页。如前面注释中(本书第56页注释②)所论述的那样,1867年(庆应三年)发行的幕府所有纸币,正如其名称所示,均为金券而非银券。这一点也旁证了当局只把金币当作实质上的本位货币的观点。

对外交涉时的托词，而且是在正视当时计数货币所发挥的作用后所表明的态度。

事实上，如前所述，幕府反复发布关于金币误差的告示，但"几乎"没有就计数银币发布过类似的告示。之所以说是"几乎"，是因为在1768年（明和五年）7月曾经发布过这样的告示："关于五匁银，每一枚若重量差四分则无碍，授受双方可通用。"①如前所述，五匁银是作为与丁银一样的称量货币而发行的，所以其轻重会成为关注中心。但是在1767年（明和四年）3月规定将五匁银用作计数货币，因此必须规定其误差。但除此以外，没有发现关于计数银币公差的规定。这表明明和南镣二朱判以后的银币在材料价值方面完全是作为定位货币铸造的，并被视为针对金币的辅助货币。

像这种形式上是本位货币，实际上却是辅助货币的计数银币，其性质有些诡异。天保一分银作为其完成形态，成为引发金银比价设定不当问题的原因。说来，幕府为了获得差价收益，根本没有公开关于金银币成色的信息。除了兑换商等一部分人之外，一般人都不知道准确的含有量。当然，一般商人出于自我保护的本能，知道大致的情况。而且，由于不允许自由铸造，庶民之间也不存在欧美各国那种意义上的金银比价问题及意识。只要幕府拥有绝对不可侵犯的权力，在日本全国享有公信力，那么这些问题就不会实际发生。

但是，一旦幕府的权力衰退，公信力下降的话，天保一分银这种诡异的存在就会成为导致幕府走向灭亡的经济上的主要原因，因为一分银只不过是辅助货币，因此以其含银量来计算与金币的兑换比是不恰当而且没有意义。实际问题是，由于欧美的压力，以1两＝4分这样的比率为基础的金币与一分银的比价具有原本不该具有的欧美式的意义，这是银币作为计数货币所具有的第六种意义，也是意义最为重大的问题。这一点对明治政府而言也具有极其重要的意义。具体来说，日元正是在这样的基础上诞生的，关于这一点将在下一章中展开论述。

---

① 《天明年间通告汇总》，第818页。

第三章 与外国的货币交涉

一、洋银

日本国民曾一直深信幕府拥有绝对的权力和不可侵犯的权威，但美国的佩里（Perry，M.C.）舰队仅靠 7 艘军舰就以半强制的方式打破了幕府自宽永年间以来的锁国政策，幕府也因此权威扫地。1854 年（嘉永七年），幕府与美国签订了《日美亲善条约》（又称《日美和亲条约》），接着又于 1858 年（安政五年）6 月签订《日美修好通商条约》，以法律的形式对开国的事实进行了确认。在签订《日美修好通商条约》的过程中，美国与英荷法等一些国家开始意识到在将军之上，或者说与之相并列的还有天皇。天皇与中世纪欧洲罗马法王相似，在对外关系上拥有绝对主权。总而言之，由于与美国签订的两个条约，幕府的权威开始下降，外国经济势力则乘虚而入，而洋银正是外国经济实力的象征。

现在说起洋银，人们会想到被称为洋白的镍币，但在幕末则泛指流入日本的当时在美国、墨西哥、英国殖民地香港等地铸造的外国 1 元银币。在下文中，我们也采取后一种用法。但是，墨西哥银圆（又称墨银）是这些银圆的原型，而且数量最多，以至于在日本，洋银成了墨西哥银圆的代名词。开国以后，墨西哥银圆如洪水猛兽般涌入日本，动摇了幕府的根基，一直到明治中期都给日本带来困扰，因此有必要对墨西哥银圆进行简单介绍。

墨西哥银圆铸造历史悠久，始于 1535 年，当时墨西哥是西班牙的殖民地。西班牙国王卡洛斯（Carlos）一世（神圣罗马帝国皇帝卡尔五世）令墨西哥依照宗主国西班牙的货币制度铸造银圆，其铸造数量从 1537 年至 1903 年多达 35 亿 5000 万元。1821 年,墨西哥从西班牙独立之后,也只改动了银币上的文字图案,银币本身保持原样。墨西哥银圆不仅在南北美洲广泛流通,还流入西印度群岛、太平洋诸岛以及海参崴至海峡殖民地新加坡的亚洲广大区域,在16 世纪以后发挥了国际货币的作用。而且,巴西、加拿大、多米尼加、牙买加等国通过在墨西哥银圆上刻印的方式将其作为自己国家的货币来使用。而在美国,截至 1857 年,墨西哥银圆都属于法定货币。而且,不少亚洲国家的近代货币制度就是效仿墨西哥银圆建立起来的。毫无疑问,墨西哥银圆对日本的货币制度也产生了极大的影响。

西班牙除了在墨西哥,还在玻利维亚、秘鲁等国铸造过银币,但只有墨西哥银圆长期广为流通,这是因为墨西哥盛产白银。另外,其成色在四百年间仅仅下降了 5.9%,作为计数货币其重量、成色极其稳定。具体来说,墨西哥银圆在 1728 年重量由 423.9 格令降至 417.6 格令,成色也由 931‰降至 916.6‰。在 1772 年又将成色降至 902.7‰。1772 年的重量及成色标准后来成为独立国家墨西哥银圆的标准。

尽管在不同年代存在差异,标准墨西哥银圆的重量为 417.88格令,成色为 902.8‰,纯银量为 377.25 格令。但实际流通的墨西哥银圆的重量为 413.7~416 格令,成色为 892~896‰,纯银量为369~372.7 格令。特别是在日本等亚洲国家流通的墨西哥银圆是1825 年以后铸造的,重量为 416.5 格令,成色为 898‰,纯银量为374 格令[①]。

顺便提一下,幕府末期流入日本的墨西哥银圆并没有"一元"这种直接表示单位的字样,而只有"8R"的字样。此处的 R 是货币单位雷亚尔(Real)的第一个字母,"8R"指其价值相当于 8 个雷亚尔。由 8 个雷亚尔构成的更大的货币单位是比索(Peso),8R 就相当于 1 个比索。这就是 1772 年之后英语国家"piece-of-eight""eight-real piece"所表述的内容。

[①]　Kann,E.；*The Currencies of China*,1926,p.313.关于墨西哥银圆的代表性的日语文献有小野一郎的《论墨西哥银圆流入日本及其功罪》(收录于《经济论丛》第81 卷)。

旧墨西哥银圆(上)与墨西哥银圆(下),实际大小的2/3

　　据说"比索"是从拉丁语"一天的工作(pensum)"转化而来的。比索成为西班牙及其殖民地墨西哥的货币单位,并于16世纪开始在墨西哥各地使用。在西班牙,比索现在转化为比塞塔(peseta),而墨西哥则一直沿用原来的名称。被称为"墨西哥元"的墨西哥8雷亚尔银币于1898年在保持原有重量、成色及图案的基础上,将货币单位由"8R"改成了"1比索"(Un Peso)。

　　那么,为什么比索银币会被称为银圆呢?让我们先来看一看元(Dollar)这个名称的由来。据说德意志南部波西米亚地区的厄尔士山脉山麓的约阿西姆斯塔尔(St.Joachimsthal)山谷曾发现过大型银矿,当地领主从1517年起利用该银矿出产的白银铸造银币,该银币被称为"约阿西姆斯塔尔出产的银币(Joachimsthaler)",或者干脆就用表示山谷意思的泰勒(Thaler)①一词来表示。这种银币重量足、成色佳,因此作为金币的代用品与在意大利劳伦斯铸造的欧洲的国际货币弗多林金币等价广为流通②,被视为各国银币的原型。之后,Thaler在英语中变成daler,也就是日语中的元(dollar)。

---

　　① 译者注:泰勒是16世纪起,流通于德意志地区(那时德国还没有统一)范围内诸多国家的一种银币的名称。该地区大抵包括今天的德国、奥地利等国。在那个时期该地区分布有大大小小上百个邦国,所以泰勒的种类非常之多。

　　② Shaw; *History of Currency*, p.7, p.363.

西班牙国王卡洛斯实施货币制度改革,效仿上文提及的作为欧洲的国际货币而流通的泰勒开始铸造银币,人们将那种银币称为 dolera。另外,在 1707 年开始铸造的西班牙银币也被称为比索·杜罗(Peso duro),此处的 duro 是山谷的意思。估计也是从 dolera 以及 Thaler 转化而来的。特别是西班牙的比索银币与德意志的 Reichstaler 价值相等,因此英国人将比索银币称为西班牙元(Spanish Dollar)或者硬钱(Hard Dollar)。[1] 由此可以看出,以西班牙银币为中介,可以将墨西哥的"8R"银币的原型追溯到泰勒。反过来说,可以将效法泰勒的西班牙银币称为西班牙银圆,也可将墨西哥的 8 雷亚尔银币即比索银币通称为墨西哥银圆。江户末期的日本人是通过墨西哥银圆接触到了这个通称。

二、洋银 1 枚＝一分银 1 枚

1854 年(嘉永七年)3 月 31 日签订的《日美亲善条约》打开了日本的国门,结束了日本长达两百一十多年的闭关自守的历史。正如该条约第 7 条所规定的那样,"美国船只需要的物资补给(付款购买或用物品交换)是在开港后的下田、函馆二地(设有通商口岸进行),当然那必须在日本政府的许可范围内"[2]。条约并没有对通商内容进行规定,只规定了日本官员向美方提供航行所需要的燃料、淡水、食物、煤炭等物资这些友好的内容,故又被称为"燃料淡水条约"。虽然设置了一定的限度,但既然允许用货币购买物资,那么就必须规定彼此货币之间的换算比率。

幕府当局针对老中[3]的请示,做出了以下答复:"此方提供的物品与彼方交付的金银之间的比价,若不确定比率,今后必会导致争论,引发争端,宜商议定价。"[4]可知幕府对其必然性、重要性已经有充分的认识。同年 5 月 17 日,日美在下田的了仙寺就"通用金银钱币行情及煤炭价格"进行了事先交涉(也可称之为预备会议)。日

① 新庄博:《国际金融论》,1967 年,第 39—40 页。
② 《幕末外国关系文书之五》,第 454 页。
③ 译者注:老中指江户幕府中地位最有地位、资格的执政官。
④ 《幕末外国关系文书之五》,第 464 页。

本方面在会谈前先通过翻译森山荣之助从横滨获得了美国舰队用于支付物资的 350 元金银货币,并在江户进行了检测。① 基于检测结果,在了仙寺的会谈中,日方的下田奉行支配组头黑川嘉兵卫建议"日本银币 22 匁 5 分相当于 10 匁银,1 枚洋银相当于日本银币 16 匁"。对此,美国舰队会计官表示接受。② 因此,同年 6 月,林大学头等 6 人联名向老中提出建议:"1 枚银圆(洋银)平均 7 匁 1 分 2 厘,相当于日本货币 16 匁。洋银 1 匁相当于日本的 2 匁 2 分 5 厘,端数已微不足道故予省略。"③该建议得到了正式许可。

在下田了仙寺举行日美会谈时,另外在林大学头等人向老中提出的建议书中,就洋银具体价格的依据进行了如下说明:"洋银在重量上略有差异,取其平均,得出数值。"④也就是取多个银币的平均值,被检测的银币似乎都是 1837 年之后的美国银币。洋银价格则依据当时幕府买入金银条块的价格即双兑行情,仅仅作为金银条块来估算。如前所述,双兑行情是以通用银对官方金银价格所进行的评估。当时实际采用的行情是 26 双,即银 10 匁相当于通用银 26 匁。幕府之前的洋银检测结果如下:重 7.12 匁＝412.03 格令,成色 865‰⑤,纯银量 6.16 匁＝356.4 格令。这样的纯银量用互兑行情的 26 双来估价,相当于通用银 16.016 匁。将小数点后的数字省略,计算结果为洋银 1 匁相当于通用银 2.25 匁。这样一来,洋银 1 枚就相当于 16 匁,与官方认定的 1 枚 15 匁的一分银大致相同。因此,计数货币洋银 1 枚被认为与同样是计数货币的一分银 1枚等值。

1857 年(安政四年)8 月 29 日,日本与荷兰签订的《日荷追加条约》的 12 条中的但书⑥规定:"荷兰盾折合日本银 6 匁 2 分 5 厘,应

----

① 土屋乔雄、玉城肇译:《佩里总督日本远征记》(四)(岩波文库版),第 172页。《幕末外国关系文书之六》,第 589 页。

② 《幕末外国关系文书之六》,第 338 页。

③ 《幕末外国关系文书之六》,第 589 页。

④ 《幕末外国关系文书之六》,第 589—590 页。

⑤ 根据进行货币检测的久世治作和村田理右卫门在庆应四年 4 月进行的分析结果,墨西哥银圆的成色为 861.11‰[《大全·货币(二)》,第 168 页]。

⑥ 译者注:但书指附加在正文后面指出其例外或条件等的文字。

以此比率支付。"①因为 1839 年后铸造的 1 荷兰盾（Gulden）重154.32 格令＝2.66 匁，成色为 945‰，纯银量为 2.5 匁。因此，适用于荷兰银币的互兑行情为 25 双。而且，幕府在上述追加条约第 12条中还规定②1 枚洋银，也就是"墨西哥银圆（Mexikaansche dollar）相当于 2 荷兰盾 55 分"③。如果以此为依据，那么洋银的重量为15.9 匁（6.25 匁×2.55＝15.9375 匁）。但是，规定荷兰银币用 25 双的汇率计算出 6 匁 2 分 5 厘价格的条文是以双兑汇率为依据，估计是将开国当时已经形成的既成事实以条约的形式重新进行了确认。④ 如果洋银不是以 26 双，而是以与荷兰盾同样的 25 双进行评价，那么洋银的重量就为 15.4 匁（6.16 匁×2.5＝15.4 匁）。因此，幕府在签订《日美亲善条约》时，于 1854 年（嘉永七年）7 月 8 日以老中的名义发出通告称："别册中美国约定之内容，虑及荷兰一直与本国有着通商往来，顾今后……允许美国的相关事宜也适用于荷兰，此事宜通告荷兰商馆馆长。"⑤并于 9 月 2 日由长崎奉行传达给了荷兰商馆的馆长。⑥ 无论是就针对开国以前就有贸易往来的荷兰的基本态度来说，还是就开国当时与荷兰货币的关系来说，幕府将在条文中的评价为 16 匁的洋银特意定为相当于 15 匁的一分银。

像这样，以含银量为中介将洋银作为定位货币来评价，洋银 1枚折合一分银 1 枚。对于该规定，英国驻日外交代表阿礼国（Alcock，R.）指出："从希尔德雷思（Hildreth，R.）的交涉记录可以看

① 《幕末外国关系文书之十七》，第 401 页。

② 1839 年之后的一枚荷兰盾银币的分量为 2.66 匁，与洋银的 7.12 匁相比，是1∶2.68。1816 年至 1838 年间，1 荷兰盾银币的分量为 2.84 匁，与洋银的比例为1∶2.51。如果幕府在文中提到的荷兰盾是后者的话，其成色为 893‰，纯银量为 2.56匁，因此互兑汇率更低，为 24.5 双。

③ 《幕末外国关系文书之十七》，第 415 页。

④ 1855 年 5 月 7 日（安政二年 3 月 2 日）荷兰商馆长在写给法国军舰的舰长的书信中，列举了食品的日本价格，顺便提及"银 10 匁相当于我国 1 荷兰盾 60 分"，日本的译者加了注释，称 1 荷兰盾相当于"皇国银 6 匁 2 分 5 厘"，一分相当于"皇国银 6 厘 2 毛 5"（《幕末外国关系文书之十》，第 116—117 页）。还可参照本书第三章末尾部分内容。

⑤ 《幕末外国关系文书之七》，第 74 页。

⑥ 《幕末外国关系文书之七》，第 531—533 页。

出,美国人最初在与日本人讨论货币问题时,常常责备日本人无知无礼,但那种做法未必正确。实际上,如果仔细看待事实和双方的陈述,只要是精通该问题的人士,自然就会认为日本人说得有道理。对于今后对欧关系中极其重要的问题,他们有着相当正确的理解。"正因为阿礼国不是最早与日本进行货币交涉的直接当事人,因此他能做出客观公正的判断。阿礼国还指出:"哈里斯在 4 年后就新条约进行交涉时,如果日本人坚持之前的决定,那么不仅对于他们,而且对于我们而言都是幸事。"①

但是,无论那多么合乎情理,但事实上天保一分银的含银量只有洋银的三分之一,而其价值却与洋银相同。这就是美国在交涉过程中最为不满的问题。

1854 年 6 月 19 日,在下田进行的货币问题交涉中,美国曾向日本提出抗议:"交易时能否根据金银的分量进行。""通用金银的分量轻,则各种商品的价格过高。"对此,下田奉行坚决予以驳斥:"关于通用金银之事,正如昨天、前天所述,不拘分量,按照互兑汇率进行交易。购买矿山所开采的金银就是按该比率,贵国的金银也务必按此汇率。""如前所述,1 枚洋银兑银 16 匁,不可更改。""且不论外国情况,在吾邦,根据国王的命令,只要有金银局刻印,均通用无碍,不受物之价格影响。"②幕府当局也正式答复道:"听闻有关日本通用金银之分量之议论,在我国通用之金银,系不论分量根据政府命令所加刻印流通,无法按分量与洋银进行兑换。"③

但是,美方并没有因此让步,而是坚持自己之前的主张。因为美方曾经承认日方在 5 月 17 日提出的洋银 1 枚＝一分银的提案,并写入《日美亲善条约》第 7 条。第 7 条的内容是:"规定在开放口岸,允许驶入的合众国船舶进行金银币以及物品的交换,如果有所规定,日本政府应遵从此规定。"④对于这里的"如果",美方的理解

① Alcock, R.; *Capital of the Tycoon: a narrative of a three years' residence in Japan*, 1863, vol. Ⅱ, pp.410—1. 山口光朔译:《大君之都》(下)(岩波文库),第 336 页。

② 《幕末外国关系文书之六》,第 515—516 页。

③ 《幕末外国关系文书之六》,第 590 页。

④ Hawks; *Narrative of the Exordition*, vol. Ⅰ, p.379. 日译(三),第 243 页。

是：尽管现在没有准备好，但为了以后签订正式条约将采取一些行动，现在才迈出第一步，今后将进一步扩大通商。① 他们还明确表示："很显然，不能将这次商定的通货以及兑换比率理解为永久性的，而只是暂时性的。"②

1858年（安政三年）8月5日，哈里斯（Harris，T.）从宁波代理领事调任为首任驻日公使。他的主要任务是按照美国的意图解决货币问题，使美国人能在日本居留，并将两国的"友好"关系扩大到通商领域。

美方在货币问题上的核心主张是：以金银货币的重量来衡量两国货币的价值。哈里斯为了达到这一目的，赴任后很快就着手货币问题的交涉。除了赴任的问候信外，他在1856年（安政三年）8月15日致信下田奉行，这也是他发出的第一封公文。在该公文中，他无视洋银1枚＝一分银1枚的换算率，提出了新的要求："望告知相关人员，将我方书记官所持五百银钱兑换等值的日本银钱。"③哈里斯提出的要求理所当然地遭到了日方的拒绝，但哈里斯并没有因此放弃。他于1856年（安政三年）8月27日致信下田奉行，对禁止洋银与通用银兑换的条约内容正式提出了质疑："最初于下田，将1洋银算作一分银，其实1洋银相当于与3个一分银的分量；在箱根，1洋银根据其重，可兑换3个一分银；我方政府希望日本政府能重视该事。我政府不怀疑日本政府的廉洁正直，望能改正此次不正之事；如之前与贵君所约，我等必要诸物，望用与日本人同样的价格购得，今再次希望贵君遵守约定。如果1洋银与一分银通用，则本该与日本人同价购买的物品，我等出了3倍的

---

① Hawks；do.，vol.Ⅰ，p.386.日译（三），第260—261页。

② Hawks；do.，vol.Ⅰ，p.478.日译（四），第170页。

③ 《幕末外国关系文书之十四》，第753—754页。顺便提一下，哈里斯曾经这样对自己的主张进行过如下说明：日本"拒绝用一分银以上即相当于银1两（a tael of silver）的银币与洋银兑换。银1两的价值约折合1.36洋银，因此1分约折合34洋分。这么算来，我们之前多支付了大约200%的货款。"（Cosenza，M.E.；*The complete Journal of Townsend Harris*，1930，p.234.）这是由于他将日本的两与中国的两混同所带来的误解。他说中国两为10匁，1日本两的四分之一为分，一分为2.5匁，1中国两为银10匁，相当于1.36洋银。因此，一分银约折合34洋分。这样一来1洋银等同于一分银，就相当于1洋银兑换34洋分，所以不公平。

价格。"①

也就是说,以一分银的含银量为基准,将含银量为其 3 倍的洋银重新评价为相当于 3 枚一分银,并表明这是美国政府的最高指示。哈里斯认为洋银与通用银属于相同种类的银币,不论日本的定位货币一分银的成色如何,而是单纯地、机械地按照含银量来确定两种货币的兑换比率。哈里斯完全是凭借黑船的威力来逼迫日本屈服②,而且这种主张违背了科学的货币规律。因为在国际交易中,各国货币不是按照发行国所设计的图案、装饰,而是作为材质、商品受到市场的评价,而流入其他国家的。这一点就连凭借常识来判断的幕府小吏都十分清楚。

在哈里斯的要求下,日美双方在 1856 年(安政三年)9 月 9 日就洋银进行了谈判。在此,我们根据井上清直、冈田忠养以及岩濑忠震在提呈给幕府老中的报告书对交涉的大致情形进行介绍。

哈里斯主张由于日本将含银量只有洋银三分之一的一分银与洋银等同对待,导致洋银价格降至三分之一,这是不当的做法。而日方则重申 1854 年(嘉永七年)林大学头的观点,即"我国之通用金银不拘分量,根据政府命令加上刻印,按照刻印所示的价值流通使用,故与外国交易时不能按含银量计算"③,主张通用银 2 匆 5 厘的含银量为 1 匆这样的双兑价格适用于国内外所有加工银。对此,哈里斯反驳说,将银锭与加工银等同对待不合情理,应该将货币与货币进行对比。哈里斯强调虽然纯金银不能用来铸造货币,任何国家都会添加铜、锡,但日本添加的铜锡太多,货币的成色低,他认为应该按照纯金银的重量来决定兑换比率。对此,日方负责交涉的三人回答说:"通用金银货币中是否添加其他金属之事,我等难以知晓详情,若辩驳细微之处,反而不宜。且金银贸易为国家

---

① 《幕末外国关系文书之十四》,第 806 页。

② 一些幕府官吏也赞同美方的主张。认为:"以皇国之一分银换算为 1 洋银,乃以皇国曲尺与西洋直尺相比,无异于以 1 尺当 3 尺之理。"(《幕末外国关系文书之十五》,20、26 页。)不过,持这种观点的人有一个前提,即认为外国货币是按照材料的价值来流通的。这些人未能分清以材料作为价值标准的外国货币与实际上用作辅助货币的一分银之间的关系,因此他们也无法理解荷兰银币在日本价格评估的恰当性。

③ 《幕末外国关系文书之六》,第 590 页。

之要事,不可贸然决定,待请示政府之后,再行谈判。"显得有些理屈词穷。他们三人因无法进行旗鼓相当的谈判,最终表示"若继续争论,只会导致言语冲突,最终决定接受彼方提出的条件"①,谈判以日方的彻底失败而告终。

哈里斯为了确认在这次洋银谈判中所取得的胜利,在1856年(安政三年)9月11日致信下田奉行称:"本月七日,在与足下的谈判中言及若美国人持货币来日本,应称其重量,以金换金,以银换银。……一分银3枚与洋银1枚相比,其重量仅洋银之百分之五十分左右,与洋银大为不同。然应足下之所望,虽我方损失百分之五十,正如此前告知足下,以一分银3枚兑换1枚洋银,不得有丝毫减少,望足下知晓。"②然而,天保一分银3枚的纯银量为6.8匁,而洋银1枚的纯银量为6.5匁。由此可见,蒙受损失的是日本方面,而哈里斯却说成美方蒙受损失。这显然是哈里斯利用日方的无知而采取的巧取强夺的狡猾骗术。

善于在言辞方面强词夺理的哈里斯进而在1857年(安政四年)3月28日致函信浓以及备后的太主,称在已经约定的4条中,"计算美国人所持货币时,应按照同种日本货币称重,以金换金,以银换银。也即使用分铜(称重单位)来称重日本货币,应在仔细衡量出其分量以后,计算规定美国货币之兑换比率"③。对此,幕府在4月11日回复道:"计算美国人所持货币时,或算出相当于日本的一分金或一分银的分量,或用正确的日本分铜称出其重量,以金换金,以银换银,以定美国货币之价值。"④无奈之下,日本只好承认哈里斯所提出的同种同量的要求。

但是,日本货币与外币之间的问题并未就此结束,还有两个大问题没有解决。一个是改铸费的问题,另一个是货币的兑换问题。关于改铸费,幕府甚至提出过25%的要求⑤,但哈里斯认为:"在西方,都以称重来决定双方的兑换量,没有所谓的改铸费用一说。即

---

① 《幕末外国关系文书之十五》,第36—39页。

② 《幕末外国关系文书之十五》,第34—35页。

③ 《幕末外国关系文书之十五》,第680—681页。

④ 《幕末外国关系文书之十五》,第774页。

⑤ Coesnza;*do*,.p.312.

使重铸为通用货币,也只会每三百美元加收 1 美元的费用。所谓百分之五的改铸费用更是不可能。……但是特别考虑到贵国的情况,才同意支付这百分之五的改铸费用。"①始终主张只能按 5％ 计算。幕府一方则一直要求提高改铸费,即便哈里斯让步到 6％,幕府仍要求提高,故双方又于 1857 年 5 月 25 日、26 日两天进行了谈判。

结果,在 5 月 26 日商定的《日美协定》即所谓《下田条约》的第 3 条中写入了以下内容:"计算美国人所持货币时,以金币一分或银币一分,或者用分铜(称重单位)来称重,以金换金,以银换银,以此确定美国货币价值,然后加算铸造费,多付给日本人百分之六。"②这样一来,问题暂且告一段落。就第 3 条而言,下田奉行在提呈给老中的报告书中称:"(关于铸造费)原本我方认为彼方不愿意高出 5％,经多次商谈,彼方显示出可以接受 5.5％ 的迹象,故我方要求 6％ 以上,经多次商谈,最终以超出其底线的 6％ 达成协议。因为他们在此之上不会再做任何退让,同时我们私下估算,如获 6％,政府绝无损失,还可能有所收益,才以正文所示的内容与对方签约。"③由此可以看出,因为美方的强硬态度以及日方在利益得失方面的盘算,改铸费确定为 6％。

这样一来,日美货币关于同种同量的一个问题得到了解决,但兑换的问题却没有这么简单。这是因为幕府对通商以及外币兑换都十分消极,而哈里斯则试图基于同种同量的原则将货币兑换一举扩大到通商领域。1856 年 12 月,老中发布指令称:"当洋银与一分银兑换之际,不交付正式的银钱,而是用与一分银价值相等的纸币。"④由此可见,日本方面尽管接受了同种同量的原则,但采取的是只兑换银票,不兑换货币的方针。

其实,日本国内也有人向老中主张针对美国驻日外交官及其

① 《幕末外国关系文书之十五》,第 489—490 页。
② 《幕末外国关系文书之十六》,第 125 页。
③ 《幕末外国关系文书之十六》,第 141 页。
④ 《幕末外国关系文书之十五》,第 40 页。

随员进行货币兑换。例如,海防官员^①以及下田奉行^②分别在 1857 年 1 月以及同年 3 月向老中提出建议。1857 年 5 月,老中允许仅针对驻日外交官进行货币兑换。^③ 但是这只是例外的做法,日方依然坚持不进行一般性货币兑换。但从 1857 年 10 月起,哈里斯迫使日本对外通商,并将依照同种同量原则进行内外货币的一般性兑换当作交涉的主要课题。

1857 年 12 月 4 日,美国公使向日方提出了《日美修好通商条约》第 5 条的草稿:"为使美利坚人向日本政府或其臣下支付费用,日本货币与美利坚货币按照以下以金换金,以银换银的规定进行兑换。货币改铸费的补偿按百分之六计算。然而,兑换给美国人的日本货币一概不得带到境外。对于走私或者试图走私日本货币的行为,日本政府将予以没收。日本臣下从美利坚人手中收取外国金银货币,须持有或者支付给美利坚人,不得交与日本人。此条规定不得禁止用外国金银所铸造货币之自由出口。"^④

在 1857 年 12 月 23 日,日美之间曾就第 5 条的内容进行过交涉。日方不承认基于同种同量的原则进行兑换^⑤,并以手续繁杂为由来回避兑换问题,主张可用外国货币直接购买日本商品,以及用日本货币直接购买外国商品,还表示承认用外国货币缴纳关税,允许内外货币的自由进出口,以消除兑换的必要性。既然无须兑换,6%的铸造费也没有必要。日方认为,如果将内外货币的兑换写入条项中,会给人带来一种印象,认为日本原则上必须按规定进行兑换。对于日方的以上主张,美方以日本人不了解美国货币的价值为由加以拒绝,建议:"各通商口岸开港的一年内,为了方便美利坚人支付,能否让金银按照同种同量的原则兑换?"^⑥对此,日方予以接受,并于 1858 年 1 月将拟定的《日美修好通商条约》草案第 5 条改为如下内容:

---

① 《幕末外国关系文书之十五》,第 463 页。
② 《幕末外国关系文书之十五》,第 614 页。
③ 《幕末外国关系文书之十五》,第 617—618 页。
④ 《幕末外国关系文书之十八》,第 527—528 页。
⑤ 《幕末外国关系文书之十八》,第 701 页。
⑥ 《幕末外国关系文书之十八》,第 703 页。

凡外国货币可在日本通用,且应与日本货币按照同种同量的原则进行折算。为了便于美利坚人及日本人相互支付,可自由使用外国货币或日本货币。在日本人了解外国货币价值之前,日本政府应在各通商口岸开港的一年内将日本货币兑换给美利坚人,须按照同种同量的原则兑换,不得因改铸而减低兑换金额,但日本铜钱不在此限。另外,用于铸造货币的外国金银可从日本出口。①

《日美修好通商条约》中关于货币的第 5 条原型就这样确定下来了。不过,有一点值得关注,如果将美方在 1857 年 12 月提出的第 5 条草案(且称其为哈里斯案)与日方在 1858 年 1 月的修改案(简称为幕府案)进行比较就会发现,幕府一开始高调要求 25% 的改铸费,后来却轻易放弃了经过反复交涉才争取来的 6% 的改铸费,甚至还放弃了哈里斯根据国际惯例而增加的禁止日本货币出口的规定。

现在,人们很容易认为那是锁国体制下幕府官吏孤陋寡闻和无知的结果,但我觉得这种判断并未把握事情的实质。冈田俊平教授也指出过这个问题,对造成幕府草案不完备的原因进行过以下分析。哈里斯在 1858 年 2 月 3 日(安政四年 12 月 20 日②)的日记中记载:"我们就各条项逐一进行了协商。第 5 条中的内容包括:支付给他们外国货币时向日本政府缴纳 6% 的费用、禁止日本货币出口。令人十分惊讶的是,他们居然放弃了 6% 的费用,以及禁止日本货币出口的内容。还宣布应该让所有外国货币在日本自由流通。他们这种做法实在令人费解。"③哈里斯没有就发生这种事情的原因进行说明,但当天早上下田奉行要求与哈里斯举行个人面谈。"下田奉行说,江户城的保守派十分愤慨,之前做出的让

---

① 《幕末外国关系文书之十九》补遗,第 21—22 页。

② 据收录于《幕末外国关系文书》中的文件记载,令哈里斯感到惊讶的这一提案是安政四年 12 月 23 日提出的,与哈里斯日记中记载的 20 日不一致。

③ 哈里斯时不时会说:"如果协议的其他方面能让我满意的话",这是他为了使交涉对自己有利的一种惯用伎俩,我们不宜过于拘泥于这一点。例如,他曾说过:"如果条约的其他问题都能按照我的意愿,那么在这个问题上我会满足他的愿望。"(Cosenza;do.,p.334)哈里斯在关于货币问题的交涉过程中也使用了同样的伎俩。

步激怒了他们。如果我要求开放京都以及美国人在日本内地旅行的权利，他担心条约将无法签订。我告诉他，如果条约的其他问题都能按照我的意愿，那么在这个问题上我会满足他的愿望。"①据此，冈田教授做了精辟的分析："幕府方面在通商问题上让步，是为了拒绝京都开市以及外国人在内地自由旅行这一美国的要求，是以此作为交换条件。估计是幕府考虑到国内攘夷论的强硬态度，为了应对政治斗争，而牺牲了经济上的利益。"②

总而言之，幕府方面之所以做出令哈里斯惊讶的让步，很显然是因为当局无论如何都想避免实际的货币兑换。③ 另外，虽然设有一年的期限，但承认货币兑换的做法有些自相矛盾。这是幕府在上述大原则的基础上，根据日美交涉的潮流而做出的政策上的让步。而且，幕府当局也知道接受哈里斯所强加的货币条项将带来各种问题，为了应对这个问题征求了多方意见。冈田教授认为幕府"为了应对国内局面而牺牲经济利益"，但幕府想到了一个巧妙的对策，即在字面上、形式上做出让步，但实际上丝毫没有让步。关于这一点将在下文中进行论述。

除此以外，日美双方还就关税、裁判以及通商口岸等问题达成共识，并签订了《日美修好通商条约》。

三、同种同量的原则

19 世纪中叶，各资本主义国家都在大力开拓殖民地和产品市场。而美国在这些国家中通过《日美亲善条约》率先打开了日本的

① Cosenza，do.，p.527—528.哈里斯对于幕府方面拒绝开放京都的主张，回复说"的确有理"（具体时间据《幕末外国关系文书之十八》597 页记载是 1857 年 12 月 14 日），后来对下田奉行井上清直说，"京都方面可以拒绝开放的要求"（据《幕末外国关系文书之十八》第 675 页记载是 1857 年 12 月 19 日），与哈里斯日记中记载的日期及内容并不一致。

② 冈田俊平：《幕末维新的货币政策》，1955 年，第 18—19 页。

③ 刚刚开港后的 1859 年（安政六年）5 月，在大目付、目付会商时，就有人提出要应对伴随洋银流入而出现假币的问题，主张不宜用日本的货币，而应该用银票与洋银兑换（《幕末外国关系文书之二十二》第 665 页）。另外，神奈川奉行在开港后不久的 6 月 6 日致信美国公使，指出第 5 条是内外货币"混同流通之条款"（《幕末外国关系文书之二十三》第 430 页），明确指出了问题的实质。

国门,全面结束了日本闭关自守的状态,规定 1859 年 7 月 4 日(安政六年 6 月 5 日)为开港日①,实现了预期的目的,而《日美修好通商条约》便是其法律依据。众所周知,该条约在 1858 年(安政五年)6 月 19 日签订以后,同年日本又与荷、俄、英、法之间签订了类似的条约。

在《日美修好通商条约》中,上文中曾经提及过的第 5 条对于我们的研究而言意义最为重要,故将其内容以两国语言引用如下:

第 5 条②

外国的各种货币应该与日本货币同种同量通用(指金币与金币,银币与银币按其材料价值进行比较)。

双方国家之人可用日本以及外国货币支付货款。

在日本人适应外国货币之前,大约在开港一年之内,各口岸公所应受理美利坚人的申请,予以兑换日本货币。改铸不得收取改铸费。

允许日本各种货币(铜钱除外)出口,外国的金银无论已铸成货币还是未铸成货币,皆可出口。③

Article 5.

All foreign coin shall be current in Japan, and pass for its corresponding weight of Japanese coin, of the same description.

Americans and Japanese may freely use Foreign or Japanese coin, in making payments to each other.

As some time will elapse, before the Japanese will be acquainted with the value of foreign coin, the Japanese government will, for the period of one year after the opening of each Harbour, furnish the Americans with Japanese

---

① 关于开港日,与美荷的条约中写的是农历六月五日,公历 7 月 4 日;与俄英法的条约中写的是农历六月二日,公历 7 月 1 日。实际上是按后者的时间开港的。

② 译者注:此处中译文译自原书日语。

③ 《亚美利加国条约与税则》,1858 年,第 14 页。

coin, in exchange for theirs, equal weights being given, and
no discount taken for recoinage.

　　Coins of all description (with the exception of
Japanese copper coin) may be exported from Japan, and
foreign gold and silver uncoined. [①]

　　很显然,第 5 条确定了以下原则:

　　(1)美国与日本的货币按照同种同量的原则流通,外国货币可
以在日本国内无限制地流通;

　　(2)可用日本货币或者外币自由支付;

　　(3)不收取改铸费,随时按照同种同量的原则进行兑换(不过,
仅限于在开放通商口岸 1 年之内)。

　　(4)金银(货币以及未加工品)可以自由出口。

　　在第 4 点当中,特别规定铜钱不属于出口对象。关于这一点,
阿礼国曾经指出:"日本的铜与银相比价格太低廉了。……在日
本,三分之一盎司的银可以兑换 4800 枚铜币。然而,在中国,墨西
哥洋银 1 枚(重量大约 1 盎司)只能兑换 1000 至 1200 枚。因此,如
果不对日本的货币进行某种调整的话,日本的金和铜一定都会被
欧洲的银兑换流失。"[②]阿礼国将金与铜的流失等同对待,认为那是
防止铜流失的补充规定。应该说,他的观点有一定的道理。[③]

　　但是,关于铜钱的这一规定与其说是为了防患于未然,不如说
是为了应对已经发生的情况。幕府虽然禁止铜的出口,但正如阿

　　① Miller, H. ed.; *Tredties and Other International Acts of the United States of America*, vol.7, 1942.

　　根据山崎觉次郎博士称,《日美修好通商条约》日方原件原本收藏于东京大学,
但在 1923 年的大震灾中被烧毁了(山崎觉次郎著:《货币琐话》,1936 年,第 56 页)。

　　② Alcock: *The Capital of the Tycoon*, vol. Ⅰ, P.147.日译本(上),第 233—234
页。阿礼国还称:"一分银的重量相当于洋银的三分之一,在日本折合 1500 枚铜币。
但在中国,很长时间以来含银量为一分银 3 倍的墨西哥洋银就只约合 1200 枚铜币,
有时还不值这么多。"[Alcock; do., vol. Ⅱ, pp.411—412.日译本(下),第 337 页]。

　　③ 在阿礼国指出这一问题之前,幕府当局 1859 年(安政六年)2 月进行过完全
同样的计算。"以日本之铜钱兑换洋银一枚,并将之带到外国,可兑换洋银三枚。以
三枚洋银买入日本钱,再次带到外国,则变成洋银九枚。……仅从此事便可明确得
知彼此之损益。"(《幕末外国关系文书之二十二》,第 501 页)

礼国所指出的那样、由于价格低廉的原因，"铜乃皇国之名产，以往是主要外贸品目。"（1872年工部省建议书），通过中国、荷兰的贸易大量流向海外，以至于铸造铜钱的铜供不应求，因此从1739年（元文四年）起开始使用铁，到了1768年（明和五年）又开始使用黄铜造币，以弥补铜的不足。

如果这是针对今后可能发生的事态而采取的预防措施，那么不仅针对铜，而且针对黄金也会采取禁止出口的措施。当时，幕府已经预想到会出现黄金流失的情况，关于这一点将在后文中进行论述。禁止铜而不禁止黄金出口，是因为一方面这不是将要出现的问题，而是既有的事实，另一方面铜不同于黄金，不仅对军事而言，而且对于国民生活而言都是不可或缺的，在当时铜已呈现出供不应求的情况。对于第5条的第4条原则，我们应该这样来理解才对。然而，尽管幕府禁止铜的出口，但铜依然以铜器的形式不断流失海外。不过，在1869年（明治二年）3月9日新政府解除了对铜出口的禁令。而且，到1874年（明治七年）2月27日又允许新铜钱免税出口。同年3月25日，旧铜钱也可以免税出口。

《日美修好通商条约》第5条中的这些原则后来也写入《日荷通商条约》（1858年7月，第4条）、《日俄通商条约》（1858年7月，第13条）、《日英通商条约》（1858年7月，第10条）、《日法通商条约》（1858年9月，第14条）①之中，只是在表述上以及在条约中的重要性有所不同而已。

美荷俄英法是第一批与日本签订通商条约的国家。之后，陆续与日本签订通商条约的国家有葡萄牙（1860年6月）、普鲁士（1860年12月）、瑞士（1863年12月）、比利时（1866年6月）、意大利（1866年7月）、丹麦（1866年12月）。在这些国家与日本签订的

---

① 与法国的通商条约第14条规定："外国的货币亦可在日本流通。流通时，日本货币与外国货币必须价值相当。法兰西人与日本人交易，应将外国货币兑换成日本货币使用。日本人适应外国货币之前，交易初发之时，宜将日本货币与外国货币等价兑换，在公所交予法兰西人。持日本通用银与外国之金银未有不便，不可持日本铜钱以及未铸成货币之金银。"（《幕末外国关系文书之二十一》，第318页）在第一批与日本签订通商条约的国家中，只有法国的条文略有不同。而且同种同量交换的期间以及铸造费用都未明确提及。但另一方面，却明确规定禁止携带货币以外的金银出境，不过这种变化的原因不明确。

通商条约中,关于货币的条款只有上述第三项内容因为时间的关系而失去意义,自行消失,其他原则都原封不动地保留下来了。以日本与丹麦的通商条约为例,第15条的规定如下:"外国的各种货币应该与日本货币同种同量通用。/双方国家之人可用日本以及外国货币支付货款。/允许日本各种货币(铜钱除外)出口,外国的金银无论已铸成货币还是未铸成货币,皆可出口。"①可见《日美修好通商条约》第5条中的第一、第二、第四原则在这里被原封不动地保留了。

货币条款中的上述四项原则,其内容都有损于日本的国家主权,等于是将日本半殖民地化了。货币条款中作为基本原理倡导的同种同量的原则,并不是在前文中引用过的《日美修好通商条约》条文中的"指金币与金币,银币与银币按照价值进行比较"这种说明能够表述清楚的。实际上,同种同量的原则并非完全看重各种货币的成色,而是只按照其价值来规定日本金银币与外国金银币的关系。因此,与日本签订通商条约的这些国家都在日本获得了特权。但是,在侵害日本国家主权的上述各项原则当中,对日本能直接产生决定性作用的不平等的规定是第三项的同种同量兑换的规定,其中只有第一批与日本签订通商条约的国家由于占了时间上的先机而能够行使这一特权。而第一批国家由于受到通商条约"税则"中关税规定的保护,充分行使了这种特权。例如,与美国的条约第7则第1条规定:"铸造成货币以及未铸造成货币之金银,……免除上述税金。"②令人无法预料的是,在外国的压力下,通过同种同量交换,使得在前一章中论述过的以天保一分银为象征的自然形成的江户前期的货币制度与货币现实之间的矛盾彻底暴露出来了。

四、洋银 100 枚等于一分银 311 枚

根据与欧美各国签订的通商条约中同种同量的原则,各国货

① 胜安芳·《开国起源》上,《海州皂集》第一卷,1927 年,第 603 页。
② 《亚美利加国条约与税则》,第 46 页。

币可以在日本使用,但实际流入的是1825年以后铸造的墨西哥洋银。墨西哥洋银作为国际货币在东亚各地广为流通,这种洋银的平均重量为416.5格令,成色为898‰,纯银量为374格令。同种同量的兑换对象原则上是金银币,但在实际操作中"本国金币中的小判、一分判,按重量与外国的金币进行兑换之时,双方并无大的差异,而二分金、二朱金与国外货币进行等量兑换时,外国的货币成色更佳,在通用之时,各国会蒙受损失。因此金币甚至不被用于做样本,主张只有银币按照同种同量的原则进行兑换通用"①。因此,幕府同意与墨西哥洋银进行兑换的是天保一分银。这种银币的重量为2.3匁,成色为989‰,纯银量为2.2匁。同种同量的原则与成色无关,而只看重量。因此,天保一分银2.3匁的重量(相当于133.4格令)成了评估对象。洋银1枚略重于一分银3枚,因此按照同种同量的原则,洋银1枚在日常交易中以日本一分银3枚的价值流通。另一方面,应外国人提出的正式要求,洋银100枚可以兑换一分银311枚。

关于同种同量的交换,曾有一段有名的逸闻。据说一开始规定比价的程序非常简单,美国公使哈里斯随便在天平的一端放上墨西哥洋银100枚,同时在另一端放上重量与之相等的一分银,结果是311枚。于是,便将这个比价视为不可变的标准。② 正如这段轶闻所象征的那样③,同种同量的原则集中体现了通商条约的不平等性。因为洋银100枚的含银量约为37400格令=2427克,而一分银311枚的含银量为706匁=40785格令=2647克,而且一分银

①　《幕末外国关系文书之三十一》,第278页。
②　《大隈候八十五年史》第一卷,第181页。相似的内容也出现在《世外侯事历维新财政谈》上卷,第49页。
③　这段轶闻与其说是事实,不如说体现了当时外国外交团的强硬态度。在《大隈候八十五年史》一书中,接在上述轶闻后面有这样的内容:"虽然那是不变的标准,但墨西哥洋银与我们一分银的成分并不相同。当时,日本并不懂得如何分析,哈里斯将之带回美国进行分析,得知一分银是银九铜一的优良货币,而且还含有少量的黄金。"(该书第1卷,第181页)。如前所述,作为比较和兑换对象的一分银并不是银九铜一,而是接近纯银的天保一分银,该段论述的内容不够准确。

还含有 2.1‰的黄金。① 由于这样的缘故，良币一分银被劣币洋银兑换，流失到海外。

由于同种同量的原则，欧美人对一分银有着很大的需求。但上述差价只是次要原因。如前所述，尽管这种一分银实际上只是辅助性的定位货币，但形式上作为与一分判金币②价值相同的货币跟本位货币一样自由使用。所以理所当然一分银 311 枚可以兑换 77.75 两金币。用一分银来兑换金币，这才是欧美人对一分银需求过度旺盛的原因之所在。

19 世纪三四十年代，一分判金币和一分银的比价是 1 比 4.64，但到了 1858 年前后，金银比价为 1 比 15.989。当时 1 美元（按照 1837 年 1 月的货币法）金币的重量为 25.8 格令，成色为十分之九，纯金量为 23.22 格令；银币的重量为 412.5 格令，成色为十分之九，纯银量 371.25 格令。美国货币的官方比价与表 4 中的伦敦市场比价大致相同。因此，日本的金银比价与美国以及国际水准相比有巨大的落差。但必须注意到，这样的落差不是因为日本的银矿开采以及冶炼技术落后所造成的。

为了避免误解，想补充一点。当然，不是说日本的银矿开采以及冶炼技术就与欧美并驾齐驱了。因为据说在 17 世纪初，日本的金银比价为 1 比 10。在我们所探讨的开港期前后，金银比价大约为 1 比 13。当时的公文书中有"金凡三匁之重量与银三十七匁通用"③这样的记载。这一比价充分说明日本的产银水准低于欧美。

---

① 阿礼国曾经对一分银的优质性进行了说明。"由于佩里提督的交涉，日本重新开放国门时，曾将日本的硬币带到伦敦进行分析，得知那与其他亚洲国家常见的硬币相比品质更加稳定，品质优良。"[Alcock: *The Capital of the Tycoon*, vol. Ⅱ, P.410. 日译本（下），第 335—336 页]。

② 在江户时代，只有大判才被正式称为"板金"或者"判金"，其他金币的正式名称为"判"（例如"小判""二分判"）。其实，"判金"是指打上了保证一定品质的刻印的黄金，而"板金"是指压延成板状的黄金，但由于这两种名词在日语中发音相同，故被混用，都指"大判金"。但"朱"这样的名称除了"二朱判"以外，还可以称为"二朱金"。作为计数货币的银币的出现，而且是以从属于金币体系的形式出现，使得金币与银币的称呼很容易混淆。在下面的论述中，为了尽量将两者明确区分开来，并不是按照正式名称来称呼，对于二分判以下的金币，会在后面加上"金"字，如二分判金等。

③ 《幕末外国关系文书之二十四》，第 75 页。

表 4　金银市场比价表

年　　号	比价
1854(安政元年)	15.33
1855	15.38
1856	15.38
1857	15.27
1858	15.38
1859	15.19
1860(万延元年)	15.29
1861(文久元年)	15.26
1862	15.35
1863	15.37
1864(元治元年)	15.37
1865(庆应元年)	15.44
1866	15.43
1867	15.57
1868(明治元年)	15.59

摘自 Shaw, *History of currency*, p.159

据马克思称,金银的价值由这些金属的相对自然稀少性,以及将之冶炼成纯金或纯银状态的难易程度所决定。实际上,黄金是人类最早发现的金属。一方面,在大自然中以个体的方式,在化学上以不与其他物质结合的纯粹结晶形态存在,或者由炼金师提炼成纯粹形态。另一方面,大自然中的河流就是大型黄金洗矿场。因此,人们无论是采集沙金,还是从挖掘金矿,获得黄金只需要付出最为简单的劳动。但是,银的提炼则是以矿山劳动和技术的相对高度发展为前提。因此,一开始白银的相对价值要高于黄金,虽然黄金更稀缺。但随着社会劳动力生产的发展,简单劳动的产品开始高于复杂劳动的产品。另外,人们在世界各地开采金矿,储存于地表的黄金资源逐渐枯竭,金价与银价的差距便越来越大。[1]

虽然在 19 世纪初的日本,金银比价并不像马克思认为的那样维持在古代亚洲的 1 比 8 的比价[2],但 1 比 13 的比价依然雄辩地说明日本与欧美各国相比,社会劳动的一般生产力,也就是银的生产力相对落后。当时欧美的比价为 1 比 16,日本的比价为 1 比 13,而不是 1 比 4.64,这一点必须铭记。一般所说的 1 比 4.64 的比价,是指作为称量货币的银币和作为计数货币的银币之间产生的恶性循环所导致的计数货币的贬值,使之成为辅助货币、定位货币。这种计数货币与金币之间原本并不构成比价关系,但由于海外的压力而被迫构成比价关系。1 比 4.64 的与金银比价便是这种状况所带来的结果。总之,这样形成的日本金银比价与国际比价之间的差距在某种意义上来说是不合理的。于是,外国货币便通过一分银进行兑换,使黄金从日本流失,并使白银流入日本。因为日本金价低于国际价格,而银价则高于国际价格。

举个例子具体看一下吧。外国商人用洋银 100 枚兑换一分银 311 枚,再用那些一分银去兑换 77.75 两天保小判金币。这样一来,外国商人可获得大约 132.4 匁黄金。这些黄金按照 1 美元金币含金量 23.23 格令＝0.4 匁计算,132.4 黄金折合 331 美元。也就是说,用 100 美元就可赚取 231 美元,利润率为 231％。如果能将美元顺利兑换为文政小判以及元文小判这些品质更为优良的金币,利润率还会更高。当然,上述数值只是纸上计算的结果,实际利润应该会低一些。因为一分银与金币的兑换不同于基于同种同量原则的兑换,主要通过日本的所谓金币兑换商人来进行,政府机关完全没有介入金银币兑换业务。而且 1859 年(安政六年)7 月 6 日,町奉行禁止将小判带出神奈川。这样一来,国际投机资本不得不将所获得的利润的一部分作为兑换手续费,以及金币兑换商违规行为的补偿,利润自然也就减少了。另外,随着投机的增大,金币的流失以及洋银的流入,以小判为中心的金币出现短缺,需求增大,因此金币价格上涨。另一方面,外国投机商人在上海和香港等

---

① Marx, *Kritik der politischen Ökonomie*, SS. 152—153,日译本,第 181—182 页。

② Marx, a.a.o., S.152,日译本,第 182 页。

市场将金币再次兑换成洋银,致使日本金币供给量增大,导致银价下跌。由于买入价与卖出价彼此接近,投机的利润率就会逐渐缩小。不过,相比于茶叶、丝绸这些传统的贸易品,利润率肯定要高很多。①

就这样,一分银以及金币成为投机的对象,大量流向海外。对此,山口直毅(1867年任外国奉行,次年任会计总裁)曾经回忆说:"其金额之大,远远超出我们的想象,金小判大量流失,以致国内所剩无几。"②关于金币的流失量,阪谷芳郎认为有1亿日元(约合2千万两)③,而山崎觉次郎则认为有1万两④,两者相差很大。⑤ 由于那个时代不重视统计记录,因此缺乏准确的数字。最近,石井孝通过细致的推算,认为仅从横滨流失的金币大约有30万两。⑥

总之,正如表4所显示的那样,在日本黄金大量流出的1859年(安政六年),英国伦敦市场的金银比价为1比15.19,而前一年为1比15.38,在1859年至1861年(安政六年至文久元年)这短短的3年时间里,金对银的价格出现下跌,这种情形与一般趋势相反。这说明当时从日本流失的黄金数量庞大。因此,英国经济学家杰文斯(Jevons,W.S.)开始关注到远东的孤岛日本在安政年间黄金流失的问题,而且杰文斯认为这是体现格雷欣法则的"最为典型的事例(the most extreme instance)"⑦。

在此,根据1873年(明治六年)2月发表的佐藤忠三郎的《旧货币表》⑧对金币的流失量进行推算。该表记载了江户时代各种金币

---

① "'商人们'为了够买入(日本)帝国的金币,都希望获得一分银。他们将买入的金币船运到中国,即便在小判价格上涨时,最保守估计他们能获利百分之百。"[Alcock;do.,vol. I,pp.282—283,日译本(上),第408页]

② 《继通信全览》,《横滨市史》资料编四,1967年,第12页。

③ 阪谷芳郎:《货币史上的奇闻》(三),收录于《国家学会杂志》第四卷四十二号。

④ 山崎觉次郎:《货币银行问题一窥》,1940年,第260页。

⑤ 那特硁称,某一位冷静的调查人(具体人名并未点明)的最高推算值为100万两,按1871年的价值约折合400万日元。而且他在注释中标明日本方面所推算的数值有些夸张(Rathgen; *Japans Volkswirtschaft und Staatshaushalt*,S.162)。

⑥ 《横滨市史》第二卷,1959年,第303—306页(石井稿)。

⑦ Jevons,W. S.; *Money and the Mechanism of Exchange*,11th ed.,1896,p.84.

⑧ 三井高维:《钱庄年代记》关键卷一,第780—783页。

的铸造量和回收量,据此我们可以得出各种金币的未回收量,即被民间收存、在日本国内流通以及流向海外的金额,及其在总铸造量中所占比率。由表5可以明确看出,古二朱金、天保金、安政二分判的未回收率比其他种类的货币要高出很多。其次是五两判、安政金币,这两种金币虽然比前者低一些,但总体来说可以纳入较高的一类。这些金币的未回收率为什么会这么高,这是我们将要探讨的问题。

表5 各种金币的铸造、回收数量

金币的种类	铸造数量(两)	回收数量(两)	未回收数量(两)	未回收率(%)
庆长金	14727055	10527055	4200000	28.5
元禄金	13936220	13213943	722277	5.2
乾字金	11515500	11202703	312797	2.7
正德金	213500	196704	16796	7.9
享保金	8280000	7324044	955956	11.5
元文金	17435711	14278251	3157460	18.1
文政金	14029382	11744506	2284876	16.3
一朱金	2920192	2901939	18253	0.6
草文二朱判	2033061	1909127	123934	6.1
古二朱金	12883700	5439061	7444639	57.8
五两判	172275	123445	48830	28.3
天保金	8120450	4670772	3449678	42.5
安政二分判	3551600	1441471	2110129	59.4
安政金	351000	276829	74171	21.1

这五种金币的未回收部分并没有全部流向海外,因为当时金币还在实际流通,再加上其中有些被人们收存了。大藏省在1875年(明治八年)公布了1869年(明治二年)时点的金币流通量(参见本书第一章的表1)。该表显示的古二朱金、安政二分判、安政金的概算金额与这里的未回收数据一致。我觉得之所以会这样,是因为大藏省的数据并不是根据实际调查,而是依据《旧货币表》得出

来的。如果是这样的话，那大藏省的调查数据就未必准确，因为未回收量并不能等同于流通量。但是，古二朱金、安政二分判是小面额金币，再加上成色不佳，难以成为国际资本的投机对象。因此，古二朱金、安政二分判的未回收量更接近流通量。与这两种货币相比，安政金完全有可能成为国际资本的投机对象。因此，可以判断未回收的安政金主要不是用于流通，而是被人们收存或者流向海外了。但由于安政金币的铸造量非常少，因此它不可能是流向海外的主要金币品种。另外，五两判的铸造量也非常少，而且它与一般通货的性质有所不同，估计流失海外的数量也非常之少。

未回收率排名第三的天保金的情形则与上述金币有所不同。上述大藏省的调查显示，天保金在 1869 年已从流通过程中完全消失。据 1859 年（安政六年）12 月勘定奉行的公文书记载："为将保字小判一枚、一分判一枚作为样品交与法兰西人，而在市中艰难寻觅。"[①]当时即便官府出动也难以找到，可见天保金已经不再流通。天保金恰好是在开港期间的本位货币，含金量也比较高，自然会成为国际资本的主要投资对象，成为流失的主要金币品种。但天保金币的未回收量并不等于海外流失量。天保金几乎没有作为通货流通过，因此除了投机所导致的海外流失，正常贸易出口以及民间收存也消化了一部分。当时频繁铸造的新币都是劣币，所以有人为了保值而收存天保金。因此，为了知道投机所导致的海外流失量，必须从未回收量中减去贸易出口量以及收存量。但我们缺乏这方面的准确数据。不过，我们可以借用庆长金的数据。因为庆长金与天保金一样被人们收存，而且经历了锁国以前海外贸易的洗礼。这样估算出来的天保金由投机所导致的海外流失量约为 113 万 5350 两。

金币的海外流失要经历洋银→一分银→金币这样的过程，一分银在其中起到了中介的作用。一分银在 1859 年（安政六年）8 月下旬至 10 月中旬的两个月，以及 11 月上、中旬的 20 天的合计 80 天左右的时间里每天铸造 4000 两，80 天共铸造 32 万两。从 1859 年 11 月下旬到次年 1 月 20 日发布"金币直增通用令"的大约 60 天

---

① 《幕末外国关系文书之三十一》，第 10 页。

时间里每天铸造 5600 两,60 天共铸造 33 万 6000 两。这样一来,在银座铸造的一分银的总量为 65 万 6000 两,这些银币在各开港口岸与洋银进行兑换。关于这一点在后文中还将进行论述。当然,还要加上以前就有的一分银,在开港口岸通过兑换由外国人持有的一分银,以及经由小判中介商之手流向市场的一分银。除此以外,还有两种流失的渠道。一种是现有的一分银以及分散在市中的一分银以缴纳金的形式汇集到官府,然后再与洋银进行兑换;还有一种渠道不通过官府,民间以低于官府的比率进行兑换,并因此流失。例如,洋银 1 枚=一分银 2 枚。这样交易的话,只要一分银4 枚=小判 1 枚的兑换比率能够成立,那么外国人便能获得将近百分之百的利润。

通过这两种渠道与洋银兑换的一分银的金额估计是新铸造一分银的一半,总共有 98 万 4000 两。如果说洋银与天保金的直接兑换属于例外,那么金币的流失量必然会受到一分银总流失量的制约。而且,基于供需关系,小判 1 枚不止兑换一分银 4 枚,与银的兑换价格会有所上涨,甚或涨至兑换 5 枚。考虑到这一点,安政的金币流失量大约为 80 万两,或者是 1360 万贯=5100 千克左右。

杰文斯断言安政年间的金币流失是基于格雷欣法则。说来,彼此的金银比价差是格雷欣法则得以成立的绝对条件。但是就算那是必要条件,也不是充分条件。也就是说,自由铸造才是充分条件。安政的金币流失时存在金银比价差,但并不曾允许自由铸造。尽管设了 1 年的期限,免除改铸费,而且也没有设定改铸期限。在这种情况下,洋银与一分银按同种同量的原则进行交换,这实际上产生自由铸造的效果,从而致使金币实际流失。尽管杰文斯认为这次金币流失是体现格雷欣法则的典型事例,但洋银的流入、日本金币的流失并不是由格雷欣法则所主张的正常的经济要素所导致的。

这一点正如以水野忠德为代表的幕府理论家所指出的那样,"在各国通用的银币洋银,与我国市场刻有印记的一分银称重进行兑换,由此提高了洋银的市价"[1]。当然,也正如马克思所说:"贵金

---

① 《幕末外国关系文书之三十一》,第 277 页。

属(在本书中指洋银)作为世界货币,已经褪去了其形状、印记,恢复为毫无区别的生银的状态。"①或者说"货币(洋银)已从国内流通领域跨出,褪去了价格的度量基准、铸币、辅助铸币及价值印记等在其成长地所形成的诸形态,回归贵金属原本的未加工的状态"②而流入日本,仅仅作为银锭来评价。鉴于洋银完全以一分银的标准来被衡量,也就是说,作为日本的辅助货币、定位货币,不论其成色如何,仅仅按照重量来衡量。换言之,通过获得"刻印行情"的流通力量,强行施加非合理的政治压力,最终导致一分银流失。③

因此,安政的金币大量流失,仅仅是表面上与格雷欣法则有相似性,不宜将之作为证明格雷欣法则的事例。总而言之,这种疑似格雷欣法则的现象是由主张同种同量交换原则的安政不平等条约,以及将之强加给日本的外国资本的压力所带来的。

五、货币问题的对策

上文所论述的深受人们喜爱的安政金币流失,这样的事态并不是因为幕府袖手旁观的态度所导致的。相反,幕府充分预料到

① Marx;*Kritik*,S.160.日译本,第172页。

② Marx;*Das Kapital*<Dietz>,1947,S.148.长谷部文雄译(日本评论社版)(Ⅰ),第401—402页。

③ 1859年(安政六年)7月6日再次来到日本的西博尔德对金币流失的状况进行过仔细观察,并就同种同量的原则进行过如下分析:"日本政府在各口岸开放一年之间,应将美利坚、英吉利、法兰西、俄罗斯人的钱币兑换成足量的日本钱币。观测这一规则,……实乃世界贸易记录中并无先例之事,或有不测。此乃不知日本钱币之实情,只顾眼前利益之随意之举。……在日本,金币与银币的兑换比例为1比5.5,而欧洲为1比15。日本金银币随意定价,各种银币犹如支票或者是银票,其价值逐渐降至三分之一。能辨别此等意义之时,为了与外国交易,在方今开国之日本,如何用洋银兑换一分银。……无异于放高利贷者。如此简单地施以仁惠,深知前文缘由者必为之惊讶。……航海大国际交易守护者领事,作为贸易之肝要,设法强迫日本政府将洋银兑换成同量一分银。于此,我不宜裁判此事。领事拒绝收取日本新铸货币,最终同意将洋银重新铸为一分银。……允许商人将洋银与一分银兑换。且在江户以及长崎,外国人多有不便,然我应加以默认。然我需指出,高利贷商法,即将洋银与一分银兑换,损害实际进出口,然至渐渐消失。"(《幕府外国关系文书之三十六》,第180—183页)。就这样,他准确地认识到这个问题的实质。在后文中将提及的以水野为中心的理论家与西博尔德并未有任何交流。因此,很显然水野等人的货币论并非是从海外传入的相关知识。

了金币将会流失，也试图采取相应的对策。幕府对 1854 年（嘉永七年＝安政元年）开国以来保管在金库里的外币进行分析，认为"（外国的）金币之中，含有较多的铜，而我国通用金币自庆长以后，不掺加铜，……至于银币，蛮国品种甚多，均悉吹铸而成，都掺有其他金属，与本国通用的一分银、一朱银相比，成色相差甚远，条约（通商条约）规定金银货币按照重量兑换，1 元洋银的重量为 7 匁 2 分，而 3 枚一分银重量为 6 匁 9 分，相比之下洋银多出 3 分。一分银乃成色最佳之银币，与外国银币兑换之时，每 100 两将会损失 16 两之多"[1]，因而得出结论，认为 1856 年（安政三年）9 月 9 日就洋银进行谈判时，哈里斯的主张是站不住脚的。[2]

另外，关于金银比价的内外差，身处货币问题第一线的下田奉行早在 1855 年（安政二年）4 月致信勘定奉行时就曾责无旁贷地指出："我方金银比价与诸外国相比差别很大，不知为何有如此大的差距。"[3]幕府当局想尽一切办法收集海外信息，或者派官员前往香港等地实地考察，得知国际上"金价相当于银价之十六余倍"[4]，因此当幕府当局不得不接受同种同量原则时，充分意识到"异国金贵，万一以银换金，最终金被带出"[5]的问题。为此，幕府集思广益，研究防止金币流失的对策。在等待开港日之时，相信自己能充分应对局面。

那么，幕府究竟采取了怎样的对策呢？就在通商条约所规定的开港日安政六年六月二日（1859 年 7 月 1 日）之前的 5 月 24 日与 29 日，幕府当局发布了关于货币的改铸、新铸以及流通的命令，其中包括改铸重量为 3 匁，成色为 567.7‰，纯金量 1.7 匁的天保小判，以及重量为 0.75 匁，成色为 567.7‰，纯金量为 0.425 匁的天保一分判金，铸造并发行重量为 2.4 匁，成色为 555‰，纯金量 1.33 匁的安政小判，以及重量为 0.6 匁，成色为 570‰，纯金量为 0.35 匁的

① 《幕末外国关系文书之二十一》，第 828—829 页。

② 哈里斯的主张请参照本章第二节相关内容。

③ 《幕末外国关系文书之十一》，第 201 页。另一个身处货币问题第一线的箱馆奉行也提出了相同的问题（同书之十一，第 16—18 页）。

④ 《幕末外国关系文书之二十一》，第 843 页。

⑤ 同上。

安政一分判金币。另外，还新铸造了重量3.6匁，成色为847.6‰，纯银量为3.09匁的安政二朱银。

这种新铸的二朱银虽然处于江户时代货币贬值的潮流之中，但其重量超过了明和南镣二朱判银，相比天保一分银更重更大，但通用价值只有天保一分银的一半。因此，人们将安政二朱银称为"傻大个二朱"。新铸大号二朱银之举，乍看有些不可思议，但此举实际上是为了实现预期目的而进行的周密盘算。如果考虑到同时进行的对金币的改铸就能明白那是为了防止优质金币流失的举措。因为幕府认识到了按照同种同量的原则进行兑换，会导致优质的一分银流失，而内外金银比差又会令金币流失。

重量3.6匁的安政二朱银相当于208格令，因此2枚的重量为416格令，与洋银1枚的平均重量416格令完全相同。按照同种同量的原则进行兑换时，洋银1枚可以兑换安政二朱银2枚。但幕府在新铸安政二朱银时，通过分析知道洋银的成色为865‰，故有意识地将新铸安政二朱银的平均成色降至850‰，而实际上只有847.6‰。因此，尽管洋银1枚与安政二朱银的重量相同，但就纯银量来看，洋银为374.4格令，而二朱银为352.6格令。因此，对于外国人来说，除了作为购买手段来使用，将洋银兑换成这样的日本银币对他们没有多大吸引力。因此，这是针对放弃日本货币出口禁令的一种措施，该禁令曾使哈里斯感到震惊。

另外，就双方的纯银量而言，洋银减少了6％，正好与2枚安政二朱银的纯银量相等。由此可见，虽然幕府在正式场合声称安政元年以后的洋银成色为865‰，但实际上有900‰。如前所述，通商条约第5条放弃了经过谈判获得的征收6％的铸造费的权利，而新铸造的货币也是为了应对这样的状况。由此可见，乍看将安政二朱银的成色定为847.6‰是非科学的、技术上不成熟的做法，而实际上并非如此。这样我们便可以消除对安政二朱银决定成色的谜团。因为，形式上是幕府向外国免收改铸造费以示友好，而实际上却在变相地、自动地、轻松地收取。这种针对同种同量交换原则所采取的策略确实十分巧妙，而这也就是安政二朱银的成色之谜。

1859年（安政六年）5月的主要货币政策目标如下：与1分相当的2枚安政二朱银与安政一分判金的比价为1比17.23，而天保

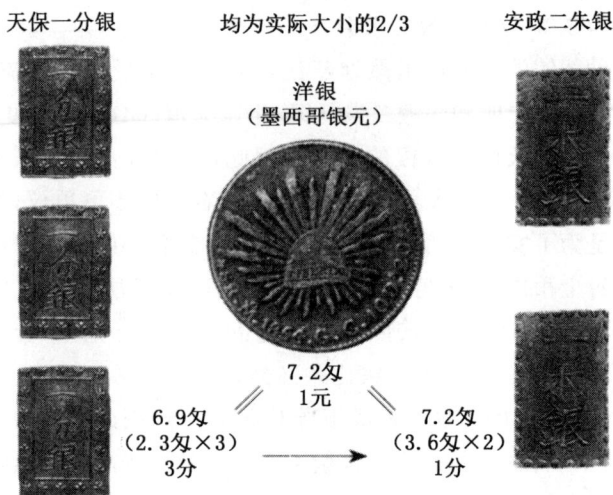

基于同种同量原则的货币兑换

天保一分银　　　均为实际大小的2/3　　　安政二朱银

洋银
（墨西哥银元）

7.2匁
1元

6.9匁
（2.3匁×3）
3分

7.2匁
（3.6匁×2）
1分

一分判金与天保一分银的比价为 1 比 4.64,改动的幅度非常之大。回顾在前文中提及过的伦敦市场的国际金价比价就知道,不仅金银价差消失了,甚至有可能使得海外黄金倒流入日本。而且还有国际投机资本已经难以用银币兑换成金币,并且将金币带到国外的途径也完全被堵死了。就这样,安政二朱银不声不响地起到了阻止金币银币流失、遏制投机的作用。不仅如此,还对洋银 1 枚＝一分银 3 枚＝3 分这样的流通关系加以否定,最终确立了洋银 1 枚＝安政二朱银 2 枚＝1 分的流通关系。

就这样,洋银在日本的购买力由 3 分降至 1 分,降幅达三分之二。洋银与日本金币的价值关系,是外国人基于同种同量原则想当然地计算出来的,他们对此深信不疑。

于是,洋银的价值又回到了 1854 年(安政元年)签订《日美亲善条约》时代的水准,幕府原本的主张在此得以贯彻。通过这个事例,我们可以看出对于黄金流失这种可能出现的事态,幕府取得了预期效果,幕府也因此获得了自信,期望通过此举挽回被佩里、哈

日元的诞生——近代货币制度的形成

里斯伤害的威信。同时,这也反映出幕府本质上对通商不积极①、怀念锁国时代的态度。

在此想顺便谈一谈铸造安政二朱银的背景以及过程,虽然这或许有些偏离主题。1856 年(安政三年)以来,勘定奉行似乎就开始针对内外货币的兑换将带来的问题研究对策,并考虑到改铸货币的问题。② 具体情形虽不得而知,但从勘定奉行 1858 年(安政五年)1 月致幕府当局的建议书中可以看出其见解。③ 如前所述,正式开始研究内外货币兑换的对策则是在同年 6 月与美国以及在那之后与荷、英、俄、法的通商条约相继生效之后。具体来说,负责该事务的勘定奉行在 1858 年 11 月向老中申请改铸金银货币,老中将其方案转交外国事务奉行研究。外国奉行在 1859 年(安政六年)2月向老中提呈了意见。同年 3 月,勘定奉行再次就外国事务奉行的方案提出意见,4 月外国奉行对方案进行了修改。就这样,勘定奉行与外国奉行之间就改铸的问题展开了争论。

在这场争论中,勘定奉行主张将货币的成色降至与外国货币相同的水准,铸造二朱银,并以 6 枚二朱银与 1 枚洋银兑换。因为将金币重量降至三分之二将会损害金币的信用,因此主张降低成色而使重量保持不变。对此,外国奉行主张不仅要关注重量,更应关注成色。不应该降低金币的成色,而应该减轻重量,提高成色;将银币的成色降至与外国货币相同的水准,增加重量,将现行的一分银改铸为 5 匁,以 3 枚 5 匁银兑换 1 枚洋银。如果将勘定奉行、外国奉行提出的方案与幕府当局最终采用的二朱银方案进行对比,就会发现幕府方案是折中了两奉行的意见。其实在对洋银的评估方面,勘定奉行的方案忠实于同种同量的原则,采取 3 分的立场,而外国奉行案采取 15 匁=1 分的立场。因此,幕府当局的二朱银方案与外国奉行的方案比较接近。但幕府当局的方案并不等同

① "本国物产输出至签订条约之各国,会导致诸产品售罄。本国产品本来是根据本国人需求而适当生产,如果从现在开始提供给外国人,会导致不足并令物价上涨(《幕末外国关系文书之二十二》,第 515 页)",当时存在希望避免因为物价上涨而使人心恐慌的想法,这一点不可忽视。

② 《幕末外国关系文书之二十一》,第 837 页。

③ 《幕末外国关系文书之二十一》,第 828 页。

于外国奉行的方案。因此，关于二朱银方案的形成问题，必须考虑到两奉行方案以外的因素。笔者认为被视为二朱银方案的主要推进者的水野忠德在其中起到了非常重要的作用。

栗本锄云将水野忠德与岩濑忠震、小栗忠顺并称为"幕末三杰"，桥本左内也将他称为"当代无与伦比的评论家"[①]。不过水野忠德有些固执己见，因此尽管能力突出，但与同事以及上司的关系不太融洽。关于这一点下面，下面将举例说明。不过，在幕府末期的非常事态使他在1854年（安政元年）12月由长崎奉行调任勘定奉行。他在长崎任职时，或许接触到了与外贸、外币兑换相关的知识，因此作为负责海防事务的勘定奉行，他屡次就哈里斯来日本之后出现的货币问题发表意见。作为外国问题，特别是外币问题的专家，他很早就主张洋银＝15匁＝1分的兑换比率。特别是在与荷兰以及俄国签订《和亲条约追加条约》时，他发挥的重要作用不可忽视。

在与荷兰以及俄国签订的《和亲条约追加条约》的过程中，水野忠德在1857年（安政四年）4月15日以长崎奉行兼勘定奉行的身份前往长崎，与荷兰、俄罗斯相关人员谈判，将以下条文写入了条约之中。在与荷兰货币的兑换时：(1) 将1荷兰盾兑换成日本银，以6匁2分5厘支付[②]。(2) 墨西哥洋银（Mexikaansche dollar）折合2荷兰盾55分[③]。而关于俄罗斯货币兑换，他认为1枚墨西哥糙银（Mexikaansche matt）折合2荷兰盾55分，即1卢布35戈比。[④] 很显然，在这些条约中规定与荷兰盾、卢布的兑换比率时，将1枚洋银与一分银的价值形成关联，这一点值得关注。同时还应该注意到，这些条文是在哈里斯成功地以同种同量原则确定1枚洋银＝3枚通用银兑换的比率之后，于1857年8月、9月缔结的。

更为重要的是，水野意识到了哈里斯试图将用于评价洋银的同种同量原则扩大到一般的通商业务。为了阻止这种做法，他将上述条文规定写入与荷兰以及俄国的条约之中。特别是在与俄国

---

① 《桥本景岳全集》(上)，1943年，第151页。
② 《幕末外国关系文书之十七》，第401页。
③ 《幕末外国关系文书之十七》，第415页。
④ 《幕末外国关系文书之十七》，第670页。

交涉时态度非常积极,这一点从他写给首席勘定奉行川路圣谟的书信中体现得十分清楚:"如前所述,(俄国的货币市值也和荷兰一样)确定下来了。该两国同等对待,而且已经和他们交换条约,此后我将与英国交涉,想必他们也会同意的。而且我想如果只有荷兰一国(同意我们的做法),美国那边也许会出现波折,但是现在俄国也同意了,所以(美国)大致也会(同意我们的做法)吧。"[①]然而,尽管他付出了这么多的努力,但日美交涉的进展方向与他的意图相反,而且勘定奉行也倾向于1枚洋银兑换3枚通用银。因此他在1857年12月调任田安家的总管家,退出了对外交涉的第一线。

但是,《日美通商条约》签订以后,幕府当局开始意识到事态的严重性。因此,于1858年(安政五年)7月8日废除了倾向于对外姑息妥协的对外机构海防署,新设了正式外交机构外国奉行("负责处理与外国之间的往来、贸易事务等一切与外国相关的事宜"[②]),以集思广益。水野也因此被任命为首席外国奉行,再次回归到对外交涉的第一线。这说明幕府对水野在货币问题上的能力给予了高度评价,期待按照他一直主张的1枚洋银=1枚一分银的比价进行交涉。例如,1858年1月,堀田正睦命令负责货币问题的勘定奉行研究金银货币的改铸问题,勘定奉行在同年11月提呈了建议。对此,大老井伊直弼认为"关于改铸事宜,务必将勘定奉行的观点与外国奉行进行充分商议,在此基础上得出议案"[③],特别重视水野所负责的外国奉行所起的作用。

1859年(安政六年)2月2日,老中太田资始将勘定奉行的改铸案与大老意见书抄送给外国奉行,勘定奉行与外国奉行之间就此展开了争论。据《村垣淡路公务日记》(以下简称为《村垣日记》)记载,在争论开始前的1858年11月25日有以下内容:"关于洋银通用之事,水野忠德、我、津田正路联名提出议案,由水野于昨日向老中太田资始转呈,今日又口头向老中论述了主要观点。"[④]由此可见,水野以及村垣积极提出了不同于勘定奉行案的独自方案。村

---

① 《幕末外国关系文书之十七》,第704页。
② 《幕末外国关系文书之二十》,第849页。
③ 《幕末外国关系文书之二十一》,第835页。
④ 《幕末外国关系文书之二十一》,附录六,第87页。

垣曾经担任箱根奉行,接触过外币问题,他的想法与水野比较接近,因而联手向高层提出了自己的建议。在争论过程中,除了书面的论战以外,外国奉行还超出自身的职务范围向幕府当局直接陈述关于货币问题的意见,日记中也记载了这些向多方人士提出见解之事。

在对美交涉中承认洋银1枚＝通用银3枚的同种同量原则的中心人物井上清直于1859年(安政六年)2月从外国奉行调任至小普请奉行。因此,一般认为改铸争论中的外国奉行案①自然会采用水野一直主张的洋银1枚＝一分通用银1枚的方案。但外国奉行方案与正式采用的二朱银方案有若干差异,估计这是因为酒井忠行、加藤则著接替井上担任外国奉行职务的缘故。但是,幕府当局似乎更赞成水野的主张,为了让他充分发挥作用,一方面让各持己见的勘定奉行与外国奉行停止争论,另一方面在1859年4月8日让水野、村垣兼任勘定奉行,让他们两人在主管货币问题的勘定奉行的职位专心处理外交问题,特别是与外币相关的问题,并试图让他们两人将勘定奉行的见解统一为洋银1枚＝一分通用银1枚说。据《村垣日记》记载,水野、村垣在调任的第二天即1859年4月9日就去游说首席勘定奉行,"有关货币的商议,已与式部(财务主管)内部讨论过"②。接着在4月23日及5月17日"在勘定所就货币的问题进行了一场大讨论"③,两人与主张洋银1枚＝一分通用银3枚说的勘定奉行进行了激烈争论,让他们接受了一分通用银说。5月19日,包括水野、村垣在内的所有勘定奉行联名向幕府老中提交了关于改铸金银货币的建议书,同月23日得到批复,安政二朱银因此面世。

但是这种二朱银一开始就遭到了各国的强烈抵制,水野方案因此搁浅,他于1859年8月调任军舰奉行。当时幕府当局要求他

"就外国事务,务必如之前提出见解"①,不过,自1859年10月起水野不再兼任军舰奉行、勘定奉行,只担任西丸留守居一职。在他从繁重的公务中解放出来之时,幕府当局依然提出"对于外国事务务必如之前一般尽职"②,对他在外交以及货币问题上的见识给予高度评价。水野虽然离开了货币问题的第一线职位,但他依然以个人名义与其他外国奉行共同在1859年12月上书,以物价上涨"乃国家疲敝之元"为由反对将金币价格提高3倍的做法,主张以金币的现行行情为基准,使洋银从"刻印行情"改为"银成色相当之通用行情",也就是说,将兑换比率定为洋银1枚=15至16匁。③ 不过,他的这一建议没有被采纳。总之,在水野调离外国奉行、勘定奉行之后,还依然就货币问题发表自己的意见。

让我们回到正题来。总之,水野的"洋银兑换一分银说"是他基于任长崎奉行时以来丰富的经验、见识以及正确的货币理论基础上提出来的,而不是为了应对被哈里斯所强加的同种同量原则而突然想到的招数。水野的方案是基于通用多年的双兑行情的原理,并将之运用到外币兑换的一种做法。那么,根据水野方案铸造的安政二朱银的流通情形如何,货币问题又是如何解决的,关于这些问题将在下一节进行论述。

六、货币问题的归结

如前所述,幕府经过再三讨论才铸造了安政二朱银。那么,外国人是如何接触,又是如何对待这种银币的呢? 下面让我们通过作为当事人之一的阿礼国的大段略显冗赘的描述来看一看。

---

① 《幕末外国关系文书之二十六》,第285页;同书,附录七,第144页。
② 《幕末外国关系文书之二十九》,第50页;同书,附录七,第207页。
③ 《幕末外国关系文书之三十一》,第276—282页;同书,附录七,第239页。在此说一个题外话。西博尔德再次来到长崎,就货币问题发表了与水野相同的观点并报告给荷兰本国。其报告书的日译文在1860年(安政七年)2月由长崎奉行提呈给幕府老中(同书之三十六,第179—185页),水野忠德也将西博尔德报告的日译文做了笔记并保留下来了(同书之三十六,第185页)。由此可以想象他把西博尔德当成海外知己,此外由此也可一窥其对货币问题的关注。

在一间大房子里，两个表情严肃的官吏正襟危坐在"海关"的座位上，身边摆着秤、秤砣，以及"根据条约"用来与洋银进行兑换的许多亮闪闪的崭新的日本硬币。我们一行当中有人打算去逛商店，需要日本货币。因此，他们把洋银扔到秤盘里，分别兑换成2枚硬币。重量与条约所规定的一致，完全"同量"。日本的官吏十分热情，准备工作做得十分周到。看到这些情形，疑心再重的人也会表示理解。……一行中有几个人向日本官吏打听各种物品的价格。那一是因为日本官吏非常热情周到，二则一行当中有几个人迫不及待地想买一些东西，这是连大孩子都会感受到的一种正常的欲望。

"这个精美的小盒子才6分，真是太便宜了。洋银1枚折合3分。6分才值2枚洋银，赶紧付钱，来，给你2枚洋银。"

然后店主显示出迷惑不解的神情，摇头表示不行，并以手势制止。买东西的外国人有点不知所措，随后才被告知日本人只收取日本的钱币，这一点和长崎一样。

"啊，也行。你看，这可是日本的钱币，造币所刚刚铸造的崭新钱币。2枚折合1枚洋银，这叫作什么钱币来着？两个有3分重吧，1个1分半嘛。好，就用这个买，那请摊开手心收下吧，崭新的亮闪闪的钱币4枚。"

但店主翻看了一下钱币还是摇头不肯收。接着，把4个手指头伸出3次。

"喂，怎么回事呀？说要6分就给你6分，现在居然要12分。你这家伙跟犹太人一样贪得无厌呀。"

如此一来，需要翻译的帮助才能进行沟通了。翻译的说明非常简单，很不详细。1枚崭新的硬币的确有一分半重，但根据造币所写的面值，只有半分（即二朱）的价值。这样他们就明白了，那是"假币"，只有半分的价值。原来这是个陷阱。哪怕把崭新的银币变成魔术师手中皱巴巴的树叶，也不会让人如此惊讶和不愉快。

这是在7月1日中午（即条约所规定的开港时限）之

前的第二场外交交锋。日本人并不满足于事先已确立的适合自己目的，他们表面上遵守诺言，但实际上已准备好了违背承诺的货币。这表明即便他们接受书面条约，但并不准备履行契约的精神。在签署此条约时，依照同种同量的原则，1枚洋粮折合3分通用银，但日本人巧妙地将之降至1分通用银，这便使得原本在世界上物价最为便宜的日本成为世界上物价最高的国家。① 他们试图巧妙地利用条约的措辞来偷梁换柱，将洋银的价值降低至三分之一。②

从上述阿礼国记录的字里行间很容易看出，新铸的安政二朱银及时出台，效果很明显。日本方面充分利用封建社会特有的人际关系、等级关系，事先非常秘密地铸造了二朱银，给外国人带来了极大的冲击。幕府也预料到外国人会对这种做法做出反应，在1869（安政六年）6月4日让所有外国奉行兼任神奈川奉行，以应对各种事态的发生。即便如此，实际的反应依旧大大超出幕府的预测。因为洋银购买力降至三分之一，外国人要蒙受极大的经济损失，因此他们强烈要求恢复到原来的兑换比率，这一点成为外交问题的焦点之一。

说来，阿礼国并未参加确定同种同量原则的草创期的交涉活动，对相关情况不甚了解，因此他对基于这一原则的货币条款的看法是公允的。例如，他表示："据我所知，在哈里斯第一次把这种奇妙的条款写入与美国的条约之前，这种外币兑换方式在世界上任何一个国家都没有实施过，也没有任何相关尝试。"③"这是史无前例的条款。……这种条款规定所有外国金银货币都可以在日本自由流通。根据日本的法律规定，尽管彼此的金银价值的比例完全不同，但可用同种同量的原则进行兑换。"④阿礼国对此甚感惊讶。

---

① Alcock：*Capital of the Tycoon*，vol. I，pp.144—146.日译本（上），第230—233页。

② Alcock：*do.*，vol. I，p.149.日译本（上），第236页。

③ Alcock：*do.*，vol. II，p.425.日译本（下），第352页。

④ Alcock：*do.*，vol. I，p.339.日译本（中），第83页。

因此，他说："当美利坚的代表极力主张墨西哥洋银在形式上与日本银币具有同等价值，并试图让日本承认时，日本代表主张外国货币对于自己国家的货币来说，只具有金银材料本身的价值。对此，美国方面的财务官员反驳说：'如果按照日方的说法，在日本支付时，1枚美国洋银与重量为其三分之一的1枚日本通用银价值相同'。不过，如果日本的银币和金币相对价值是这样的比率（他们明明知道实际上的确如此），即便日本人反对1枚洋银兑换重量与之相当的1分通用银，那也是完全正确的做法。日本的银币与日本的金币、铜币之间是怎样一种关系，对此未作任何调查。为了开展公正的交易，这种调查无论如何都是必要的，因为它是所有问题的基础。"①阿礼国所做出的判断是正确的。不仅如此，阿礼国还认为"日本政府所作所为无懈可击"②，"英国政府以日本政府现在的提案违反日英通商条约第十条（等同于日美通商条约的第五条）为借口加以反对，那样做是没有道理的，幕府将军完全有理由根据自己的需要决定在自己的领地内流通的货币的名称和重量"③。由此可见，阿礼国对日本的做法表示理解，甚至非常同情。

但是，这终究是作为个人的阿礼国的看法，与作为代表英国国家利益的官方立场的阿礼国完全不同。就其后者的身份来看，阿礼国与哈里斯是一丘之貉。他在1859年（安政六年）6月4日，很快就向幕府老中提出了抗议："新铸二朱银时所采取的方针对基于条约的通商将构成极大的障碍，宜立刻圆满解决此问题。"④

在此后的交涉中，阿礼国指责日本："仅仅在条约中规定按照同种同量的原则兑换货币，而没有规定不得擅自铸造新货币。因此，他们预计我们对于新铸货币不会提出任何异议。**而且，正是因**

① Alcock：do.，vol.Ⅱ，p.411.日译本（下），第336—337页。
② Alcock：do.，vol.Ⅱ，p.416.日译本（下），第343页。
③ Alcock：do.，vol.Ⅱ，p.428.日译本（下），第357页。
④ 《幕末外国关系文书之二十三》，*Documents in European Languages*，p.10.

为这样的缘故，在签订条约时我们特意没有提及这一点。"①对独立国家日本天经地义的抗争没有表示出丝毫的理解。对此，日本方面辩称："我国的金银货币按照各个时期之沿革，其形状不同，流通时的价值都以政府刻印为准。……当今之银币流通二十余年，用上等银铸造。由前条可知，此乃刻印之力。据此，银币多少之价由刻印文字所规定而与重量无关。此所谓一分银重二匁三分，与金七分五厘等价流通。原本金币为本位货币，银币乃其代用品，其价值以刻印为准。犹如以纸张或者皮革货币上的文字。据此，原本只在我国流通而已。开港以来，金与金、银与银对应比较重量，已难凭借刻印之力定价，犹如纸币或者金银票难以用秤称重。"②对于日本方面这种科学的、正确的货币理论，阿礼国采取了完全无视的态度。这种做法与德川家康为了推翻弱小的丰臣势力，而以方广寺钟铭文③为借口的做法有些相似。外国则以天保一分银的存在为借口，对日本方面就二朱银所做的所有辩解进行了压制。

阿礼国先是在 1859 年（安政六年）6 月 18 日为领事馆兑换日本货币。他要求④"按照签订条约时所实施的兑换比率，即洋银 1

---

① Alcock:*do.*, vol.Ⅱ, pp.415—416.日译本（下），第 342 页。《幕末外国关系文书之二十四》，第 346 页，同书第 25、284 页。

阿礼国于 1859 年（安政六年）5 月 26 日出任驻日公使，他对这次铸造新银币颇感意外，但哈里斯则未必如此。根据《桥本景岳全集》的记载，幕府是在非常秘密的状态下铸造了二朱银。安政二朱银的直接起因是 1858 年（安政五年）1 月堀田正睦发布的命令。该记录中还有这样的内容：开港日由 6 月 5 日改为 6 月 2 日，缘于 1858 年 7 月 11 日与俄国签订的条约，因此我估计桥本记录的日期为 1858 年 4、5 月左右。

② 《幕末外国关系文书之二十四》，第 75—76 页。

③ 译者注：方广寺钟铭文事件发生在 1614 年 8 月 1 日（庆长十九年），是年丰臣秀赖为恢复丰臣家之威望，着手修复因地震倒塌的京都方广寺，并于本殿中安置一巨大梵钟，铭文为精通汉学的南禅寺住持清韩长老所作，德川家康借口铭文中有"国家安康"的文字而发动战争。方广寺钟铭文事件是大阪之战的导火线，这场由德川家康策划的阴谋最终使得仅仅传承了两代的丰臣政权走向覆灭。

④ 幕府方面在 20 日按其要求做了。

枚兑换3枚的比率来兑换与之重量、成色相等的一分银"①这一条件②，并且威胁说："如果在与国外货币进行兑换时想铸造新货币，一定要经过深思熟虑。"③随后在6月19日对铸造二朱银和禁止将一分银用于对外贸易的做法直接进行了抗议。天保一分银在安政二年后再也没有铸造过，但这个被赋予了3枚可与洋银1枚通用的天保一分银并没有被回收④，而是任凭其流通。在这样的大背景下，针对二朱银这种专为外国人铸造的货币，英美等国以强大的军事力量为背景，"以武力相威胁，若不能如愿就从本国派遣军舰"⑤，采取高压的手段，主张"不能将这种为了限制使用而铸造的银币视为日本货币"⑥。但更为根本的问题是，二朱银问题是由日本银币自身的矛盾所引起的。即这种计数货币的银币既是定位货币、辅助货币，又是本位货币。关于这一点，想必已经无须说明。

在遭到阿礼国的抗议之后，幕府方面先是在6月21日向幕府老中建议，让外国奉行继续按照洋银1枚＝通用银3分的比例进行兑换，在交涉成立以前暂停二朱银的兑换。⑦第二天，老中致信阿礼国，表明在交涉成立以前，还是按照洋银1枚＝通用银3分的比率进行兑换。另外，幕府在6月23日向江户町奉行发出命令："外国的金币银币在日本使用之时，按照以金换金、以银换银方式，根据其重量进行兑换。按照其分量换算成本次下谕铸造的新小判、一分判、二朱银使用，但因为一分银也是当下通用的货币，目前外国银币重量7匁2分的银圆1枚可以与一分银3枚兑换。"⑧这些

① 《幕末外国关系文书之二十四》，*Documents in European Languages*，p.9.

② 这个条件正是阿礼国为了拒绝安政二朱银而设定的通商条约货币条款。他的真正目的不是为了按照签订条约时的重量、成色来与一分银兑换，而是为了确立洋银1枚兑换一分银3枚的比率。例如，在后文中将论及安政一分银的成色与天保一分银相比有所劣化，与签订条约时的一分银成色有所不同，但阿礼国并未就这一点提出异议。

③ 《幕末外国关系文书之二十四》，*Documents in European Languages*，p.9.

④ 1869年（安政六年）5月24日老中们原本预定对一分银、一朱银也进行改铸（《幕末外国关系文书之二十三》，第295页）。

⑤ 《幕末外国关系文书之二十四》，第137页。

⑥ Alcock：*do.*，vol.Ⅱ，pp.416—417.日译本（下），第343页。

⑦ 《幕末外国关系文书之二十四》，第135—139页。

⑧ 《幕末外国关系文书之二十四》，第166页。

做法被认为是暂行办法，但结果却成了最终处置。就这样，二朱银只在 6 月 1 日至 6 月 23 日这段时间流通，便结束了它的使命。幕府把停止使用二朱银视为应急措施，后来也曾多次尝试就二朱银兑换事宜与外国进行谈判，但都被回复"无谈判之必要，根据条约实施"[1]，被完全无视。

阿礼国认为"经过长期斗争，日本政府屈服并回收了那些劣质的新币，货币问题得到了解决"[2]，但幕府 7 月 1 日致信对此说进行全面反驳。幕府在信中主张新铸二朱银是为了使成色和重量与洋银相等，因此是极其公平的货币。"此前 1 枚洋银兑换 16 匁左右。此凡 16 匁之价洋银在各国无障碍流通，即折合俄国 1 卢布 35 戈比，法国 5 法郎 40 生丁，荷兰 2 荷兰盾 55 分，日本金币 1 分，折合银 15 匁余。故折算成新二朱银 2 枚之时，1 枚洋银与此价值相当。"[3]"我新货币未与正理相违背，有待公平之评论。"[4]幕府就是这样反复主张新铸银币的正当性。事实上，安政二朱银不同于天保一分银，是适合金银双本位制，且具有实体的本位货币，同时也是日本具有先驱性的贸易货币。[5] 但是，幕府的抵抗最终未能顶住英美等国的强大压力，即便动员了所有政治力量策划并实施秘密对策也都未能取得预期的效果，而二朱银再也未能回归流通市场。

如上所述，幕府原本试图采取表面上承认同种同量的原则，实质上却将洋银的购买力降低至外国人期待值的三分之一，将洋银仅仅视为银块的策略。幕府方面是希望通过这种方式来抑制对外通商，为此采取积极对策，新铸造了安政二朱银。但事与愿违，幕府的计划落空了。之后，幕府转而采取消极抵抗政策，即通过与通用银兑换而流入的洋银存在的重量以及成色不均的问题，再加上人们基于东洋传统观念，对夷狄的货币的憎恶，因此一般民众拒绝接受同种同量的原则，洋银 1 枚＝通用银 3 分的汇率甚至在通商口

---

① 《幕末外国关系文书之二十四》，第 185 页。

② Alcock：do.，vol.I，p.234.日译本（上），第 348 页。

③ 《幕末外国关系文书之二十四》，第 347 页。

④ 《幕末外国关系文书之二十五》，第 284 页。

⑤ 从 1710 年（宝永七年）至宝历年间（1751—1783 年）铸造的往古银就是用于支付朝鲜人参贸易款的称量银币，其成色与庆长银相同，是贸易专用银币。可参见田谷博吉《近世银座的研究》的相关研究。

岸都没有实现①,更不可能像中国那样将洋银作为国内货币通用。针对这样的状况,幕府发布声明称,应该尊重条约规定,使外国货币在日本与日本货币同样流通,但没有采取促进流通的具体措施,而是对洋银流通不畅的现象采取了袖手旁观的不作为态度。

更为重要的是,奉行所、运上所、御用所这些官方兑换机关往往以一分银数量不足为理由拒绝受理兑换。哈里斯针对这一点,曾经建议幕府将以通用银兑换来的洋银改铸成通用银,但幕府主张,以前收取改铸费的话可以做到,但由于通商条约规定不能收取改铸费,故不能接受哈里斯的建议。② 幕府通过积极认可现状并袖手旁观的做法,对同种同量的原则进行消极反抗,使该规定成为一纸空文,并以此方式有意识、有计划地阻止洋银在日本的流通以及其与一分银的兑换。

尽管如此,在安政二朱银失去反抗据点的作用之后,这种不作为的消极反抗只能起到拖延时间的作用,特别是针对一年的兑换期限。这与丰臣家族的据点——大阪城的内外护城河被填埋之后毫无防备能力的情形完全一样。这种做法最终未能阻止洋银的流入。在阿礼国以及哈里斯看来,幕府的消极抵抗是违反条约的,他们以促进贸易为由,比以前更加强烈地要求日本遵守同种同量原则。按照萨道义的说法,外国势力"提出了毫无道理的要求"③,面对这样的要求,幕府首先在开港两个月之后的1859年(安政六年)8月6日致信阿礼国称:"自通商以来,无论银币成色如何,以同量兑换,导致我国损失财利许多。然时利或有或无乃物力之常理,无须论之。从今往后,实施通商之法,两国皆不偏废,于其国及我国

----

① 阿礼国对日本商人拒收洋银表示抗议。对此,幕府进行了反驳:"在此还有一事相告。我国商人与外国交易时欲支付洋银,然外国人不肯收取。……若我国人所收取洋银外国人不肯收取,则我国商人无法收取洋银,望明察。"(《幕末外国关系文书之二十六》,第27页;同书第211页)外国商人为了赚取金银比价差所带来的利益而偏好一分银。也就是说,在与日本贸易商人进行交易时,不希望对方用洋银支付。因为收取洋银无法赚取差价。外国商人自身的态度也成为妨碍洋银流通的主要原因之一。

② 《幕末外国关系文书之二十五》,第340—341页。

③ Satow;*A Diplomat in Japan*,日译本(上),第24页。西博尔德也向长崎奉行说明了该原则的不正当性(《幕末外国关系文书之二十四》,第228页)。关于西博尔德的观点可以参照《幕末外国关系文书之三十六》,第180—184页。

皆有益而无害。"①突然显示出积极解决问题的态度,尽管那是在阳奉阴违(具体证据请见本页脚注②)。接着在 8 月 9 日与阿礼国谈判时,承诺海关将一日铸造 1 万 6000 枚(折合 4000 两)通用银(一分银)用于兑换洋银②,将洋银用作铸造材料。③ 同时,在 8 月 13 日又表示,为了履行承诺将铸造重量与天保一分银相同(2.3 匁)的安政一分银,其成色从天保一分银的 989‰改为接近洋银的 893.5‰,④因此

---

① 《幕末外国关系文书之二十六》,第 27—28 页。

② 1.6 万枚的数据源自"闻一日铸造一万六千,并非兑换数量"(《幕末外国关系文书之二十九》,第 388 页)。根据幕府方面的说明,这次铸造是克服了"铸造者有秘诀,能其事者不过两三人"(《幕末外国关系文书之二十六》,第 167 页)、"闻模具雕刻皆相传一子"(《幕末外国关系文书之二十九》,第 388 页)等诸多困难的。但这些情况只不过是针对外国人抗议用于兑换的一分银不足的一种辩解。尽管当时采取的是小作坊生产方式,但日产量不止 1.6 万枚。从下面的资料也可以看出这一点。

据甲贺宜政的《德川氏货币一览表》记载,新二朱银从 1859 年(安政六年)5 月 27 日铸造(三井高维《钱庄年代记》关键卷一、第 799 页)。如果这一记录准确无误的话,从《村垣日记》1859 年 6 月 1 日的记录来看,"今朝六时半,……江户御用状中新二朱银七千两……昨日凭借临时银票从金银座收取"(《幕末外国关系文书附录之七》,第 36 页)。从《村垣日记》的记载可知,5 月 30 日收到 5.6 万枚二朱银,那些银币应该是前几天铸造的。也就是说,在 27 日至 29 日的 3 天时间里,至少每天要铸造 1.8 万枚。新二朱银的总铸造量为 8.83 万两＝70.64 万枚,即便就算是认可暂停通用二朱银的 6 月 22 日停止了铸造,每天的铸造量也达 2.7 万枚。由于安政一分银与安政二朱银相比,只有其三分之二大小,铸造耗事费时,但因为是用锉刀抛光,加工不是非常精细。而安政二朱银的边缘呈弧形,加工起来比较费事。因此,一分银的产量只会高于二朱银,幕府声称日产 1.6 万枚的产量是出于政策上的考虑。例如,在 11 月 14 日与阿礼国谈判时承诺增产 40%,即每天生产 2.4 万枚,这便是很有说服力的证据。但据大黑常是的《御用留便览》称,主要原料充足的话,一天能够生产 6 到 8 万枚一分银(田谷博吉:《近世银座的研究》,第 412 页)。从这些数据来看,幕府承诺的安政一分银的产量,主要是出于政策上的考虑。这也体现了幕府对内外货币兑换所持的态度。尽管当时尚处于作坊生产阶段,但日本的造币能力还是不可小觑。

③ 《幕末外国关系文书之二十六》,第 68—69 页。

④ 1859 年(安政六年)8 月 13 日的资料称:"此次铸造与洋银成色相同的一分银,与之前的一分银可以互换,通用无碍。"(《幕末外国关系文书之二十六》,第 111 页。)不知是因为检测能力不足,还是因为故意为之,总之,准确地说,这种一分银与洋银的成色并不相同。多次检测实验显示这种一分银的成色为 893.5‰(三井高维:《钱庄年代记》关键卷一,第 800 页)而幕府当时规定的成色是 872.7‰。这种公开的规定是不是为了防止一分银因银质优良而流失到国外,其理由不得而知。

纯银量为 2.055 匁。[①]

安政一分银与同年五月铸造的安政金币,例如安政一分判金的金银比价为 1:5.27。尽管比天保金银币的 1:4.64 比价有所提高,但从国际水准来看,这个程度的调整不会奏效。像这样,幕府只是为了促进贸易,以确保洋银能与一分银兑换。但正如阿礼国所哀叹的那样:"他们关于外国贸易利益的美好判断完全被扭曲了。"因为进入日本的并不是贸易资本,而是谋求金银比价差的外国投机资本。[②]

《村垣日记》中 1859 年(安政六年)7 月 3 日、5 日、10 日的日记中分别记载见了备后守(老中太田资始)等人,商议如何防止金币流出国外之事。[③] 幕府当局所担心的金币流失,在开港不到一个月的时候就已实际出现了,而安政一分银的铸造在当中起到了决定性作用。幕府积极铸造一分银,致使洋银这种劣币流入,而令日本金币流失。而且,作为中介物的一分银总是供不应求。[④]

1859 年(安政六年)10 月 17 日江户城主城堡发生火灾。幕府以此为由,从 10 月 20 日起停止了洋银与一分银的兑换。对此,法国公使贝勒库尔(D.de Bellecourt)首先表示抗议:"对大殿烧毁深表遗憾。……然新币兑换也因此暂停,有碍法国与日本之贸易。"[⑤]紧接着,哈里斯、阿礼国也表示抗议。11 月 14 日,在与阿里国的谈判时,当局承诺每天在神奈川、长崎、箱根分别发放 1 万枚、6400 枚、

---

① 阿礼国在与幕府交涉时,曾言及 1859 年(安政六年)8 月中旬发生的事情,说:"最终规定每天一万六千枚一分银的铸造额度,用于与洋银兑换。事态朝前迈进了一步。"[Alcock: *Capital of the Tycoon*, vol. I, p.263. 日译本(上),第 383 页]安政一分银因为银供不应求而以洋银为材料改铸而成,因此其成色与洋银相同。另外,安政一分银被称为"洋银银",就是因为人们觉得它的品质不如天保一分银,但洋银不是作为加工材料被单纯地铸造成一分银,而是在改铸过程中添加了少量黄金。因此,幕府的老中们不说"以洋银",而说"以洋银同位之银"改铸一分银。

② Alcock: *do*, vol. I, p.284. 日译本(上),第 410—411 页。

③ 《幕末外国关系文书附录之七》,第 80、84、91 页。

④ "虽则条约中规定以金换金,但贵国(英国)的商人不喜此,而只愿意兑换一分银。……一年间双方因为商务而兑换货币,但只喜好兑换银币。"(《幕末外国关系文书之二十六》,第 274 页)。

⑤ 《幕末外国关系文书之二十九》,第 3 页。

6000 枚,共计 2 万 2400 枚(合计 5600 两)的一分银兑换额度。[1] 另外,在 11 月 15 日通知各通商口岸的奉行,要求在条约规定的兑换期限之前分别向神奈川、长崎、箱根输送 7.5 万两、5 万两、4.5 万两的一分银。

像这样,尽管在 11 月增加了每天兑换的额度,但因为不收取改铸费,幕府的铸造能力总是无法满足无改铸期限的随时兑换。在 11 月 20 和 24 日的谈判席上,哈里斯建议日本采取在洋银上刻印的方法来应对。接着,在 11 月 26 日致幕府的信函中指出:"为了方便洋银在日本流通,我认为可以在洋银上面刻上表示价值的文字。我与英吉利公使阿礼国、法兰西公使贝勒库尔共同商议,认为宜在洋银上刻上'一分银三个之价'的字样。强烈请求尽快制造此印,并送交神奈川、长崎以及箱根。"[2]由此,从 1859 年(安政六年)12 月末[3]至次年初[4]的短时间内,幕府在重 7.2 匁的洋银上刻上"改

"改三分定"洋银,实际大小的 2/3

---

① 《幕末外国关系文书之二十九》,第 387 页。

② 《幕末外国关系文书之三十》,第 265 页。

③ 12 月 19 日商定在洋银上刻印,20 日通告各国,25 日得到了将军的批复。27 日,老中发出指令。1860 年(安政七年,万延元年)1 月 10 日,法国公使致函幕府老中,敦促尽快在洋银上刻印并使之流通。该洋银在 1 月中旬以后实际流通,但数量十分有限。法国公使在 1 月 16 日致幕府老中的信中称收到了 2 枚已刻印的洋银。在 1 月 23 日,幕府命令向箱根馆派遣刻印官员。

④ 1860 年(安政七年)2 月 6 日幕府当局与阿礼国的对谈交涉之时,论及了在洋银上加刻印以及促进此类加刻印的洋银通用的事宜,幕府当局回复:"按照之前谈判结果,会(在洋银上)加刻印,但是一时无法大量刻印。"(《幕末外国关系文书之三十五》,第 106 页)

三分定"的字样,使之作为 3 分无限制的法定货币在日本流通。①

幕府的这种小花招般的对策在以追求利润为目的的外压面前显得十分苍白无力。我们不妨看以下一、两个实例。

> 外国人对日本海关的大胆不逊的行为在以下事例中体现得淋漓尽致。他们申请将价值 12.6 多万亿的洋银兑换成一分银。此等行为不仅对日本政府有失礼节,而且有的申请人姓名并不真实,此乃外国居民拥有同享贸易之便权利者之所为,其罪过至重。更何况其有姓名者纯属虚构。②

> 如果一年当中可以稳稳当当获得超过六次的百分之百的利益,从商人的本性来看,他们肯定经不起诱惑,而不会去关注那种做法是否合法。……海关为了阻挡洪水般的兑换一分银的申请,要求申请人在申请表上签名。但这种努力只是徒劳,甚至还不及帕廷顿夫人试图用拖把去阻挡大西洋海水涌入的做法。③ 让申请人签名有什么用? 谁都有名字,每个贸易商都有许多朋友居住在日本、上海以及世界各地。他们也都想从这个新发现的金矿获得翻倍的利益,而热衷于兑换一分银。手中拿着奖品,还需要担心没有朋友或者指定代理人吗? 如果实名不够用的话,使用斯努科斯(Snooks)(愚弄人的意思)、托

---

① 1860 年(安政七年)2 月 19 日的幕府告示称:"洋银重量超过 7 匁以上的,加上刻印,与三枚一分银通用。……不论是钱庄,还是诸商人,请务必按照刻印,通用无碍。"实际上洋银的 3 分通用是行不通的。也就是说,这种被称为"改三分定银"的洋银因为刻有印记,被强制作为 3 分银流通。这一方面使洋银与一分银无法兑换,也就无法赚取比价差额。另一方面,尽管存在洋银的自由行情,但洋银被等同于 3 分,商人有可能因此蒙受损失。直到幕府快要垮台时为止,洋银的行情大约为 2 分。市场评估价之所以低于官方定价,主要是因为日本贸易出超,对洋银的需求不足。由于这些缘故,内外商人都不愿意收取。"改三分定印银"流通不畅,结果是其价格低于没有刻印的洋银。(参见竹越与三郎:《日本经济史》第七卷,第 302 页)

② 《继通信全览》,《横滨市史》资料编四,第 12 页。

③ 译者注:帕廷顿夫人系小说中的人物,当一阵在风把海水吹进她家的时候,这位可怜的妇人努力用拖把和水桶与大海对抗,但无济于事。用了比喻螳臂挡车的做法。

克斯(Tooks)(贪婪的人的意思)、布什(Bosh)(讥讽者的意思)、摩西(Moses)(放高利贷的犹太人的意思)、南申思·弗凯姆商会(笨蛋与小偷合资的商会的意思)这些虚假的名称就可以了。他们常常申请大得惊人的金额,甚至超出 30 位数的巨额,如此巨额的货币估计一辈子也数不过来。……这种事情不仅发生在商人身上,就连入港的美国护航舰上的军官也想分一杯羹。就有一名军官立刻退伍,借一艘船成立一家商会。另外,和他在同一艘军舰上的大部分军官在得知海关可以无限制兑换一分银后,立即将护送使节(指日本使节丰前守新见正兴一行)赴美的任务抛在一边,热衷于将银币兑换成金币这种有利的交易。①

哈里斯以及阿礼国强行实施的同种同量兑换货币的意图虽然因为安政二朱银的出现而一时受挫,但最终还是如愿以偿了。但是当他们看到上述引文中出现的疑似格雷欣法则的异常事态持续出现,受益者不是国际贸易商,而是国籍不明的投机资本时,他们判断那不仅无益于国籍明确的贸易资本,也就是说无益于国家,而且破坏了正常的通商贸易。② 因此,哈里斯致信幕府称:"随信附上合众国以及欧洲货币与日本货币的价格表。此价格表由世界上数名顶级专家分析整理而成,数值十分准确,无可置疑。从本价格表可知,金币以其实际价格的三分之一流通,此事于日本有害,宜速使其价格与世界其他各国通用金币之价格相同。……显然,金一

---

① Alcock:*Capital of the Tycoon*,vol.Ⅰ,pp.282-283.日译本(上),第407—410 页。这里提及的军舰的名称为 Powhatan 号。英国人觉得美国水手的行为异常,因此,阿礼国再三致信幕府老中,抗议幕府拒绝受理英国人兑换一分银的要求,而优先让美国人,特别是让水手兑换的行为,认为应该停止这种不公平的做法。对此,幕府辩解说:"该船乃前来迎接我国使节,……该船的乘务人员为我国尽力,故不得不进行兑换。"(《幕末外国关系文书之三十四》,第 384 页)承认阿礼国所指出的事实。

② "买卖外国产品和日本物产所获得的利益少得可怜。茶叶和丝绸的行情随时都会下跌,存在风险,谁又会去关注呢? 看到以银换金这种利润率高于100%的事情,谁又能无动于衷呢?"[Alcock:*do*,vol.Ⅰ,p.283.日译本(上),第 408 页]

分 1 枚折合银一分 3 个之价，小判 1 枚有银一分 12 个之价。故将日本的金币与合众国及欧洲的金币进行比较，就会发现日本金币只有实际价格的三分之一。"①

幕府似乎接受了哈里斯的忠告②，先是在 12 月 7 日通知英美法公使，将天保小判与一分银 15 枚（相当于 3 两 3 分）等值通用。③ 对此，法国公使提出异议，认为一分银 12 枚比较合适。12 月 21 日，阿礼国在谈判中同意将天保小判价格定为 15 枚与 12 枚之间。④ 就这样，在 12 月 23 日幕府老中致各国公使的信中明确规定小判 1 枚折合一分银 13 枚半＝3 两 1 分二朱金。⑤ 作为防止金币流失的应急措施，在 1860（安政七年，万延元年）1 月 20 日晚上 10 点钟发表告示，规定提高通用银的价格，天保小判折合 3 两 1 分二朱，天保一分判金折合 3 分二朱，安政小判折合 2 两 2 分三朱，安政一分判金折合 2 分三朱。新规定从 2 月 1 日起实施，并于同年 4 月铸造了万延金币。至此，防止金币流失的对策得以完整实施。

万延金币小判的重量为 0.88 匁，成色为 572.5‰，纯金量为 0.5 匁，减为安政小判的三分之一。万延小判与安政一分银（一两分）的金银比价为 1 比 15.74，比以往任何时候都更为接近国际比价。其结果是，由投机所导致的金币流失终于被遏制住了。

如前所述，之所以在安政末期出现这种剧烈变化的疑似格雷欣法则效应，是因为银币针对金币在本质上是辅助货币，或者说是价值标记。⑥ 但同时它在形式上又作为具有无限流通性的本位货

① 《幕末外国关系文书之三十》，265、267 页。哈里斯在 1859 年（安政六年）7 月 10 日的信函中已经认识到小判 1 枚等同于一分银 12 枚，一分判金 1 枚相当于一分银 3 枚（《幕末外国关系文书之二十五》，第 8 页）。

② 幕府内原本就存在意见分歧。外国奉行主张使金币保持不变，通过改铸银币来增加供给量，以降低银币的比价，使日本的金银比价接近国际水准（《幕末外国关系文书之三十一》，第 276—282 页）。

③ 《幕末外国关系文书之三十一》，第 318 页。

④ 《幕末外国关系文书之三十二》，第 281 页。

⑤ 关于这个决定，幕府附加了条件，即当金币不断流出之时，可以提高金价（《幕末外国关系文书之三十六》，补遗，第 9 页）。

⑥ 幕府官吏山口直毅甚至认为一分银是符号货币。认为"银币与金币、铜币相比，其定位超过甚多。如一分银以其真价三倍之价位通行，故实为符号货币。"（《继通信全览》，《横滨市史》资料编四，第 12 页）

安政小判（左）和万延小判（右），实际大小的 2/3

币在流通。因为日本的银币具有这样的双重性，即便不与国际水准相比，这种双重性也将金廉银贵的日本比价推向最高位。在幕府拥有绝对支配权的时候，源于银币所具有的双面性的矛盾被掩盖住了。当美国以强大的武力强迫日本开国，幕府统治受到动摇时，乘虚而入的国际投机资本使得这种矛盾彻底暴露出来了。也就是说，之前按照幕府规定，银币作为金币的价值标记从属于金币，但外国人却将其视为真正的货币来评价，并以银币为标准对金币进行重新评价，最终导致金币流失到海外。这好比不是由身子控制尾巴摇动，而是由尾巴控制全身晃动。为了防止国际投机资本导致日本的金币流失而铸造劣质万延金币，这有点像巨大的躯体即安政金币因为与尾巴即安政一分银不协调，为了使之协调（与国际金银比价一致）而瘦身了。可以说，这是一种在外国强压之下作为辅助货币的银币对作为本位货币的金币以下犯上事态。

虽说是以下犯上，但银与金的地位并没有因此而改变，只是使日本的金银比价接近国际水准而已。造成这种以下犯上事态的外国势力希望其程度更加强烈一些。这一点从明治政权在推行货币改革时，外国势力建议日本采取银本位制就可以清楚地看出来，我们将在下文中对这一点展开论述。

甚至可以认为，使日本的金银比价与国际水准接近的做法，从日本的货币发展史来看是一种倒退。正如在第二章中论述过的那样，作为新货币的计数银币的出现，实际上使得江户时代的货币制度变成金本位制，而计数银币起到了辅助货币的作用。英国的财政学家阿巴斯诺特曾发现"在日本，银器重量超过用于购买它的银币重量的两倍"①,并因此感到惊讶。而如果认识到计数银币作为辅助货币的性质,他就会明白银器比银币重是极其正常的事情。

如前所述,将计数银币实际上用作辅助货币,这种做法开始于1774年(安永三年)将银币规定为限制货币之举。后来在1798年(宽政十年)禁止自由铸造银币,停止金银双本位制。日本货币史上这一事实与英国在1816年(文化十三年)实施法制化的金本位制形成对照。换言之,当英国以外的各国采取金银双本位制时,日本率先应对作为自然规律的货币制度的世界趋势,实际上实施了金本位制。将同种同量的原则强加给日本的哈里斯的祖国(美国)一直到1873年(明治六年)才禁止银币的自由铸造,并由金银双本位制过渡到金本位制。因此,当在金银双本位制下长大的哈里斯接触到日本的计数金银货币时,自然而然就会将之与美国的金银双本位制等同起来,因为他深信日本是愚昧落后的国家。换言之,正因为哈里斯抱有这样的偏见,他没有看出日本存在辅助货币,实际上实施的是金本位制,这要比美国的金银双本位制先进。

说来,美国议会也在1853年(嘉永六年)批准铸造材料价值低于面额的小额银币用作辅助货币,将1美元的纯银成分由371.25格令降至346.5格令。因此或许哈里斯他们对天保一分银的经济意义、性质、地位有所察知。如果是那样的话,那哈里斯就是为了美国的利益以及名誉,无视上述事实,将日本的金银币纳入金银双本位制当中。总而言之,幕府的反驳苍白无力,不得不屈服于哈里斯的压力。这导致好不容易确立起来的仅次于英国的金本位制,又倒退到了金银双本位制。因此,万延年间的货币制度改革没有使日本的货币制度向前发展。哈里斯对日本货币制度的先进性未能充分理解抑或是视而不见,使之倒退到与美国层次相同的金银双本位制。也就是说,货币制度倒退到了1771年(明和八年)以前的江户时代。

幕府在1695年(元禄八年)以后,曾经十几次改铸金币,其中大部分都是为了获得差价而降低金币的价值,采取了最原始的通

---

① 高桥碟一,《幕末货币问题的若干史料》(上),《史学》第11卷二号,第142页。

货膨胀的手法。"降低金银货币之成色,自会失去民心,还会影响各种市场市值,虽然为非常忌讳之事,但是与国家金银流失国外的损失相比不算什么,因此这也是时事所迫,不得已而为之。"[①]只有万延元年的改铸不是为了获得差价,而是作为针对银币以下犯上状态采取的对策。万延金币虽然是劣质金币,但依然是名副其实的本位货币。而且,银币之所以能够以下犯上,是因为它被纳入金币的计算体系(两、分、朱)之中。因此,以下犯上并不意味着使银币固有的匁、分、厘的体系复活,国民生活中的度量基准依然是一定重量的金币。这一事实,加之由于疑似格雷欣法则的作用导致金币从日本流失,致使金与银相比较为缺乏这些事实,都是明治政府确立新货币制度的条件。

---

① 《幕末外国关系文书之二十一》,第 829 页。

第四章　日元的由来

一、明治新货币制度

由于幕府方面在万延年间(1860—1861 年)所采取的应对措施,安政年间(1854—1860 年)的货币大混乱暂时得到了平息。但是,在那种后遗症尚未痊愈的时候,江户幕府就垮台了,其货币政策由明治新政府所继承。在当时的条件下,新政府一方面为了回应内外的要求,另一方面为了树立新政府的威信(参照第一章第二节),于 1868 年(庆应四年)4 月决定"新铸划一纯正之货币"[①],并很快向海外订购了造币机器,着手建设造币厂。与此同时,从 1869 年(明治二年)3 月开始正式研究新铸货币的种类。

关于新铸货币种类的问题,新政府内部存在意见分歧。保守派主张应该原原本本地沿用江户时期的货币制度,而大隈八太郎(即后来的大隈重信)和久世治作两人在 1869 年(明治二年)3 月 4 日提出了"关于新货币形状及价名修改案",建议将新铸货币改为圆形,将四进制的两、分、朱改为十进制的元、钱、厘,两人的建议得到了新政府的采纳。至此,新货币的形态、名称以及进制都确定下来了。

接着,明治政府从同年 6 月 15 日开始对本位货币的材质、重量、成色以及货币的种类等具体内容进行探讨(准确地说,对内是从 3 月开始的。但在官方正史中,不知为何所记录的讨论日期在 3 月 4 日之后就是 6 月 15 日。在此,暂且依照官方正史)。大隈重

---

① 《明治货币政策考要》(收于《史料集成》第十三卷),第 53 页。

信、伊藤博文以及井上馨等新政府货币事务负责人在横滨与东洋银行（Oriental Banking Coroporation）的总裁罗伯逊（robertson, J.）就铸造新货币的具体事宜进行了协商。

那么，日本在决定自己国家的货币制度时，为什么还要特意征求外国人的意见，与他们进行协商呢？这一是因为在货币问题上有必要谦虚学习发达国家的经验和知识，二是因为外国人在日本经济中所占据的重要地位。因为日本开国通商的时间不长，对海外的情况不甚了解，而贸易主要由外国商馆所掌握，贸易收支结算自然也是由外国银行来进行，所以有必要听取他们的意见。

但最为根本的原因在于日本在货币制度方面的自主权受到了外国势力的侵害。且不说不平等的通商条约，1866年（庆应二年）签订的通商条约修订版《改税约书》也有规定，"关于货币交涉的条款，日本政府在修订时必须得到各国政府的同意。日本政府需向各国公使通报改定之事，经其同意"[1]方可生效。

如前所述，新政府在1868年4月决定新铸"划一纯正之货币"，各国为了给新政府来一个下马威，在同年闰4月4日联名向新政府发出警告："以下署名者[指法意美普荷各国公使]敬报外国事务总裁阁下。自日本通用金条约决定之后，日本通用金不仅在日本国内通用，有广至万国普遍之势也。故据以下署名者意见，贵国货币变更以前须与签订条约各国协议，以有益于日本政府。若无协议而实施改革条约，条约各国将敦促改之。"[2]各国公使警告日本不要擅自对货币制度进行改革，改革时必须与各国协商。在该通告书中，各国公使甚至对日本政府在事先未通告的情况下计划将造币

---

① 《继通信全览》《横滨市史》资料编四，第13页。

② 《日本外交文书》第一卷第一册，第648—649页。日本在决定1871年（明治四年）2月15日开设造币寮之前，特意去位于横滨的东洋银行商量，并在此基础上正式决定（参见久世治作口授《皇国造币寮滥觞记》，收录于大阪市政府编《明治大正大阪市史》第7卷，1933年，第30页）。其实这是1859年（安政六年）出现金币流失问题以来，处理对外关系的惯例。例如，幕府在公布关于货币规则时，要事先征得各国代表的同意。法国将这样的既成事实的做法视为理所当然，作为既得权益，并以此为依据开展对自己国家有利的外交活动（《幕末外国关系文书之三十六》，第18页。Documents in European Languages, p, 2）。各国在闰4月4日的通告中向明治政府这一新的政权明示他们坚持该既得权益。

局搬迁至大阪的做法进行了指责，认为那违反了条约。新政府为了避免与各国发生不必要的摩擦，进行自我保护，不得不与当时的外国势力的代表英国的东洋银行进行协商。

罗伯逊在 6 月 15 日所阐述的见解对决定日本的新货币制度起到了决定性作用，其主要内容有："本位货币重量不得低于特洛伊斤 460 格令，其质宜为十分之九银币。故其银币应与墨西哥洋银成色相同。……还宜铸造金币。出于便利考虑，新铸的金币价值应相当于本位银币的十个、五个、两个半。其定量虽未细定，但小银币宜用于小额支付。然根据收取人之意，大额支付可随其便。"① 由此可见，罗伯逊建议日本采取银本位制。针对罗伯逊关于铸造金币的建议，大隈重信认为："可以考虑使用相当于本位银币十倍的本位金币。不过，这是今后要解决的问题。将金币与银币兼用作本位货币，其好处是可以在金银当中选择价格较低廉的材料。"② 但这只是日本方面草率做出的解释，罗伯逊只不过是暗示了金银双本位制的可能性，他始终主张日本应以与墨西哥洋银同种同量的银币作为本位货币，是建议日本采取银本位制。关于这一点后文将展开详述。

罗伯逊在他的意见书中最早使用了"圆"③的字样，这一点十分重要。作为附件在 1869 年（明治二年）7 月 7 日的《告各国公使铸造新货币书》中，有"以一圆与墨西哥洋银比较起算者"这样的表述。这份告知书的目的在于回应英美法德意各国在 6 月 11 日的信函中就太政官纸币、劣质金币等问题的应对措施所提出的质疑。当时，新政府承诺采取紧急应对措施，一方面让兑换商直接兑换，另一方面表明将在 11 月左右铸造新货币，以消除太政官纸币以及劣质金币的弊端。附件中有新铸造货币的图样。具体来说，金银比价为 1 比 15，1 圆货币等于 1 枚墨西哥洋银。金币分为 10 圆、5 圆、2.5 圆三种，银币分为 1 圆、0.5 圆、0.25 圆、0.1 圆四种。

---

① 《大全·货币（一）》，85—86 页。

② 大隈文书，A1709。

③ 译者注：日文中用作货币基本单位的"円"是"圆"的日式简体字，译成中文为"日元"。在此书论述日元形成过程的部分，为了如实再现该名称的确定过程，将原书中所使用的繁体字"圓"用简体字"圆"表示。

这个附件中采用了"圆"这种货币名称,不过,罗伯逊6月15日的上述建议并没有被全部采纳,这两点都值得关注。也就是说,新政府并没有采纳罗伯逊所建议的银本位制,而是积极考虑金银双本位制。[①] 可以说,附件中的见解没有受到外国势力的干涉,是从自由的立场就日本货币制度提出的自主方案。在1871年(明治四年)很短时期内,新政府由决定采用银本位制到突然转向金本位制,我们可以从上述事实中找到一些变更的缘由。对此将在下文中进行论述。总之,从这个附件可以看出:由于江户时代货币制度的长久惯例,以及万延年间货币制度的副作用,日本的当局者在心理上对于金银币双本位制抱有憧憬。由于受到外国货币理论的影响,同时也屈服于外国的压力,新政府暂且采用了银本位制,但很快就对之加以否定,转向金银双本位制。在采取金本位制时,将银币用于贸易结算。同时,大隈重信还对罗伯逊6月15日的发言做了新的解释,以使之与日本政府要人的见解相吻合。罗伯逊一直建议日本采取银本位制,关于这一点在后文中还将论及。

如上所述,新货币方案没有受到外国势力的干涉,而是从自由的立场提出来的。在此,笔者还想就这个问题提出另外的证明材料。据称,《货币兑换之处置及借款一千万两以十年赋税返还之着眼大略》这份建议书草案是由五代友厚提呈给明治新政府的。五代友厚在草案中对从香港进口的造币机器的性能进行了说明,并提及"今新货币大小附件图纸八种当中,其所制造货币虽仍有一日制造之多寡,然着眼于中等平均,制一圆银币计算大概。……一圆相当于一枚洋银"[②]。

建议书草案上的日期为"巳三月",即大隈重信、久世治作提呈新货币建议的1871年3月。因为没有上文中提及的附件图纸,因而无法确认。但附件中提到的新货币有8种,在7月7日的政府信

---

① 《大全·货币(一)》,第87—89页。顺便提一下,该书这里论及金币里的金铜比率为11比1,这是依照英国的做法。另外在《大全·货币》一书中,说把银作为合金材料,对照外务省史料馆所藏原件《旧货币改铸修改资料》第一卷中的原文件,确认这是笔误。应该更改为铜。

② 《五代友厚传记资料》第二卷,1972年,第24页。五代友厚在1865年访欧时写的《廻国日记》中记载,他在比利时首都布鲁塞尔住了三晚四天,第二天参观了造币局。由此可知,他对造币特别关注。

函附件中也是 8 种,而且都还提及 1 圆相当于 1 枚洋银,这些很难说是巧合。可以认为 7 月 7 日的政府信函附件采用了当时在新政府拥有发言权的五代友厚的建议。不过,附件上的日本政府案独立于罗伯逊 6 月 15 日的意见,不妨认为那是五代友厚等日本人立足于自由的立场构想出来的。

《六合新闻》中题为"今般制造货币之重量"的报道内容也可以用来支撑笔者的观点。[1] 文中称"金币分量金十一分,精铜一分";"银币分量银九分,精铜一分"。金币种类有 10 圆(重 4 匁 7 分 2 厘)、5 圆(重 2 匁 3 分 6 厘)、2.5 圆(重 1 匁 1 分 8 厘)这三种;银币的种类有 1 圆(重 7 匁 2 分)、2 分(等于 50 钱,重 3 匁 6 分)、10 钱(重 7 分 2 厘。这篇报道中没有使用"钱"这样的单位名称,因此无法用江户时代的四进制来表示,在这里不列出)。除此以外,还铸造了 1 钱和 2 厘这两种铜币。该报道说 1 圆银币"相当于洋银,不过比墨西哥洋银要小"(这种 1 圆银币重 7 匁 2 分,墨西哥洋银重 416 格令=7 匁 22592)。另外,该报道还列举了英美法三国的货币,并分别计算了其金银币比价、平均比价。经过对比,认为"日本新制金币金 1 匁相当于银 15 匁。"

在《六合新闻》上登载的这篇报道中,关于金银币的成色、金银比价以及 1 圆折合 1 洋银这些数据,与上述 7 月 7 日的公文内容完全一致。不仅如此,登载该报道的《六合新闻》第二号发行于 1869 年(明治二年)3 月 24 日,这一点值得特别关注。这些事实表明:在 6 月 15 日与罗伯逊进行协商之前,也就是在 1869 年 3 月 4 日的京都议事院兼上局[2]会议上,朝廷已就新货币进行了审议,政府或者与政府关系密切人士对新货币的具体内容进行了讨论。同时,由于 7 月 7 日的公文书中关于货币的方案与《六合新闻》以及五代友厚的方案一致,虽然时间上比较接近,但也可以看出与 6 月 15 日的罗伯逊的方案出自不同系统。也就是说,新货币方案是日本人自己提出来的。

---

① 《六合新闻》第二号,收录于《明治文化全集》第十八卷"杂志篇",第 562—563 页。

② 译者注:上局为明治初年设立的立法机关,主要是商议政体的创立、法律的制定、条约的签订等事宜。同时设有下局。

而 1869 年 11 月 9 日通告各国公使,同月 14 日又通告各国领事的方案①与日本的方案相比更接近罗伯逊方案。

> 今般,为供补与日俱增之国用,繁荣对外贸易,我国政府决定在以往货币的基础上增加发行新种货币。
>
> 新发行货币之本位者,其重量不少于特洛伊斤 460 格令,其质为纯银十分之九的银币。故该银币与墨西哥洋银成色相同。将上述本位银币分割,铸造更小银币。该小货币之定量尚未制定精细,大致情形如下:
>
> 50 分银币　不少于特洛伊 280 格令
>
> 　　　　　含银量十分之八
>
> 25 分银币　不少于 140 格令
>
> 　　　　　含银量同上
>
> 10 分银币　不少于 41 格令
>
> 　　　　　含银量同上
>
> 5 分银币　不少于 20 格令
>
> 　　　　　含银量同上
>
> 为使此等银币便利,仅用于小额支付。宜另铸造金币。金币相当于本位银币之 10 个、5 个、2.5 个,以便使用。
>
> 其定量尚未制定精细,小银币均宜用于小额支付。
>
> 然收取人有意,欲收取大额亦随其便。②

至此,新货币的种类、重量以及成色暂且确定下来了。不过,在此需要加以关注的是,虽然按照罗伯逊的意图采取了银本位制,但金币的质量未定,也没有设定流通限制,说明这里没有放弃金银双本位制的计划,甚至还试图将之付诸现实。

明治新政府虽然在形式上采取了银本位制,但对江户时代以来的金银双本位制仍依依不舍。美国代理公使像是看破了这一

---

① 内阁记录局编《法规分类大全》所收录的内容有印刷错误,在此根据收录于《明治货币政策考要》的致各国公使信函进行了订正。

② 《明治货币政策考要》,第 58 页。《大全·货币(一)》,第 91—92 页。

点,在 1870 年(明治三年)3 月 12 日的意见书中称:"货币改铸虽为国内事务,然上述小面额金银铜钱可用于支付,宜遵照国外之通则,亦有利于贸易之扩大。"①要求将金币实际用作辅助货币。而德国公使在同年 3 月 14 日,法国公使在 15 日,英国公使帕克斯在 20 日也分别提出了相同的要求。

像这样,围绕新货币制度,日本倾向于双本位制,而外国则主张日本采用银本位制,双方的想法形成对立。但日本最终决定按照外国的意图采取银本位制,这其中东洋银行推荐来日本指导造币的金德尔(Kindle,T.W.)②于 3 月 30 日提交的建议书起到了非常重要的作用。

该建议书中有"一览乔治·罗伯逊"这样的内容,从这一点可以看出他沿袭了罗伯逊的想法。

建议书称:"金币非本位,成色与洋银相同,宜与法国之制同样,纯金九分。……金币与其降低成色,不如减轻重量。由此可生政府之利,且可补铸造之费用。"③他建议让面额与实际价值之间拉开差距,将金币用作辅助货币。罗伯逊也在 1870 年(明治三年)4 月 4 日致信伊藤博文,称"若以一元银币为本位,金币仅为方便而铸造,则金币属于无用。……若采用双本位制,而有两种本位货币。其他国家已发明实检适宜之法,若将该法适用于贵国,则减少造币之利益,以至消除政府之公益"④,显示出与金德尔紧密配合的态度。

罗伯逊所说的金币面额与实际价值之差,如果以金银比价为 1 比 15 的话,10 圆金币重量应该是 277.3 格令,减少一成之后为 248 格令。这样一来,官方比价就由原来的 1 比 15 变为 1 比 16.77。

① 《大藏省旧藏明治前期金融资料》收录于《金融史资料》第四卷,第 194、316 页。另参照《明治初期货币制度确立始末》参考文献之六,第 5 页。
② 关于金德尔英文名字的拼写,例如在《造币局六十年史》中外国雇佣者一览表中,写作"Kinder",一般都是这样拼写的。但其实有误,高垣博士指出,准确的拼写应该是"Kindle"(高垣寅次郎:《明治初期日本金融制度史研究》,第 146、163 页)。此处根据高垣说拼写其名。
③ 《大全·货币(一)》,第 94 页。
④ 《大全·货币(一)》,第 96 页。

肖所提供的同年伦敦市场的比价为 1 比 15.57，[①]是两者的中间值。可以说，这是与日本根深蒂固的双本位制的一种妥协[②]。罗伯逊一直极力主张将以往形式上的银本位制改为实质性的银本位制，因此，他对日本的立场表示理解并做出了一定妥协，这其实是一种伪装。这一点不可忽视。

金德尔建议新货币重量以及成色要与"按照英国政府的命令在香港铸造洋银时的标准"一致，并主张因为"在英国官员面前谈论时，20 钱银币与本位货币的标准最为吻合"[③]，所以应该放弃 25 分（钱），代之以铸造 20 分（钱）的银币。由此可以看出罗伯逊、金德尔的建议体现了他们对自己的祖国英国的忠诚与自豪。同时为了弘扬英国的威望，他们凭借英国的强大实力，还试图迫使日本按照他们的意志制定货币政策。

1870 年 8 月，新货币的重量、成色以及货币上的文字图案初步确定。明治政府外务省于 10 月 29 日致信各国公使，并随信附上了"新货币铸造表"，称"以一圆为本位货币"。[④] 该表的内容全面采纳罗伯逊以及金德尔的建议，就各种货币的重量以及成色进行了说明。信函还声称"银币全由香港造币局发行"[⑤]，采取的是银本位制。

也就是说，新铸造的本位银币不是效仿墨西哥洋银，而是通过香港银圆（Hong Kong Dollar）这一过去的遗留物依附于英国。香港银圆从 1866 年 5 月开始铸造，两年后就停止铸造了。而当时香港银圆的重量以及成色标准低于墨西哥洋银，与在东亚市场实际流通的墨西哥洋银的平均值大致相同。[⑥] 这样一来，实际上形成了香港银圆＝墨西哥洋银＝日元银币的关系。但是，与其以想象中的具有平均标准的墨西哥洋银为标准，不如以现实中具体存在的香港银圆为标准更为合理，关于这一点想必无须赘言。

另一方面，《新货币成色及重量表》在 1870 年 11 月 12 日获得

---

①　Shaw；*History of Currency*，p.159.

②　山口茂就认为这种做法保留了双本位制的残留。《国际金融》，1957 年，第 172 页。

③　《大全·货币（一）》，第 94 页。

④　《大全·货币（一）》，第 101 页。

⑤　《大全·货币（一）》，第 101 页。

⑥　Chamers，R.；*A History of Currency in the British Colonies*，1893，p.376.

太政官的批准。至此,正式将"圆"用作日本货币的基本单位,本位货币1圆银币与香港银币一样,重量为416格令,成色十分之九。另外,作为辅助货币有成色为十分之八的50钱、20钱、10钱、5钱的银币,以及成色为十分之九的10圆、5圆、2.5圆的金币。在这些辅助货币当中,金币对我们来说具有更为重要的意义。这些金币的成色都是十分之九,10圆的重量248格令=4.278匁,5圆为124格令=2.139匁,2.5圆为62格令=1.0695匁。这些数值与金德尔所建议的数字完全相同。①

在经历这样的过程之后,日本的新货币制度采用了银本位制。明治政府在1871年(明治四年)1月颁布了《新货币条例》以及《造币规则》,暂且确定了新货币制度。② 之所以说是暂且,是因为原本理应正式公布的《新货币条例》并没有如期实施(具体理由在后文中详述)。在此,想就暂定条例再补充两点。

第一点是,在该暂定条例的附表《新货币成色重量表》中,2.5圆金币被改为2圆金币,成色为十分之九,重量为49.6格令=0.8556匁。外务省在1871年1月13日专门致函各国公使,称"之所以改变原计划,是因为与银币之换算相当不便"。③

另外一点是,与1871年5月10日发布实施正式的《新货币条例》进行对比便可得知,就时间而言,按照原计划应该在2月以"太政官谕告文"的方式公布,但实际上到5月才公布。在内容上有一些非原则性变动,但基本上保持了原貌。正式条例中的"新货币例目"是原计划当中所没有的。在"新货币成色重量表"当中,两者之间当然存在本质上的差异,关于这个问题,将在下文中进行论述。关于"新货币流通限制"的形式与内容也有所不同。正式条例中的"新货币例目"中的新旧价格关系这一项在暂定条例中是作为"新旧货币价值对照表"插入的。"太政官布告"的段落安排以及表述有些不同,但在大纲上不存在差异。就"造币规则"而言,可以看出从银本位制过渡到金本位制这一变更过程中的许多差异。

① 在《新货币条例》中,1格令折合0.01725匁,与《明治货币政策考要》第59页中所记录的数值不同。

② 《大全·货币(一)》,第105—115页。

③ 《大全·货币(一)》,第115页。

按照原计划,采用银本位制的货币条例本应该在 1871 年 2 月颁布却最终未能实施。有关暂定条例中采用银本位制的依据将在下一节中进行论述。

二、银本位制的外在条件

日本的银本位制在 1870 年(明治三年)11 月基本上成形,次年 1 月通过《新货币条例》正式赋予法律效力。银本位制是基于国内外条件下形成的。在此,先对外在条件进行论述。

如前所述,日本政府在对货币制度进行改革时,有义务与外国进行协商,因此在初步确定采取银本位制时,在很大程度上是听取了东洋银行罗伯逊的建议,关于这一点在前文已经提及。罗伯逊是金融界人物,自然对货币方面的情况相当熟悉。不难想象,他对以往金银为争夺货币王座而抗争的过程、现状以及将来的走向都有相当准确的认识。也就是说,当时在法律上确立了金本位制的国家虽然只有英国(1816 年),但其他主要国家在那样的形势下禁止自由铸造银币,逐渐向实质上的金本位制过渡。这是一种畸形的本位制,与真正的金本位制类似。

与之相反,美国与法国的利益与银币紧密相连。事实上,是这两个国家致力于维护金银比价的稳定,试图恢复金银双本位制。在这样的背景下,在法国的主导下,于 1865 年成立了著名的拉丁货币同盟(Latin Monetary Union)①。为了在世界上扩大拉丁货币同盟以推动金银双本位制的国际化,1867 年法国召集欧美 20 个国家在巴黎举行国际货币会议。但 1860 年以后国际黄金产量下降,而白银产量猛增。② 在这样的背景下,参加会议的各国代表异口同

---

① 关于拉丁货币同盟,具体可参照斋藤利三郎的《国际货币制度研究——以拉丁货币同盟为中心》1940 年,Willis, H. P.；*A History of the Latin Monetary Union*,1901.

② 根据货币制度调查会编的《货币制度的调查会报告》(1895 年)中刊载的世界产银表,1856—1860 年间,银的年平均产量为 2900 万盎司,但是之后的 1861—1865 年间为 3540 万盎司,1866—1970 年产 4300 万盎司,1871—1875 年间产量达 6330 万盎司,其产量急剧上升[日本银行调查局编:《日本金融史资料》(明治大正篇)第十六卷,1957 年,第 643 页],导致银价快速下降。

声主张采取金本位制,法国的意图因此未能实现。而且德国在1871 年采用了金本位制,瑞典、丹麦、挪威这些与德国经济保持密切关系的斯堪的纳维亚货币同盟各国也相继采用金本位制。美国也在 1873 年决定将标准重量为 25.8 格令的 1 美元金币作为标准价格单位,荷兰则在 1875 年禁止自由铸造银币,出现了畸形本位制。在这样的状况下,银币就失去了本位货币的地位。1876 年,作为拉丁货币同盟中心的法国也顺应这一大势,被迫禁止自由铸造 5法郎银币,转向畸形本位制度。

罗伯逊在 1869 年(明治二年)就确立日本货币制度提出建议时,应该相当准确地预见到了即将出现的本位货币潮流的变化以及由此产生的银币失去本位货币地位的可能性,而且也应该预见到了十九世纪七八十年代在美国出现的银价大跌的情况。

欧美各国从亚洲进口黄金,出口白银。例如,英国向香港,法国向其所辖的越南出口自己国家的银币。虽然这种做法以失败而告终,但欧美各国依然通过铸造墨西哥洋银系列的银币并向亚洲出口,以防止银价下跌,维持金银比价的稳定。这个系列的银币有香港银圆(1866—1868 年)、美国的贸易美元(Trade Dollar,1873—1885 年)、法国的贸易比阿土特(Piastre de Commerce)以及西贡元(Saigon Dollar,1885—1928 年)、英国的孟买加尔各答元(Bombay and Calcutta Dollar)以及英元(British Dollar,1895—1935 年)、美国的菲律宾比索(Philippine Peso,1903—1912 年)、英国的海峡殖民地元(Straits Settlements Dollar)(1903—1909 年)。① 估计罗伯逊察觉到了欧美各国的意图,致力于使亚洲成为恒常的、稳定的银币市场。为了使日本确立银本位,将香港造币局的银币铸造机器出口到日本,同时还派遣了技师。从这些事实可以明显看出,罗伯

---

① 在德国,作为向金本位制过渡,在 1871 年停止铸造本位货币银币。德国试图将由此产生的过剩白银通过德意志银行(Deutsche Bank)在上海、横滨、伦敦的支行向印度以及中国秘密出口[佐上武弘:《南蛮银行渡来记(下)》《金融》10 卷 5 号,第 58 页。Seidenzahl, F.;100 *Jahre Deutsche Bank* 1870 - 1970,1970,S.36 et seq]。虽然这一意图没有实现,但德国为了消耗因为金本位制的确立而过剩的白银,在1877 年铸造了与美国贸易美元重量、成色相同的贸易银圆,用于向亚洲出口(Andrew;"The End of the Mexcian Dollae,"*The Quarterly Journal of Economics*,1904,p.329,fn.1)。

逊所代表的英国把在香港未能实现的意图寄托在日本身上。英国原本希望通过香港银圆来确立银本位制,以谋求亚洲银币市场长期稳定,但香港的银币铸造仅仅两年就以失败而告终。因此,英国希望日本接替香港在此方面发挥作用。从这个意义上来说,罗伯逊集中代表了英国甚至欧美各国的利益。

美国贸易元　　　法国贸易比阿土特　　海峡殖民地元

菲律宾比索　　　　　英元

墨西哥洋银系列银币,实际大小的1/2

且不谈自古以来使用银锭的中国,英国在1835年让印度实施银本位制,欧美各国将新铸造的墨西哥洋银系列的银币出口到亚洲,而自己国家则采用并确立金本位制。将这些情况综合加以考虑,便可看出那是在将欧美各国的金本位制当作发达国家的象征,而将银本位制当作欧美各国的殖民地或者落后国家的象征。可以认为罗伯逊也是基于这样的观念,以上述国家利益为背景,强烈建议日本实施银本位制。以至于后来日本转向金本位制时,罗伯逊进行了强烈的反对。关于这一点将在后文中进行论述。

如果立足于欧美各国的利益和银本位制观,毫不掩饰地建议日本实施银本位制,其目的难以实现。因此,欧美各国要隐瞒这一点,并编造出相应的理由。他们的逻辑是:中国、朝鲜、印度支那、香港、暹罗、海峡殖民地这些国家都实施银本位制,虽然其中不少国家的银本位制是欧美各国所强加的。在这样的环境下,如果唯独日本实施金本位制,从各方面来看都是不贤明之举。在亚洲,银本位制才是自然的、理想的货币制度。

无论外国以怎样的逻辑来建议日本实施银本位制,如果那不符合日本方面的利益,也不会有说服力。罗伯逊的建议与日本各方面的想法也有一致之处,因此才促成了银本位制方案的确立。如果将罗伯逊的建议视为外在原因的话,那么日本与之相呼应并计划实施银本位制的自身的内在原因又是什么呢?

三、银本位制的内在原因

1 三方面的原因

大隈、井上、涩谷、吉田等负责货币事务的人在日后回忆 1870年(明治三年)制定银本位制计划时称:"决定以银为本,……其缘由众所周知,东洋乃银多金少之地,若只望符合逻辑而实际匮乏则难实施,不得已决定以银为本位。"[1]"毕竟……以银币为本位货币,以金币为辅助货币,该主张只注意到东洋银多金少之现状而已。"[2]"以银币为本位,以金币为辅助货币之方案乃顾及东洋诸国银多金少之现状而为之。"[3]由此可见,银多金少,这是计划实施银本位制的物质方面的原因。不过,引文中的"银多金少"都加上了"东洋"这一限定条件。不可否认,当局者认为日本也不例外。关于这一点,估计在那前不久发生的安政黄金大量流失给他们留下了深刻

① 《明治货币政策考要》,第 64 页。
② 《明治货币政策考要》,第 65 页。
③ 《大藏省沿革志之本省第四》,收录于《史料集成》第一卷,1932 年,第141 页。

印象。总之,银多金少是内外的共识。也就是说,罗伯逊在这一点上能够说服日本的当局者。

幕府末期开国以来,流入日本的洋银不仅基于同种同量的原则可以兑换日本通用银 3 分,而且还被允许与日本货币一样在日本流通。虽然有官方规定,但实际上洋银与日本货币被区分对待,形成了洋银的市场价格。既然是市场价格,自然就会浮动,因此也难以避免投机行为,特别是外国投机资本通过在日本的外国银行以不正当的手段操纵日本市场洋银价格。也就是说,他们有意识、有计划地调节市场上洋银的流通量,掌握洋银行情的主导权,以不正当的方式侵害日本的国家利益和商人利益。洋银是当时贸易结算的主要手段,随着贸易的扩大,洋银价格的非正常变动妨碍了贸易的健康发展。因此,采取银本位制度,将与洋银同种同量的银币用作正式货币,可以阻止这种洋银价格变动对贸易产生的不良影响。这是计划采用银本位制的第二个原因。

但日本并非只是消极应对洋银的流入,也就是说,不仅试图努力把洋银驱逐出日本,而且有更高的目标,因此才会积极采用银本位制,这是第三个内在原因,这个原因比前两个原因更为重要。计划实施银本位制的第三个原因与采取新货币中的基本单位的名称"圆"有着密不可分的关系,接下来对"圆"这种货币名称的由来进行论述。

2 新货币的名称

1871 年(明治四年)5 月 10 日公布的日本最早的近代化的货币法规《新货币条例》规定:"新货币名称以圆为单位,不论多寡都以金额加圆来表示。"[①]正式决定以圆作为日本货币的名称以及计算价格的基本单位。自那以来一个多世纪,圆(日元)一直是近代日本经济的象征。然而,1872 年(明治五年)2 月位于江户城内的纸币寮、次年 5 月皇宫太政官衙相继发生火灾,与新货币制度相关的重要文件被烧毁,以至于圆这种名称是如何形成的成了一个谜团。对此,高垣博士曾经进行过说明:"我尚未发现决定采用圆这种名称的记录,因此有必要探寻其由来。虽然时间相隔不久,而且

---

① 《新货币条例修订版》,第 10 页。

是与日常生活密切相关的事情,但已经无法解释清楚。在明治维新后的货币制度改革过程中,圆是如何被确定为货币单位的,关于这一点还有探讨的余地。"①虽然有多人努力研究,但直至现在这层厚厚的神秘面纱依然未能揭开。

不过,我们把握了与此相关的两个明确的历史事实。首先是大隈重信和造币判事久世治作在 1869 年(明治二年)3 月 4 日联名向议事院上局会议提交了《新货币形状及价格名修订方案》。该方案称"以百钱定为一圆,以下,十分之一为钱,钱之十分之一为厘"②。当时,江户幕府垮台,明治政府成立,政权发生了交替。为了使人心一新以及经济贸易方面的便利,大隈重信与久世治建议新铸造圆形货币,废除两、分、朱这种四进制的货币体系,而采用十进制。

其次是在 1869 年 7 月 7 日就新货币品质以及铸造问题致各国公使信函的附件中,有"以 1 圆与墨西哥洋银 1 枚相比较起算"③这样的内容。山崎觉次郎博士认为这是圆这一名称在日本的最早用例④。准确地说,应该是在公文中的最早用例,在一般文书中还有更早的记载,关于这一点在下文中还将论及。作为例外,在 1869 年 11 月 14 日致各国公使的信函中暂用 dollar、cent 作为新货币的名称,⑤在其他场合,特别是在公文中使用"圆",没有使用"元",后来《新货币条例》中将"圆"规定为日本货币的正式名称。

从以上两个事实推测:新货币名称是在拟定该草案的 1869 年 3 月 4 日至发出上述公文书的 7 月 7 日的大约 4 个月当中确定下来的。目前人们无法知道准确日期。不过,可以肯定的是,圆作为新货币名称是在那段时间内得到了公认。关于决定圆的具体时间的问题虽然大致解决了,但由谁主张使用,以及为何采用的是"圆"而不是"元"等这些情况都无法在公文、文献中得到确认。因此,新

---

① 高垣寅次郎:《明治初期日本金融制度史研究》,第 154—155 页。

② 《明治货币政策考要》,第 57 页。

③ 《大全·货币(一)》,第 88 页。

④ 山崎觉次郎:《货币问题杂观》1933 年,第 208 页。山崎博士在文章中还提到这是记载于书信中的,但并无特别确切的记述。

⑤ 《大全·货币(一)》,第 91 页。

货币圆的由来问题最终无法澄清。不过,山崎觉次郎博士发表过《关于货币单位杂考二三》①以及《货币单位杂考——第五项"圆"的由来》②等文章,我们可以将相关研究成果大致整理为形状说和香港银圆说这两种观点。

首先让我们来看一看形状说。大隈重信、久世治作在上述建议书中称:"我国从前之金银币形状以方形居多,然宇内各国货币为圆形,便于携带。与之相比,方形多有不便。故此铸造新货币,宜废除旧制,改为圆形。"③建议书还就反对意见进行了补充说明:"凡方形之物难以滚动,故磨损多。而圆形易滚动,故磨损少。"④他们不仅列举了圆形货币物理上的优点,同时还指出:"我国货币形状呈方形乃近代之事,古来如甲州金币其形状为圆形,……现有人用拇指和食指合成圆形以示旁人,三岁童子亦知是指货币。如呈方形,恐怕老叟亦不知所指何物。"⑤这样来强调圆形货币的历史以及人们使用时的心理因素,因此决定采用圆形。这种名称原本就是用于表示形状,因此圆就成了货币名称,这便是形状说的内容。

与之相对,香港银圆说则认为明治政府为了铸造新货币,从香港购买了香港造币局的机器(该机器在 1869 年 11 月 4 日造币所施工现场的火灾中被烧毁),而且还雇用了英国技师。英国技师用该机器铸造了印有"香港一圆"字样的香港银圆,而这种银圆成为日本新货币的原型,其名称也随之引入我国。

这两种观点都有一定的道理,但仔细考察便会发现一些问题。大隈重信以及久世治作的建议书中的内容除了名称以外,其他内容都在《新货币条例》中体现出来了,货币的形状也是他们所主张的圆形。然而,他们同时又建议使用"元"这样的货币名称。如果将主张圆形与"圆"的名称联系起来的话,那么主张使用圆形货币意味着否定他们自己所建议的"元"这样的名称,这显然是一种自相矛盾的做法。因此,就形状说的观点而言,会产生一种疑问,那

---

① 收录于山崎觉次郎《货币问题杂观》,1933 年。

② 收录于山崎觉次郎《货币琐话》,1936 年。

③ 《皇国造币寮滥觞记》收录于《明治大正大阪市史》第七卷,第 22 页。

④ 《皇国造币寮滥觞记》收录于《明治大正大阪市史》第七卷,第 22 页。

⑤ 《大全·货币(一)》,第 84 页。

就是大隈重信以及久世治作为什么不直接建议使用"圆",而是建议使用"元"这样的名称呢。

就第二种观点即香港银圆说而言,这种观点没有就日本采用香港银圆名称的必然性,或者说积极性进行说明。按照这种说法,香港银圆上刻印的"圆"字碰巧被日本负责货币事务的人看到,并因此毫无抵抗地模仿。但如果香港银圆不是使用"圆",而是使用其他名称呢?难道日本新货币的名称也会随之而改变吗?日本新货币的名称是否真的由这个偶然因素所左右,如此缺乏自主性,这一点令人怀疑。因此,需要对日元的诞生、由来进行更有说服力的解释。

3 元与圆

作为第二次世界大战日本败北的必然结果,在那之前沦为日本殖民地的朝鲜半岛独立,南部朝鲜诞生了大韩民国。作为之前的支配者、征服者的象征而高高悬挂的日本国旗也被降了下来,代之以具有朝鲜民族特色的太极旗。货币名称也是如此,1953 年,韩国废弃了与日本的统治相关联的"元",用了"韩元"为韩国的新货币名称。两者其实是同义词,以前,李朝末期曾用 Warn,Whan 或是 Won 的发音来指称货币。[1] 韩国当局于 1953 年将其读音统一为"Hwan",作为符合新生的大韩民国的货币名称而使用。这个货币名称的改变、确立是为了通过货币改革来突出大韩民族的独立,让人心焕然一新。

大隈重信以及久世治作建议日本货币使用新名称,估计与韩国的情形相同,是希望借此机会使人心焕然一新。但对他们两人而言,上述建议书中"元"这样的名称只具有次要的意义。

大隈重信以及久世治作提呈给议事院上局会议的建议遭到了当时以三条实美以及松平庆永为代表的保守派贵族以及藩主们的反对,他们认为没有必要改变江户时代的货币制度。对于他们而言,大隈重信以及久世治作两人的建议荒唐无稽。从《明治货币政策考要》及《皇国造币滥觞记》中可以看出大隈重信以及久世治作

---

[1] 朝鲜开国四九五年(1886)铸造的货币的英文名为 Warn,开国五〇二年(1893)的英文名为 Whan,光武五年(1901)的英文名则为 Won。

在他们的建议书中排除反对意见,最主要的主张是将货币的形状由方形改为圆形,将计算体系由四进制改为十进制,而"元"这一名称是在回应反对派质疑以十进制取代四进制的问题时首次提出来的。

也就是说,对两人而言,如果圆形货币和十进制的建议能够被采用,那么他们3月4日提案的主要目的就达到了。如果发行十进制的新货币,那么与四进制融为一体的两、分、朱这样的名称很不方便。进而为了让所有国民对新政府的成立有所认识,不宜旧瓶装新酒,无论如何都需要使用新名称。当时他们只是暂且想到"元"这个名称,但并不是非"元"不可。

如果将"元"作为绝对不可变的名称,那么提出这种建议的大隈重信以及久世治作在新货币名称正式确定之前,应该会对"圆"这种名称表示反对,或者是重申并主张"元"这种名称的必要性,但我们完全看不到这样的迹象,这令人觉得不可思议。更何况大隈重信作为会计官副知事一直参与新货币名称的审议①,并在最早使用"圆"的公文(上述7月7日信函的附件)上签字。大隈重信他们极力主张铸造圆形货币,而圆形货币正是形状说主张采用"圆"这种名称的物质基础。因此,大隈重信他们铸造圆形货币的主张,与"圆"这样的名称也不抵触。对于大隈重信、久世治作两人而言,"元"这一名称只不过是一种临时方案,十进制新货币的名称并不是非此不可。他们并不反对花时间汇聚群策群力,想出更加合适的名称,我想这是两人的真意和基本想法。

当然,这并不意味着新货币随便取个名称就可以。新货币的

①　大隈重信原本担任长崎裁判所参谋,是一介地方官吏。由于他对外国情况十分了解,擅长对外交涉且经验丰富,1868年闰4月在大阪本愿寺以外国事务局法官参与的身份全权与英国驻日公使巴夏礼就浦上基督教徒事件进行谈判,成功地保住了日本政府的尊严,大隈也因此在政界崭露头角。同年12月27日,担任外国官副知事,1869年1月10日再次担任参与,同年12日兼任会计官御用股长。同年3月末接替三冈八郎兼任会计官副知事,同年4月17日专任会计官副知事,同年7月担任大藏大辅,直到1881年(明治十四年)政变后松方正义才接替他的位置。像他这样的一介无名地方官员在短时间内担任政府要职,可见明治政府对他高度信任。从他任职的经历也可以看出,明治政府首先是看重他的外交事务能力,之后让他在财政领域发挥作用。因此,在决定"圆"的名称时,大隈发挥了非常重要的作用。

名称必须符合由明治政府所开辟的新时代，而且能够彰显新货币的尊严，这一点与父母给自己的孩子取名时的心境是一样的。为了满足这样的条件，明治政府负责货币事务的官员们积极思索，作为方法之一，他们将目光投向了中国，试图借助中国人在这方面的智慧，因为中国是汉字的故乡。这些官员非常重视文字的作用，对汉字有独特的感受，而由中国传入日本的汉字文化已经历经一千多年。

就中国的情况来看，长期以来都以马蹄银以及不定型的银块作为称量货币。但从 18 世纪中叶到 19 世纪初期，先是源自西班牙皇帝卡罗勒斯之名的卡罗勒斯（Carolus）圆形银币，以及之后的墨西哥洋银相继流入。墨西哥洋银上有鹰的图案，因此又被称为"鹰洋"。这些洋银首先是从中国南方开港城市流入。清朝采取闭关自守政策，与日本的长崎一样，清政府自 1757 年起只允许在广东的对外贸易口岸与外国通商。鸦片战争失败后签订的《南京条约》（1842 年）不得不开放厦门、福州、宁波、上海这些新通商口岸。因为港口的地理因素，洋银先在中国的华南地区广泛流通起来。因为洋银呈圆形，因此南方人将之称为"银圆"。也就是说，银圆不仅指洋银，而且泛指圆形的外国货币。1864 年在英国殖民地香港，英国政府试图驱逐墨西哥洋银，用香港造币局铸造的银币取而代之。该银币正面是维多利亚女王像，背面是金额，与针对欧美人的"ONE DOLLAR, HONG KONG"字样并列着的是针对中国人的"香港一圆"的字样。

日元的诞生——近代货币制度的形成

香港银圆，实际大小的 2/3

就这样，中国人接触到欧美的圆形货币，造出了"银圆"这个词。也就是说，"银圆"这个词是表示欧美圆形货币的中文词。但圆的繁体字笔画多，写起来比较麻烦。"元"在中文中与"圆"发音完全相同（在中文也就是官话中，都是第二声的 yuán），而笔画却少了很多，非常适合用来表示货币。因此有人用"元"来替代"圆"。这样一来。出现了用于表示外国圆形货币的"银元"这个词，该词比起"银圆"更加一般化，不仅在日常交易的记录中，而且在一般文献中都写成"银元"，中国人自然也就习惯了这样的名称。也就是说，在中国先是用"银圆"表示外国的圆形银币，后来"银元"这种用法更加普遍，"银圆"反倒较少使用。①

为了阻止外国圆形货币的流入，当时的湖广总督张之洞 1889 年（光绪十五年）在广东设立造币厂，并在 1890 年从英国进口新式造币机械开始铸造圆形银币——"光绪元宝"，该元宝上面铸有龙的图案，又被称为龙洋。② 湖北、江苏、直隶、浙江、奉天、吉林等地也纷纷效仿，开始铸造中国自己的银圆。随着规模的扩大，"元"在中国作为新货币的名称最终在全国范围内取代以前使用的"两"，这一点成为清末 1910 年通过《币制则例》实施废两改元的物质条件。在清朝灭亡，国民政府成立以后，中国的货币制度改革也屡屡主张"废两改元"。例如，1933 年就发布过《废两改元令》。由此可见，在"圆"和"元"这两者之间，后者继承了"两"的地位，并得到了普遍认可。

4 三种"圆"

日本与中国一样都受到了墨西哥洋银的冲击，日本的有识之士为了给新货币取个合适的名称，从文献中借用了"元"与"圆"这两个候补名称，这一点不难想象。上述大隈重信、久世治作的方案便是一个例子。但是作为这个问题的前提，"元"这种中国式的用法必须已被日本人借用才行。例如在 1862 年（文久二年）1 月刊行的有名的《官报海外新闻》的中有"凡卷中……元、占土等钱货之名为汉译"，并分别注明了 dollar、cent。另外，在萨摩藩主岛津茂久的《忠义公史料》1862 年 2 月 23 日的条项中，也有"五代才介于支那上海购求之

---

① 吉田虎雄：《支那货币研究》，1933 年，第 114 页。

② 这种圆形货币上铸有"库平七钱二分"（七钱二分）的字样，表示与洋银同量，并没有刻上货币单位。因此这种银币相当于日本 5 匆银或者介于 5 匆银与明和南镣银币之间的货币。

汽船到达,……代价八万元,折合我金币四万余两"①。就公文的内容来看,1868 年(庆应四年)3 月 3 日关于政府与外国公使的交涉记录中有关于 1 洋元＝3 分的兑换比率的内容,即"于开港各地交换洋银,一元以银三分交换"这样的内容。② 同年 7 月 5 日,意大利公使要求及时兑换洋银的文书是更为重要的资料。"日本时间 7 月 11 日账上记录兑换洋银 8000 元以上,裁判所负责兑换之官员否决了 1 万 2000 元之申请。……望责成相关士官接受上述柯米之申请。"③

其实,从中国传入日本的不可能只有"元"的用法,同时还传入了"圆"的用法。例如,上野敬助(景范)为了购买英属香港造币局的机械而前往香港,在 1868 年 6 月 5 日的报告书中称:"机器六万圆,依太古洋行(Glover. T. B)之命为日本政府从香港的英商购入。……在伦敦制造新机器运往日本需要一年时间。加上船运费及各种杂费为总价十万圆。"④关于机械的购入价格,据《明治货币政策考要》称:"在香港购求英国造币机械(价金六万洋银)。"⑤上野报告书中的"圆"是指洋银,很显然是中国式的用法。但实际问题是,日本人虽然同时关注中国文献中的"元"和"圆",但最终选择了"圆",这又是为什么呢?

如前所述,日本的有识之士对中国的元和圆的关系有所了解。也就是说,因为当时"元"正逐渐成为中国新货币的名称并被人们所接受,因此日本人对这个字特别对待并敬而远之,而选择了使用频度相对较低一些的"圆"作为日本货币的名称。⑥ 因为提倡"废两改元",中国从 1890 年开始铸造自己的银圆,但从清朝到民国时期的银币上却都铸有"一圆"的字样。估计这是效仿香港银圆上针对

---

① 《五代友厚传记资料》第二卷,第 4 页。
② 《日本外交文书》第一卷第一册,1936 年,第 500 页。
③ 《日本外交文书》第一卷第二册,第 14—16 页。
④ 《五代友厚传记资料》第二卷,第 21—22 页。
⑤ 《明治货币政策考要》,第 54 页。
⑥ 伊藤博文在 1870 年(明治三年)曾多次谈及银圆的问题。例如:"我国新货币之制以银圆定为本位";"美国之银圆";"贸易银指用于与中国以及其他东洋国家贸易之银圆。"(《明治货币政策考要》,第 61、63 页)由此可见,当局者对银圆、"银元"进行过充分的讨论,对其有深入了解。

中国人刻印表示价值字样的做法。日本的"圆"也和中国一样,而且比中国更早受到香港银圆的影响。这不仅仅是时间迟早的问题,还具有其他意义。

如前所述,日本为了铸造新货币,雇用了金德尔等英属香港造币局的技师,因此自然会对用该机械制造出来的香港银圆高度关注。而且日本在开始铸造 1 圆银币时,在 1870 年(明治三年)10 月 29 日致美国公使的信函附件中称:"银币与香港造币局所发行之物完全相同。"[①]由此可以明显看出,日本的新货币实际上是效仿香港银圆铸造的,当局者实际看到过香港银圆。

而且香港银圆是由英国政府铸造的,日本人对西方大国英国心存敬畏,甚至说"吾辈易努力奋发,令今文明之世,西有英吉利,东有日本"[②]。因此,为了借助英国的权威而对香港银圆予以关注,这也许是选择"圆"这种名称的原因之一。而且唯一拥有"圆"这种名称的香港银圆已在 1868 年停止铸造,造币局也关停了。因此,在采用"圆"作为日本新货币名称的过程中,也就是 1869—1872 年(明治二年至四年)这段时间里没有一个地方铸造有"圆"字标记的货币。也就是说,在采用"圆"这个名称时,不必担心外国就"圆"的使用权、命名权提出质疑。

顺便说一下,日本在考虑使用"圆"银作为一元银币的通称、略称时,也已想到了与洋银以及中国银圆的区别。因此,"圆银"与"银圆"不只是"平和"与"和平"那样文字排列顺序不同的问题。

在选择"圆"这个字的时候,日本人用形似美元符号 $ 的"弗"作为表示美元的专用汉字,这一点起到了非常重要的作用。"圆"字的用法源自中国,因此"圆"字还可以用来指美元。但因为日本用"弗"字特指美元,这样一来"圆"字中表示美元的意思就脱落了,"圆"这个字成为表示日本货币的全新名称。而在中国,"元"一直用来表示银币,所以在称呼外国货币时,为了区别会在"元"字前面加上表示国别的文字就可以了,例如称美国的货币为美元。除此以外,还可以称为美金、金元。10 美元被称为"美金十元"。因此,

① 《大全·货币(一)》,第 101 页。

② 石井南桥:《明治之光》(1875 年刊),《明治文化全集》第二十四卷"文明开化篇",1929 年,第 198 页。

"元"未必只用作表示中国货币。例如,在前面提及过"废两改元",实际上刻在货币上的文字不是"元",而是"圆",其原因恐怕就在于此。

　　顺便再谈一谈日本人用"弗"这个字表示美元的情况。1873年(明治六年)1月刊行的《英和辞典》以及柴田昌吉、子安峻编的《附音插图·英和字汇》将"弗"用作 dollar 的翻译词,山崎博士由此推测该字是从1871年前后开始使用。[1] 但三井三郎助担任总裁的通商司兑换会社在1869年9月制定的该公司规则第20条[2]以及同年12月13日的出纳司致五代友厚的信函[3]中相当频繁地使用了这个词。不仅如此,1868年2月8日,伊地知壮之丞致荷兰公使的信[4]中也曾使用。据笔者所知,最早的用例出现于1860年(安政七年)2月14日幕府当局与阿礼国交涉内容的记录"英国第二对话书目录"之中,"关于兑换银币之事,上述人员希望能每月于住地兑换三千弗,我回复说,在仔细商谈之后再作回复"[5],由此可知"弗"这个字用于表示美元的用法在幕府末期就已经出现,是在开国的时候,由幕府官吏想到并使用的。

　　从19世纪60年代初开始,一般民间文书通常将"枚"用作洋银单位,例如说洋银多少枚。而在收录于《通信全览》中的文书中,则屡屡用"弗"字来表示。越是往后,使用越是一般化。从这些情况来看,可以认为"弗"这个字首先是负责外国事务的部门使用,然后慢慢扩大到民间。上述信函以及通商司兑换会社规则便是这样的例子。由于表示美元的意思从"圆"这个字脱落,在1869年(明治二年)7月前后,"圆"被内定为表示新货币的名称,而"弗"则用来特指美元,这种统一的用法固定了下来。山崎博士所提及的1873年刊行的《英和辞典》就是一个证据。

---

　　① 　山崎觉次郎:《货币琐话》,第24—25页。

　　② 　《大藏省旧藏明治前期金融资料》《金融史资料》第四卷,第476页。

　　③ 　《五代友厚传记资料》第二卷,第25页。

　　④ 　《五代友厚传记资料》第一卷,第76页。作为同一时期的资料,有1868年4月26日就堺事件受害人养育费的支付问题致法国公使的信函中也有该字的使用(《日本外交文书》第一卷第一册,第624页)。

　　⑤ 　《幕末外国关系文书之三十五》,第232页。在本书所引用的地方为"三十弗",这可能是印刷错误,或者原文本身就有误。

让我们再回到正题上来。如上所述,在日本"圆"有两种用法,一种是依照中国的用法,另一种则是因为用"弗"字专门表示美元,导致"圆"中指称"美元"的意思脱落,"圆"特指日元。但我们不能忽略的是除了这两种用法以外,"圆"还有一种用法。在江户时代,"圆"是"两"的别称、俗称、非正式说法。

例如桥本左内在大阪的绪方洪庵的指导下学兰学。他在1851年(嘉永四年)7月3日致信笠原良策的信中称"去京都春藏商借《人体穷理》一书原本,对方说支付'金五圆'则可卖给我"[①],桥本左内于7月8日再次致信笠原良策,称"《扶氏经验遗训病学通论》书价大抵六两"[②]。这里的金额是医学书的价格。很显然,信函中的"圆"是"两"的非正式说法。在19世纪60年代初制定货币政策时曾大显身手的幕府官僚水野忠德也使用过"圆"的这种用法。[③] 可以说,与"圆"的中国式用法相对,日本式用法在桥本左内、横井小楠、佐久间象山这些幕末进步的、开明的领导人或者知识分子之中已经是相当普及了。[④]《古事类苑》之所以对这种用法不举实例,只是一笔带过:"将一两称为一圆,……此乃德川时代汉学书生之间通用语。"[⑤]或许就是因为有事实的依据吧。

金福寺位于京都北部一乘寺的诗仙堂附近,那里因为与谢芜村(1718—1783年)再建的芭蕉庵而著称。另外,井伊直弼的女间谍村山高在三条河被示众时获救,躲避到这座寺庙当尼僧度过晚年,这一点也广为人知。在被称为"寺宝"的物品当中,除了与谢芜村亲笔书写的以"四明山下西南一乘寺村中,有一禅房,名曰金福寺。当地人称之为芭蕉庵"开头的美文而为人所知的《洛东芭蕉庵再兴记》,还有不少村山高的遗物。

其中就有村山高在59岁时制作的用于佛堂的布帘。这是她用寺庙的施主以及熟人捐款制作的,背面的土棉里衬上,用毛笔书

---

① 《桥本景岳全集》上卷,第27—28页。

② 《桥本景岳全集》上卷,第30页。

③ 《桥本景岳全集》下卷,第884页。

④ 山口宗之的"关于制定新货币单位'圆'的猜想"中依照客观资料进行了论述(收录于《对外关系与社会经济》,1968年,第495页)。

⑤ 《古事类苑》泉货部四、金银币上,1899年,第173页。

写着捐款人姓名和金额，年代为 1867 年（庆应三年），金额合计"金五圆二分三朱六百文"，另写有"金一圆 舞野德左卫门，金九百分彦右卫门……"捐款人共 20 名。[1] 由此可见，在 1867 年就有将"五两"表示为"五圆"的实际用例。这说明"圆"这种日本式用法并不限于为政者，已经普及到一般人。

但是，金福寺的"圆"的用法意义并不限于此。像桥本左内那样的知识分子，他们将"五两"称为"五圆"，有点玩文字游戏的意思，并以此满足他们的好奇心。而金福寺布帘背面的账目则是记事性的内容，是把二十份以分、朱、文等小于"两"的小额捐款合计后的结果，这与桥本带有娱乐性的用法不同，不仅将"圆"用作"两"的别称，甚至能让人感受到排斥"两"而使用"圆"的势力所在。虽然四进制与十进制有很大区别，但"圆"在这里已经成为 1869 年（明治二年）新货币名称的先驱。

上述日本的"圆"的用法，比香港银圆出现大约要早 20 年，就凭这一点就可以使香港银圆说失去大半意义。总而言之，有充分的理由认为从 19 世纪 60 年代开始，"圆"作为货币名称在日本已经相当普及了。因此，1868 年后在选定新货币名称时，"圆"理所当然地成为最主要的候选。据久世治作称，1869 年（明治二年）1 月，三冈八郎曾经让久世治作和村田理右卫门制作了新货币样品。[2] 当时，两人制作的圆形铜币样品被收藏于造币局内，上面铸有"明治二年以百钱换一圆"的字样，金币样品上铸有"明治二年金九分铜一分二圆半"的字样。这显然是在用"圆"替代"两"作为新货币的名称。

1869 年（明治二年）制作的样品，实际大小的 2/3

---

[1]　具体可参考本人拙稿《金五圆二分三朱六百文》（《经济理论》138 号）。

[2]　《皇国造币寮溢觞记》，收录于《明治大正大阪市史》第七卷，第 20 页。

但是,并不能就此断言"圆"作为新货币的名称已被确定。当时货币的形状还没有确定为圆形,更何况久世治作在1869年3月4日的朝廷审议中还在与大隈重信一起主张以"元"作为新货币名称。由此可见,久世、大隈所提出的"元"的方案并不是绝对的,只是暂时性的方案。如果有更适合的十进制的货币名称,随时都可以变更,上述事例可对这一点进行旁证。同时,样品货币上的"圆"这种名称是官方广为使用"圆"、"元"这样的背景下使用的临时性名称。因此,如果只看新货币的样品,也可以说新货币的名称"圆"是久世、村田提出来的。但如果把视野放宽一点来看当时的情况,那就不能把功劳只归于他们两个人,因为还有其他与久世、村田相同的情形。在此,我们再举一两个例子。

　　在前文中引用过1869年3月4日货币会议之后发行的《六合新闻》第二期题为"今般制造货币之分量"的图表中,列举了10圆、5圆、2.5圆的金币,1圆、2分的银币,以及"以百枚换一圆"的铜币。这篇报道的信息来自官府,这表明在大隈、久世建议将"元"用作新货币正式名称时,政府内部也在使用"圆"这种名称。但在这个阶段,"圆"与"元"一样,都是暂时性的名称。因为在3月4日的朝廷审议的会议上还列举了"钱"、"厘"等这些"元"以下的单位。而《六合新闻》的资料中却是50钱与2分、1钱"以百枚换一圆"这样的间接表述,完全没有使用十进制的钱、厘这些单位。①

　　另外,如前所述,就在大隈、久世主张用"元"作为新货币名称的1869年3月,五代友厚提呈了题为"设置兑换所及以十年税赋返还借用金一千万两着眼大略"的建议书,在该建议书中他认为用从香港购买的造币机器可"一日制造二十万圆,但凡一圆相当于洋银一枚,二十万圆即洋银二十万元也"②。在这里为了与洋银区分开来,而用"圆"来称呼新货币。因此,这与久世、田村使用"圆"的情形是一样的。不仅如此,如前所述,五代这份建议书的观点被充分体现在1869年7月7日的公文之中(最早使用"圆"的公文)。就这一点而言,或许可以说五代是"圆"的命名者。

---

　　①　《明治文化全集》第十八卷"杂志篇",第562—563页。
　　②　《五代友厚传记资料》第二卷,第24页。

虽然这是不争的事实,但与大隈、久世积极主张以"元"作为新货币名称的举动形成对比的是,目前没有文献资料能够显示五代也像他们那样积极推进"圆"用于新货币名称。另外在该建议书中,本该写成新货币"六千万圆"的地方写成了"六千万两"[①],本该写成"一千万洋银"的地方写成了"一千万圆"或者"一千万两"[②],因此从建议书本身看不出将"圆"用作新货币名称的意图。当然,这也可能是因为建议书只是一份草稿,五代只不过将其随意地用作一种独立的货币单位的暂用名而已。所以五代对"圆"的用法,象征着从"圆"的日本式、中国式用法混用阶段过渡到确定用"圆"表示日本新货币之间的过渡性阶段。

毫无疑问,五代在确定"圆"的名称方面起到了十分重要的作用。由于上述原因,一方面因为用"弗"特指洋银,另一方面久世、村田、五代他们又反复使用"圆"字的日本用法。在 1869 年 3 月 4 日至 7 月 7 日这段时间里,不是某一个人,而是大家都在日常生活中自然而然地使用,这使得"圆"这个字最终成为日本新货币的名称,这样来理解或许更加合适。

换言之,尽管"圆"这个字当中混有指称洋银这一中国用法,但大约从 19 世纪 50 年代开始使用,人们已经相当习惯使用该字,"圆"已经在很大程度上得到了普及,这成为将"圆"用作新货币名称的一种决定性条件。因此,不能将冠名的功劳归结于提议、倡导的某个人。这样一来,"圆"这个名称的确立也就没有明确的日期。可以推测,正因为"圆"这个字从嘉永年间(1848—1854 年)以来就被人们广泛使用,所以大隈、久世为了使人心一新,在 1869 年 3 月 4 日的会议上的建议中,特意避开大趋势,提出使用渐渐淡出人们视线的"元"这一名称的。

由于上述的原因及条件的复合作用,"圆"成了日本新货币的名称。由此可见,"圆"的形状说以及香港银圆说都比较片面。但是,确定为"圆"的决定性因素,并不像香港银圆说所主张的那样,是偶然消极地接受了"圆"这个名称,而是有一种非"圆"不可的、积

---

① 《五代友厚传记资料》第二卷,第 24 页。
② 《五代友厚传记资料》第二卷,第 23—24 页。

极的动机。换言之,就算香港银圆的刻印上没有使用"圆"字,日本依然会用"圆"来表示新货币,那里存在这样一种必然性,以及支撑这种必然性的宏大抱负。那么,使"圆"成为日本新货币名称,并赋予这种积极性、自主性或者说必然性的宏大抱负又是什么呢? 这个问题才是"圆"的真正由来,也就是导致在 1870 年(明治三年)计划实施银本位制的关键原因之所在。

5 日"圆"的出现和银本位制计划

安徒生童话中的"皇帝的新衣"非常有名,而与之类似的事情在社会上时有出现。对于一件奇怪的事情,大家都不觉得奇怪,习以为常。或许是因为司空见惯之后神经麻痹,而显得漠不关心,又或许是由于成人世界的虚伪。总之,如果有人对不符合逻辑的事情提出质疑,就好像是与人过不去。这样一来,大家都不敢质疑,因此不符合逻辑的事情就此堂而皇之得以持续。这里所探讨的作为近代日本货币名称的"圆"这个问题其实也是如此。

日本的"圆"的符号¥与英镑的￡、美元的＄并称为世界上三大货币符号。常有人说¥这个符号是根据表示"圆"的西文说法 YEN 的第一个字母设计的,这种说法本身并没有什么问题。但那有一个前提,就是 YEN 是"圆"的西文表记方式,但真的是这样吗?

如果将日常生活中的"圆"的发音写成西文的话,那么应该 EN,而不是 YEN,这是不言自明的。为什么本该写成 EN,却写成 YEN 呢? 难道是我们的老祖先把"圆"发成 YEN 这个音呢? 还是说西文中的两个字母和三个字母在视觉上重量感、平衡感、审美感有很大的差异呢? 即便我们认为有必要用三个字母来表示,也没有理由一定要使用 YEN。翻开一本普通的日本的国语辞典,就会发现,用假名来书写"圆"时,不是写作"エン·えん",而是"エン·ゑん"也就是ワ·わ行的エ·ゑ,而不是ヤ·や行的エ·え,所以如果用三个西文字母来表示"圆"的日语发音,应该是 WEN,而不是 YEN。既然如此,YEN 的出现就应该有相应的原因。

活跃于幕府末期的日本的佩里、哈里斯、阿礼国、帕克斯等人的书信、报告、笔记、日记当中,江户时代不是写作 Edo 或者 Eddo,而是写成 Yedo 或者 Yeddo。受此影响,在 1862 年(文久二年)由幕府洋书调所刊行的日本最早的英和辞典《英和对译袖珍词典》(堀达之助编)在标题页上用 YEDO 来表示刊行地江户。法国曾经站在幕府一边,而英国支持朝廷。新政府成立以后,英国势力在各国当中处于优势,因此当时的官僚按照英语的表记方式将日语的エ、ヱ特意用 Ye 表示,以赋予"圆"这种名称以国际性。[①] 这种说法的确有一定的道理,但如果仅因为是这样的缘故,就用不正确的发音表记方式来表示自己国家的货币以讨好英国,这样做也有些过度了。用 YEN 来表示"圆",除了表面上的、形式上的原因以外,还有出于实际利益的考虑、抱负,而后者才是真正的、主要的深层原因。

邻国韩国在 1962 年 6 月实施货币改革时,将货币名称"圆"用 Won 表示。李朝所使用的"圆"的同义词"圜"也用 Warn、Whan、Won 表示。由此可见,日语中的"圆"在过去读成 Wen,不仅是因为日韩两国语言同属于乌拉尔阿尔泰语系,有着密切的渊源关系,也因为日本在引进汉字文化时在很大程度上受到韩语发音的影响。总而言之,在同属汉字文化圈的日本与韩国,"圆"字的发音都是用 W 打头。

但在汉字的发源地中国,"圆"的北京官话的发音为 Yuan,而在南方的方言中的发音为 Yan,都以 Y 开头。这样一来,问题就非常明确了。明治政府在采取新货币名称"圆"的时候,其西文表记方式不是依据日韩系列 W 系列的发音,而特意选择中国 Y 系列的发音,而且是与日语相近的南方系列的发音。且不谈上述英国式标记法,就选择中国系列的发音这一点来看,尽管中国南方的发音与

———————————

① YEN 的字样在 1872 年 4 月开始发行的日耳曼纸币(委托德国东多夫公司印刷的日本纸币)上可以看到。1870 年(明治三年)10 月 3 日,日本与东多夫(Dondorf.B)公司之间正式签订合同,估计"圆"的表记形式在那个时候已经确定。1870 年 7 月 7 日信函英译文中的 YEN 是公文中的最早用例。从日耳曼纸币上的 HUNDRED YEN\JAPANESE TREASURY 这些西文来看,YEN 很显然是英语式表记。不过,笔者目前无法获得这份资料。另外,据笔者所知,涩谷、上野、井上在 1872 年(明治五年)6 月 15 日联名提呈给上院的铸造报告书中最早使用了 YEN 这样的名称。具体如下:

自一八七一年八月二日(明治四年辛未 六月十六日)开寮
至一八七二年六月三十日(明治五年壬申 五月二十五日)
货币总额　　　Gold Coin 12.555.6..47 Yens—
金币　一千二百五十五万五千六百四十七圆(《大藏省旧藏明治前期金融资料》《金融史资料》第四卷,第 257 页)。

日本的发音相似，但日本的货币为什么不写成 EN 或 WEN，而特意要用中国南方方言 YEN 来表示呢，人们不禁会产生这样的疑问。

自从开国通商以来，洋银流入以通商口岸为中心的地区，逐渐成为一个无法忽视的存在。洋银价格的变动会给国际结算带来不良影响。自从东洋银行于 1864 年（文久四年）在横滨开设支行以来，香港上海银行（Hongkong and Shanghai Banking Corporation）、莫肯特尔银行（Chartered Mercantile Bank of India，London and China）、中央银行（Central Bank of Western India，London and China）、商业银行（Commercial Bank Corporation of India and the East）等外国银行①也相继在日本开设支行。这些银行有计划地控制着市场的洋银量，操纵洋银价格以牟取利益，损害了日本的商业权益和国家利益，甚至还发生了一些肆意妄为的事件。

当时攘夷的思想在人们的头脑中根深蒂固，具有很大的影响力。生活在当时的日本人想必对于夷狄货币在日本堂而皇之流通的事实难以忍受，他们希望将洋银从日本驱逐出去，以保持独立国家的尊严，消除洋银给日本经济带来的不良影响，1 圆新货币正是在这样的背景下铸造的。②横滨兑换会社（后来改组为第二国立银行）在 1869 年（明治二年）发行的洋银券上印有兑换的对象为"洋银"，并在背面用英文明确写上 MEX. DOLLAR。而在 1872 年（明治五年）发行的新洋银券上印的是"银钱"和"Local Currency"，具体是指 1 圆银币即贸易银。由此可以看出明治政府试图通过发行这种货币来驱逐洋银。同时，1 圆银币还被寄予了更大的期待，也就是要将洋银从亚洲市场驱逐出去，用日本的"圆"取代墨西哥洋银

---

①　佐上武弘的《南蛮银行渡来记》（收录于《金融》第 1 卷 3—5 期）的饶有兴趣的研究填补了幕府末期、明治初期外国银行历史研究的空白。

②　让我们引用一下《六合新闻》第 2 期的社论，来看一看当时日本人对洋银的看法。"某外国人称，现今实施无价值之金银[指假币、劣币、太政官纸币]，故洋银价格腾贵，生意难做。加上我国去年以来的战事，全国陷入不景气，争相出售绢茶以及其他商品，其售价低廉。而买入的小简蒸汽船等价格昂贵，非洋银不卖。洋银价格上涨乃自然之理也。……若有与欧洲各国同量货币，则无他国货币流通之事。他国货币必然比自己国家货币价廉，收取手续费，经兑换商兑换。然而我国已形成以洋银买卖之习惯，此有利于他国而有损于我国。将来若不建大型兑换店，停止以洋银交易之举，我国货币行情还将出现混乱。"（《明治文化全集第十八卷"杂志篇"，第563 页》）

在东亚所占的地位,使"圆"成为国际货币以彰显新政府领导下的日本的国威,这种意图也不可忽视。

说来,1864年英国在香港设立造币局铸造香港银圆,就是为了将墨西哥洋银逐出亚洲,用香港银圆取而代之。[①] 新铸的香港银圆虽然质量与墨西哥洋银相当[②],但信用、认可度不及老字号的墨西哥洋银,因此中国人在收取香港银圆时要折价1‰,而且会将收取的香港银圆即时换成墨西哥洋银。由于这种缘故,香港银圆只铸造了不到两年时间,铸造数量也只有200万元,造币局不得不在1868年5月关闭。[③]

因为这样的原委,香港的造币局的机器在关闭的同一年即1868年转让给了日本政府,同年农历8月29日运抵大阪。原来在香港造币局担任技师的金德尔于1870年受雇于日本政府,他把在香港没有实现的梦想、意图转而寄托于日本,怂恿日本政府说"此番铸造之货币宜在印度、上海、香港以及其他地区通用"[④],对此,日本政府做出了积极响应,因为日本政府的设想与金德尔的意图正好吻合。

日本不仅购买造币机械,还聘请了英国技师。关于这点,罗伯逊曾以书面形式解答日本政府的咨询,他认为:"为了胜过墨西哥金银铸造,确定日本货币不仅在日本,而且在其他国家最终压倒墨西哥洋银,这对日本十分有益,并能使日本受到海外各国的尊敬。货币品质优良、价格适宜,与墨西哥洋银不相上下,此乃切要之基础。……日本若有能在海外通用的货币,则国之大益也。"[⑤]在这些话语中,与其说罗伯逊是为了恭维、唆使日本政府,不如说是对日

---

① 英国曾经几次试图驱逐墨西哥洋银,都以失败告终。比如从18世纪末到19世纪中期,试图用印度卢比从海峡殖民地驱逐墨西哥洋银,1841年又试图把英国本国的辅助货币作为本位货币引入香港,都未成功(Chalmers, R.; *A History of Currency in the British Colonies* ,1893,pp.372 - 373,382 - 383),所以最终试图铸造香港银圆。

② Chalmers; *do.* ,p.376.Kann;Currency of China,p.311.

③ 高垣寅次郎:《明治初期日本金融制度史研究》,第145—146页。Andrew;"*The End of the Mexican Dollar*"Q. J. E. 1904, P. 338. Kann; *do.* , p. 308. Collis, M.;Wayfoong, *The Hongkong and Shanghai Banking Corportion* ,1965,pp.25 - 26.

④ 《大全·货币(一)》,第94页。

⑤ 大隈文书,A1709.

本政府试图驱逐墨西哥洋银的做法做出的评论。

　　罗伯逊提呈的建议书日期不明，但从内容来看，是在 1869 年（明治二年）6 月 24 日前后。因为建议书的开头部分称："日本政府欲在横滨或者其他便利之地新铸造金银币，振兴工业，且为使其新铸造所工艺适宜，日本政府通过东洋银行日本支行从英国雇用从事上述工艺之适当人物并签订合同，本人代上述银行就以下问题供日本政府熟虑。"①而日本政府与东洋银行之间签订的雇用外国造币技师的合同以及银币兑换约定书的日期是 1869 年（明治二年）6 月 24 日。造币所的设立地点在 1868 年 8 月就已经确定，而建议书上写有横滨等地，由此可见该建议书的日期可能会更早一些。②

　　在此我们可以大胆地想象：日本政府一开始就希望通过铸造新货币来驱逐墨西哥洋银。上野敬助被派往香港购买造币机械，1868 年 6 月 5 日他回到神户，在报告书中称"器械为铸造银币而制造，此器械难造金币以及铜币"③。且不谈关于机器的描述是否正确，日本政府从上野的报告中得知该机器只能铸造银币却依然购买了。另外，在上述五代友厚提呈给政府的建议书草案"设置兑换所"当中，言及计划从香港购买的造币机器的产量，称"其所制货币日产量虽有多寡，但着眼于中等平均，制一圆银币可知大概数量。……一圆相当于洋银一枚"④。大隈、久世关于新货币制度的建议在 1869 年 3 月的朝廷会议上审议，而五代友厚的建议书在那之前。很显然，作为应对洋银的策略，五代友厚早就有铸造 1 圆银币的构想。

　　从这些事例可以看出，日本政府很早就希望 1 圆银币能在海外流通。在 1874 年 8 月至次年，"为使新货币及圆银在中国广为流通，以繁荣彼此之通商"⑤，日本还试图在上海设立新货币及圆银交

---

　　① 　大隈文书，A1709。
　　② 　各国公使 1868 年闰四月四日致日本政府表示反对的通告文可以得知各国公使知道造币局迁移至大阪的时间（《日本外交文书》第一卷第一册，647—649 页）。
　　③ 　《五代友厚传记资料》第二卷，第 21 页。
　　④ 　《五代友厚传记资料》第二卷，第 24 页。
　　⑤ 　《大藏省旧藏明治前期金融资料》，第 541 页。

易所,1878 年(明治十一年)在香港上海银行的支持下又试图让圆银成为香港法定货币。后一目的虽然由于英国政府的反对而未能实现,但活动得到了香港各银行的响应。[1]

　　铸造圆银的目的在于驱逐墨西哥洋银,使之成为国际货币。但实际铸造并流通以后,就遇到了与香港银圆同样的问题。圆银在中国不被看好,收取时要折价 0.5％—1.5％。[2] 为了应对这个问题,日本政府在 1873 年(明治六年)6 月以补偿相关损失为条件,委托东洋银行将圆银与墨西哥洋银进行等价流通交易[3],并在 1874 年 11 月将圆银的铸造手续费由原来的 2％降至 1.5％[4],1875 年还在维持原有成色的情况下,将重量增至 420 格令,使其重量超过墨西哥洋银。而且为了模仿美国的贸易元而在圆银上刻上了 TRADE DOLLAR 的英文字样。发行这种增量贸易银币的目的在于驱逐墨西哥洋银。这种贸易银币虽然重于墨西哥洋银,却被等同对待,因此将之用作银块比用作银币更为有利。基于格雷欣法则,许多中国人将这种贸易银币溶解,导致日本的最初设想落空了。所以增量贸易银只铸造了 3 年,1878 年又回到原来的 416 格令,简直就是朝令暮改。

　　关于这里所言及的增量贸易银币,最重要的不是其消长变迁的过程,而是其铸造理念与方针。日本政府在阐述铸造理由时称:"以我国今日之势,通商之道未完,贸易银在他洲不盛。"[5]表示希望通过增加重量,使之成为国际通货。不仅如此,在 1878 年(明治十一年)5 月又将铸造手续费由 1.5％降至 1％,以使贸易银"通用范围及势力扩大,使以往墨西哥洋银之垄断地位为我贸易银所有"[6]。由于前面论述过的理由,日本在 1878 年停止铸造增量贸易银,重新回到铸造轻量贸易银即圆银的老路上。并且在重铸之时,日本政府对前文中引用过的主张做了进一步展开:"使我贸易银势力更

①　《大隈重信关系文书》第一,1932 年,第 246 页。
②　《大全·货币(一)》,第 208 页。
③　《大全·货币(一)》,第 208、220—221 页。
④　《大全·货币(一)》,第 305 页。
⑤　《大全·货币(一)》,第 214 页。
⑥　《大全·货币(一)》,第 204—205 页。

三种贸易银（正反面），实际大小的 2/3

加强大，使以往洋银之地位为我贸易银之所有，东洋其他国家在各地兑换该银币，拟定百货价格，此乃目的之所在。"①由此来明确规定日本圆银作为国际货币的使命，毫无保留地披露了宏大目标。

圆银由于具有重量成色可靠、假币极少、造型优美这些物质因素，再加上日本政府的不懈努力，逐渐驱逐墨西哥洋银，流通范围不断扩大。然而日本自身在 1871 年（明治四年）和 1897 年（明治三十年）两次实施金本位制，印度在 1893 年采用金本位制，之后海峡殖民地、暹罗、菲律宾、巴拿马、墨西哥、荷属东印度诸岛、法属印度支那等地也相继采用金本位制。这种形势所带来的必然结果就是银币失去了作为国际货币，特别是亚洲地区国际货币的地位。

但是在这种动向出现之前的亚洲银币最盛期，日本圆银在马来半岛、海峡殖民地已将墨西哥洋银完全驱逐，在中国、朝鲜、暹罗、法属印度支那各地与墨西哥洋银同等使用，成为其强有力的竞

---

① 《大全·货币（一）》，第 218 页。

争对手。[①] 且不说在最盛期,在初期的 1874 年(明治七年)3 月,日本政府发布喜讯,称日本圆银在日本的通商口岸以及亚洲各地流通,特别是在新加坡和中国广东获得了法定货币的地位。[②]

本节在铸造圆银的历史论述上似乎花费了过多笔墨,不过我们从这些事实背后可以看出,日本政府的目标在于继承香港银圆的地位,将墨西哥洋银从日本乃至整个亚洲驱逐出去。或许有人会说这是帝国主义的一种征兆。且不论这种判断是否得当,从上述历史可以看出,圆银作为国际货币走出国门这样的目标在铸造圆银以前就已存在。

因此,在铸造新货币的准备阶段以及决定货币名称的时候,自然要考虑到这一点。在决定西文表记时,选择与日语发音十分相似的中国式发音 YEN,这种做法具有必然性。这样一来,不要说日本人,本土的中国人以及分布在朝鲜、缅甸、荷属东印度诸岛、菲律宾、马来半岛、法属印度支那等亚洲各地的华侨也会感到亲切。因此,可以确定在选择西方表记时,已经考虑到兼用中国式的表记法。

华侨从 19 世纪中叶大举移民世界各地,特别是在上述国家和地区,1877 年达到七八百万人,其中不少人作为商业资本家拥有强大的经济实力,成为当地的隐形支配力量。绝大多数华侨出生于广东和福建,只有少数出生于山东。这些华侨与英国等西方国家的人有很多接触。西方人按西文表记正确发出 YEN 的音,即便不识字的中国人也会明白那是指与银圆相同的货币,因此他们容易接受日本的圆银。总而言之,将 YEN 用作“圆”的西文表记,一方面忠实于西方人,特别是英国人的发音,有助于“圆”这一名称在世界上普及。另一方面,日本也希望在中国乃至整个亚洲以圆银取代墨西哥洋银,因此在决定圆的西文表记方式时,为了使中国人有亲切感,而采纳了中国华南地区方言的因素。

这些情况显示了将日本的新货币名称定为“圆”以及 YEN 有其必然性,也说明形状说、香港银圆说缺乏说服力。说来,并不能

---

① 《币制改革始末概要》(1897 年),《史料集成》第十一卷,第 511—512 页。

② 《大全·货币(一)》,第 209 页。1874 年(明治七年)二月七日的东京日日新闻中,报道海外电讯说“在广东出通告称将日本的一圆银钱用作支那普通货币”。cf. Chalmers;*do.*,p,387.

完全否认形状说所主张的圆银的形状与名称之间的关联，但形状始终只是次要因素。香港银圆说则强调香港银圆的影响，其影响虽然有，但日元的"圆"的名称首先是借用中国南方的圆银名称，在此基础上对香港银圆的创意进行高度评价，也就是说日"圆"并不是单纯借用、抄袭而来的。换言之，日"圆"不是与香港银圆，而是与银圆的"圆"相关。

总而言之，新货币名称"圆"受到了中文词"银圆"的启发，并以"圆"的日本式用法、中国式用法，以及用"弗"表示美元的新用法为背景，基于以日本银币取代墨西哥洋银，使之成为国际货币的意图，同时通过改换名称使得日本国民的人心焕然一新，并有别于中国的货币名称，又具有亚洲的连带性、共通性。为了达到这样的目的，日本政府积极且自然而然地采用了这一国际化名称。

从 1870 年（明治三年）11 月开始铸造的 1 圆银币是名副其实的"圆"。因此，在采用"圆"这一名称的过程中，从逻辑上来说，采用银本位制就是一个默认的前提。事实上，日本在短时间内曾计划实施银本位制。因此，1871 年（明治四年）出现的金币只不过是继承了银币的名称，也就是说，金币与"圆"这样的名称并不相符。总而言之，不是将"圆"表记为 EN，而是表记为 YEN，也就是使用￥这种符号，与"圆"相关的各种问题也都集中体现在这一点上。

为了阐明 1870 年银本位制内定过程的背景，使之在当时的政治、经济、思潮当中凸现出来，本小节对"圆"的由来进行了比较详细的论述。在这里阐明以新铸造的银币取代墨西哥洋银，这是计划采用银本位制的重要内在原因。如果进展顺利的话，圆银将具有双重的功能性质，也就是说，在日本国内成为本位货币，对外则取代墨西哥银成为国际货币。但因原本已经内定的银本位制的实施计划突然改变，转向了金本位制，因此圆银未能成为本位货币，关于这个问题将在下一章中进行探讨。但作为历史事实，原计划在 1870 年 11 月正式铸造圆银，从次年 2 月开始实施银本位制。[1] 因此，即使本位货币从银币改为金币，但圆银已经被铸造并

①　太政官在 1870 年（明治三年）11 月 18 日命令大藏省分别铸造银币、金币各 100 圆（《太政类典》第一编第三卷，第 232 页）。一般认为作为本位货币的 1 圆的圆银是从 11 月中旬开始铸造。

在实际流通,驱逐墨西哥洋银的目标并没有因为本位货币的变更而改变。而在金本位制确立以后,又采取了金币与银币的分工体制。金币作为本位货币,而银币则作为与墨西哥洋银相对抗的货币发挥不同的作用。圆银上虽然铸有"一圆"的字样,正式名称却是"贸易银",是专门用于国际贸易结算的。这说明圆银并不是本位货币,因此可将之"置于制度之外"。[①]

但现在有不少论者认为,1871年的制度不是金本位制,而是金银双本位制。他们这样主张的依据是,《新货币条例》规定:"此一圆银仅用于各开港口岸进出口物品,其他外国人纳税,以及日本人与外国人通商交易,不得用于内地缴纳人向官府缴费以及其他通用。然而,私人交易时若双方同意,无论何地皆可收取。"[②]这些论者认为文中的"然而"后面的条件在金本位制上开了一个口子,实际上是变成了双本位制。

说来,1871年的金本位制之所以无法维持,不是因为条款有缺陷,而是由当时国内外经济形势所决定的。从当时的经济形势来看,即使条款天衣无缝,金本位制也无法维持。这是不言而喻的,在此暂且不论。

当然不可否认,实际上,条款中"然而"的条件是有利于向金银双本位制转变的。但这是结果论,在制定《新货币条例》时,当局者始终希望确立金本位制,并不认为这种表述会导致双本位制,更没有打算实施双本位制。另外。也不能说这种规定使新货币制度具有双本位制的实质。

笔者持这样观点的理由如下:第一,如果当局者希望实施双本位制的话,那么为什么会轻易地将1869年(明治二年)2月决定的金银双本位制改为金本位制,这个问题就无法解释。关于这个问题,在下一章中还将做进一步论述。第二,在确立新货币制度时,当局者从发达国家充分了解到单一本位制与双本位制的利弊得失。第三,从制定新货币制度条例时的金银比价来看,很显然当局者是希望实施金本位制的。第四,如果以"然而"后面的条件为依

① 《明治货币政策考要》,第65页。
② 《新货币条例修订版》,第38页。

据主张新货币制度实际上是双本位制的话,那么该条例中的其他内容,即"流通限制原本基于本位货币与辅助货币有别之理而制定。人们在交易时,依照上述限制。若超出限制,无论何人皆可拒绝收取。然而,为了方便私人交易,若双方同意,可完全按照双方情况自由交易,不受上述限制"①,难道能以此为依据,说为了消除本位货币与辅助货币的区别,也就是主张明治时代的货币制度与江户时代的货币制度相同,就成为金银铜三种货币并用的制度了吗?

《新货币条例》是为了确立金本位制而制定的。那么,当局者为什么给圆银附加这种容易招致误解的"然而"条件呢?那固然是考虑到 50 钱以下的辅助银币依然在流通的现状,一方面为了便于民间交易,更主要是为了驱逐墨西哥洋银而推行银本位制。在 19世纪 50 年代中后期与各国签订通商条约之后,墨西哥洋银大量流入日本。因此,在制定新货币政策时,当局者希望能凭借自身的力量将墨西哥洋银驱逐出去。

这里我们可以看出:在制定银本位制计划时,当局者非常关注墨西哥洋银的问题,也就是说他们把目光投向了海外,甚至有些关注过头了。反过来说,在制定银本位制计划时,内政问题受到了轻视。对于这一点进行反省、纠正,是由银本位制转向金本位制的深层原因。关于这一点将在下文中进行论述。

---

① 《新货币条例修订版》,第 40 页。

第五章　日元的诞生

一、转向金本位制

为了建设新国家，日本从推古朝就开始积极引进发达国家的典章制度，曾向中国派遣了遣隋使、遣唐使以及留学生。到了明治时代，又转为向欧美学习。1870 年（明治三年）11 月 2 日，伊藤博文一行从横滨出发前往美国考察。

他们此行的目的是考察"凡关于理财之诸法则、国债、纸币及兑换、贸易货币铸造诸问题"[①]。同年 12 月，他们从美国寄来了关于《新货币发行法》以及《金银货币之铸造法》的建议，其中前者主张设立拥有发行纸币特权的银行，后者则建议采取金本位制。

> 现今美国将依照议案铸造万国普遍通用之 10 元金币，平均重量为 257 格令 2 分，即 16.66 克。此议案目前正在美国下院审议。审察上条，于我国政府而言，将定为辅助货币的金币重量增至上述议案所计划的重量，则将来无变革之患，与万国普遍货币本位价格相同，无疑可奠定万古不变之一大基础。……铸造货币之际，其本位或定于金币或定于银币。以方今文明欧洲各国之硕学多年经验而言，归于以金币为本位之观点。……今若有创立铸造新货币之国，必以金币为本位。由是以见，我国今日铸造之新货币，宜基于他国以往经验或折中学者之议论，

---

① 《大全·货币（一）》，第 191 页。

遵循至当之理。……不如将金币定为本位。若将金币定为本位，则以银币为辅助货币规定流通支付数量。[1]

伊藤博文等建议日本效仿美国的做法（不过，文中提及的议案在美国下议院未能通过），使日本新铸造的金币与美国的新金币同种同量，采用金本位制与世界接轨。[2]

按照1870年内定的银本位制，1871年2月9日政府通知度会县派遣新货币供奉特使至伊势神宫。[3] 由此推测，伊藤博文的这份建议在2月中旬才寄达日本。当局者收到此建议后，按照惯例，或者说是为了履行义务，立刻向东洋银行行长卡吉尔（Cargil, W.W.）征求意见，并对建议进行了审议。同年2月30日（系农历），在致伊藤博文的回信中称：

---

① 《明治货币政策考要》，第61—64页。

② 1867年（庆应三年），在法国巴黎世博会上，为了扩大普及拉丁货币同盟所倡导的国际共通货币的理念，法国积极建议相关国家采用新货币制度。美国的新货币方案就是为了配合同年6月在巴黎举行的第一届国际货币会议决议而拟定的。该会议的参会国有20个，但由于会议决议没有约束力，未能付诸实施，因此未带来任何实际效果。决议主要内容有：（1）把拉丁货币同盟的制度作为标准加以采用；（2）采用金本位制；（3）统一货币的重量、成色；（4）重量采取十进制；（5）以5法郎金币作为国际通用货币。该决议顺利通过，如果决议按照原计划实施，则主要国家的货币的兑换比率将是50法郎＝10美元＝2英镑＝40马克。伊藤博文在建议书中主张日元与美元等值。关于第一届国际货币会议的情形，请参见斋藤利三郎：《国际货币制度研究》，第53页以下内容；日本银行调查局编：《日本金融史资料》（明治大正篇）第十七卷，"纸币整理·币制改革资料"（下），1958年，第643—646页；Russell, H.B., *International monetary conferences*, 1898, p.47ff. *Paygrave's Dictionary of Political Economy*, vol. II, pp.783–785.

③ 《大全·货币（一）》，第117页。

众所周知，从708年（和铜元年）的和同开宝至乾元大宝（958年，天德二年）等律令制度下铸造的12种货币被称为"皇朝十二钱"。这些虽然被称为货币，但在当时的经济状况下缺乏对货币的需求，律令政府大多把那些货币用于奖赏、纪念品，甚至当作祭祀对象来对待。律令政府曾经将新铸造的货币供奉在伊势、贺茂、松尾的神社以及南都七大寺中。明治政府以建立律令国家为目标，倡导复古王政，将新铸货币供奉在伊势神宫，也是出于沿用律令政府的仪式这种政治意图。明治的新货币因此带上了浓厚的皇朝第十三钱的色彩。1957年曾将新铸造的100日元硬币埋在法隆寺五重塔的地基下。不过，那不是出于政治意图，而是体现了日本人将货币视为非经济对象的深层观念。

在参考商酌阁下建议旨趣之上,目前可定为金银双本位制。……金银双本位制之法,乃增加以前所计划之小额金币十圆、五圆、二圆之重量,三种皆为本位,银则以之前之一圆为本位,其余小额银币保留以前之规定。今后宜实际以金币为唯一本位,废除本位银币之铸造,可将其作为本邦之墨西哥洋银。……且今设置双本位,……仍以金条铸造金币,以银块铸造银币。据此理,前文挫折之悬念万一存在,暂且作为洋银使用,不失为现今之预防良策。①

也就是说政府最初拟采用具有转为金本位制度的可能性的金银双本位制度。因为伊藤博文不惜让随员吉田二郎回国强烈建议采取金本位制,政府又进行了二次审议,改变了金银双本位制方案。4月2日,明治政府致信伊藤博文称:

以前之计划以银币为本位,以金币为辅助货币,其所见……首先有失货币之真理,将来之宏观难两立。以此论决,姑且更正,以为良法之滥觞。金币二十圆至一圆无丝毫区别,悉照国际重量单位法,全部废除一圆银币,银币只用作辅助货币,维持以前所计划数量,更正其限制,以确定我国货币制度,近日拟将附件文书交各国公使讨论。……虑及全部废除一圆银币将给贸易带来诸多不便,且有忠告我邦得失如何。经正式谈判,不得已将上述银币用作贸易银,置于制度之外,与墨西哥洋银同样对待。②

虽然作为特例设置贸易银,但采用的还是金本位制。这一构想在1871年(明治四年)4月正式确定为大藏省方案,作为其最终方案的《新货币条例》在同年5月10日正式公布,至此日元得以诞

① 《明治货币政策考要》,第64页。
② 《明治货币政策考要》,第65页。

生,并最终确立了近代日本的货币制度。该条例规定作为本位货币的1圆金币重25.72格令,成色为十分之九,含纯金23.15格令＝0.4匁＝1.5克。

就这样,新政府货币制度在1870年11月至次年4月这短短的半年时间里一变再变,从银本位制转向金银双本位制,再转向金本位制。那么,这些变化究竟是由什么因素所导致的呢?大藏省编写的《明治货币政策考要》(1885年)是官方正史,该书对1868年(明治元年)至1884年(明治十七年)的货币状况进行了叙述,其中上篇第3章第4节的标题为"新货币由银本位制改为金本位制的缘由",试图对该现象进行解释,但仅对上述伊藤博文的建议做了介绍,并没有进行深入分析。

伊藤博文坚决主张采用金本位制,毫不退缩,为了实现自己的主张,甚至不惜派吉田二郎回国(3月8日回朝)[1],这一点值得我们关注。就算伊藤博文在美国受到启发,成为金本位论者,但他只不过是货币制度审议会的一员。而且,他于1870年11月出国,到《新货币条例》即将公布的次年5月9日才回国,未能参加讨论变更本位制度的会议,只是从遥远的太平洋彼岸寄回了建议书。已经确定的新货币制度计划因为伊藤博文的建议而轻易改变,这就像分公司的意见改变公司总部已经确定的方针。为什么会出现这种情况呢?

另外,就算伊藤博文原本就是金本位论者,对1870年计划实施的银本位制持反对意见,属于少数派,事情的性质也是一样的。一般来说,趁要人不在时谋反,比较容易使事态发生逆转。当金本位制论者伊藤博文在外国考察时,以个人意见对国内属于多数派的银本位制论者施加影响,使他们赞同金本位制,这样的事情为什么能做到呢?且不说在国内有伊达宗城,还有精通财政、货币制度大隈重信、涩谷荣一、井上馨他们都主张银本位制。特别就大隈重信而言,在1881年(明治十四年)政变时,伊藤博文费九牛二虎之

---

① 涩泽青渊纪念财团龙门社编:《涩泽荣一传记资料》第三卷,1955年,第151页。

力才将他拉下马。因为伊藤博文在明治初期并不是政界大人物[①]，不可能对作为大久保利通派参议[②]的大隈重信发号施令。那么，为什么以大隈重信为首的银本位制论者会采纳伊藤博文从美国寄回的建议呢？

问题并不限于此。如前所述，在欧美各国的压力下，日本在货币政策方面的自主权有名无实。在由银本位制向金银双本位制转变的过程中，得到了卡吉尔等人的赞同。明治政府在4月2日致伊藤博文的回信中称："此次与英美法公使及东洋银行卡吉尔协商，大概无异议。"[③]表明双本位制得到了欧美各国的认可、同意。但事实恰恰相反。例如，卡吉尔称"关于此事，并未征询余意见，政府仅告知将会进行修正"，对日本政府的态度表明了讥讽和不满，并谴责日本政府朝令夕改，认为金本位制是无视现实的理想论，坚持主张银本位实用且对日本有利。[④]

另外，英国代理公使亚当斯（Adams, F.O.）也对日本实施金本位制的计划表示反对，他说："金银之中以何种为本位，其得失之辩每次都一无所获。贵国之前与不用金币之他国贸易，可知其符合经济之正理，此次变更甚为遗憾。"[⑤]对日本试图转向金本位制的做法表示反对。不仅如此，甚至还说："我英国人之权益及条约之内容始终有效，若实施新货币规定有碍上述权益或条约，卑职将代表英国对此提出异议。"[⑥]表示保留条约上所规定的权益，这其实是对日本进行口头威胁。

对此，日本采取了以毒攻毒的做法，为摆脱英国的庇护，效法美元确立新货币体制，以期获得美国的庇护。不过，英国最终承认日本采取金本位制，或许英国认为银本位制下被定位为本位货币的1圆银币继续用于贸易有利于亚洲银币市场的稳定，那在一定程度上对英国也是有利的。

---

① 1873年征韩派败北而导致该派参议辞任，伊藤是为了补充出现的空缺而于同年10月当上参议的。

② 译者注：参议为日本明治初期，地位仅次于左右大臣的参政高官。

③ 《大全·货币（一）》，第124页。

④ 《大全·货币（一）》，第125页。

⑤ 《大全·货币（一）》，第144页。

⑥ 《大全·货币（一）》，第144页。

像这样,日本不顾各国的反对,坚持采取金本位制的原因究竟何在? 从现象面来看,伊藤博文个人对从银本位制到金本位制的转向发挥了主要作用,但日本国内的当局者并非没有主见和自主性。因此,伊藤博文的建议只不过是转向金本位制的一个契机,他的想法之所以能够实现,是因为那背后存在转向金本位制的必然性。那么,转向金本位制的必然性又是什么呢?

二、价值尺度

为了阐明 1870 年(明治三年)至次年从银本位制转向金本位制的原因,笔者在此想梳理一下突然发生这种变化的背景,也就是当时货币流通的状况。为了聚焦日元诞生的话题,我们必须再次回到 19 世纪 60 年代初的万延元年,因为当时的货币改革已经播下了日元诞生的种子。

为了防止金银比价差所导致的金币流失,日本在 1860 年(万延元年)断然进行了以银币为支点的货币改革,缩小了日本的金银与国际金银之间比价的差,万延金币就是在这样的背景下诞生的。万延金币的重量仅为安政金币的大约三分之一,除了大判金币以外还有小判、二分判金、一分判金以及二朱金 4 种,表 6 列举了整个江户时代铸造的金币。由此可见,小判与一分判金在整个江户时代是经常铸造的基本货币,二分判金在江户末期经常铸造,而二朱金、一朱金则是例外的临时货币,因此,在考察万延金币时,我们不考虑二朱金。

从表 6 可以看出,如果按照两、分的四进制计算,整个江户时代 1 枚小判与 1 枚一分判金的重量比为 4 比 1。尽管成色多少有些差异,但两者区别不大,基本上可以等同对待。尽管万延小判与万延一分判金也属于这个系列,但与其他任何金币相比重量都要轻,是整个江户时代最轻的小判和一分判金。就二分判金来看,在最开始出现的文政年间(1818—1830 年)是典型的四进制计数货币,重量是小判的二分之一,为一分判金的两倍。就其成色而言,1828 年(文政十一年)铸造的所谓草纹二分判金与小判、一分判金相比要低得多。而 19 世纪 50 年代中期至 60 年代初期铸造的二分判金的成色远不及文政二分判以及在同一时期铸造的安政小判以及万延一份判金。但在重量上情况却反过来了，比同一时期的小判、一分判金都要重。总之，由于成色非常低，在整个江户时代的金币当中（其中也包括文政一朱金），万延二分判金在相同面额的金币中含金量最低。

表6　江户时代金币表

种类	小判		二分判金		一分判金		二朱金		一朱金	
	重量（单位匁）	成色（千分比）	重量	成色	重量	成色	重量	成色	重量	成色
庆长	4.76	862.8	—	—	1.19	855.7	—	—	—	—
元禄	4.75	564.1	—	—	1.19	564.1	0.595	564.1		
宝永	2.50	834.0	—	—	0.625	834.0				
正德	4.76	856.9	—	—	1.19	842.9				
享保	4.76	861.4	—	—	1.19	862.3				
元文	3.50	653.1	—	—	0.875	653.3				
文政	3.50	560.5	1.75	562.9（真纹）489.2（草纹）	0.875	556.2	—		0.375	123.1
天保	3.00	567.7	—	—	0.75	567.7	0.4375	298.8	—	—
安政	2.40	555.0	1.50	203.0	0.60	570.0	—	—	—	—
万延	0.88	572.5	0.80	228.2	0.22	576.6	0.20	229.3	—	—

那么，为什么要铸造万延二分判金这种含金量有悖于四进制比率的金币呢？除了元禄二朱金之外，二分判金、二朱金、一朱金的共通点是重量高于四进制比率（以小判为基准），而成色比较低，结果是含金量低于面额。但是万延年间铸造的二分判金与小判、一分判金相比，无论是重量还是成色都大幅度偏离四进制，但二朱金则遵循其比率，我们不能忽略这一事实。由此可见，且不谈为了

获得差价①以确保财源这种目的,幕府在铸造这种金币时,还要考虑金币在买卖过程中作为价值的"一过性证明物",即作为流通手段的功能。因为随着货币的经济的发展,各地区、各阶级都在使用金币,因而对金币的需求增大。另外,这种二分判金也是出现通货膨胀的一个物证。

就各种金币的铸造量来看,文政小判(包括一分判金,下同)为1104 万 3360 两,真纹二分判金为 298 万 6022 两,草纹二分判金为203 万 3061 两,铸造量都少于小判。天保年间铸造的金币中,小判为 812 万 450 两、二朱判为 1288 万 3700 两;安政年间铸造的金币中,小判为 35 万 1000 两,二分判金为 355 万 1600 两;万延年间铸造的金币中,小判为 62 万 5050 两,二分判金为 4689 万 7932 两。就所铸造的金额来看,小判与二分判金、二朱金的比例颠倒过来了,而且其程度也随着时间的推移而增大。在万延年间铸造的金币当中,二分判金居然是小判的 75 倍,如此庞大的铸造金额令人震惊。

从重量、成色、铸造金额这些方面来看,在整个江户时代的金币当中,幕府末期特别是万延年间的二分判金偏离了江户时代货币制度。万延二分判比小判、一分判金的成色即含金量更低,和二朱金一道与小判、一分判金形成不同种类的金币。也就是说,具备了成为小判、一分判金的辅助货币的物质条件。

但这种金币不同于一分银,因为它们不论是在法规上还是现实中都是本位货币。因此,根据格雷欣法则,质量较高的小判、一分判金开始从流通过程中消失,只剩下二分判金与二朱金流通。而且,这些金币铸造量非常大,这一点也助长了这一倾向。

事实上,由于金币的这种流通状况,简井政宪在 1857 年(安政四年)7 月致信老中进行了描述:"关于近年世上金银流通不畅之事,是因为原本通用之金银种类繁多,但是品味不一,成色有优劣

---

① 从 1818 年(文政元年)6 月开始流通的所谓真纹二分判金,正如在同年 12 月致三奉行的通知[《天保年间官方通告集成》(下),第 590 页]中所显示的那样,是用来与以前优质的瑕疵金币进行兑换的专用货币,但在次年 2 月的通告允许通过后藤三右卫门公所与无瑕疵金币进行兑换(三井高维:《钱庄年代记》原篇,第 456 页),从这一点可以非常清楚地看出新铸二分判金的部分目的。

之分。当今世上流通之金银为一分银、二朱金、一朱银以及最近新铸造的二分金,而小判、一分判完全不流通。其中一分判虽则在目录中,然买卖之时不可见。若问其故,今小判、一分判虽比往昔成色差,但与当今流通之一分银、二朱金、一朱银、二分金相比,其成色仍属上乘,所以人们将其收藏,故只有劣质的金银币在市面流通。小判、一分判不在市面通用,都被人们所收藏。"[1]不仅如此,就连负责相关事务的勘定奉行也曾于1859年(安政六年)3月致信老中:"小判、一分判虽然有,但却极少见于流通,现在人们都以二分判、一分银等用于贸易交换。"[2]当然,这样的事态在万延年间以后依然存在。像这样,在万延年间铸造的金币当中,成为衡量商品的价值尺度、价格标准以及流通手段的既不是小判,也不是一分判金,而是这种二分判金。

虽说万延二分判与安政二分判一样,都因为品质低劣而成为价值尺度、价格标准,但其含金量只有安政二分判的一半。这种金币成为价值尺度、价格的度量标准,按理说应该会导致物价腾贵,表7就可用作这种推论的事实依据。幕府以及各地官府几乎每年都发布降低物价令。物价如此昂贵,主要是因为社会不稳定,以及由于开放通商口岸导致生丝、茶叶、蚕卵纸、种子、海带等水产品、棉花、油等出口量增加,国内商品因此供不应求,另一方面则是因为劣币万延二分判导致价格标准下降,关于这一点已无须赘言。这种由于货币条件所带来的物价上涨与世界经济直接联系在一起,可以说这是由闭关自守向开放体制过渡过程中出现的一种"价格革命"。

推翻幕府后新建立的明治新政府,在1868年(庆应四年)2月9日的会计局通告以及太政官报告中,表明继承江户时代的货币制度即金银铜币制度。[3] 就这一点而言,新政府没有必要铸造货币。但明治新政府为了开展平定东北等地的一系列统一全国的战争,需要大量的资金。为了筹集军费,解决财政匮乏的问题,新政府不得不增加货币的发行量。截至1869年2月,在新政府铸造的货币

日元的诞生——近代货币制度的形成

① 《幕末外国关系文书之十七》,第212页。
② 《幕末外国关系文书之二十二》,第828页。
③ 《大全·货币(二)》,第61页。

当中,金币只有由货币司①铸造的二分判金,银币有一分银和一朱银。由于新政府财政困难,据称明治二分判金在大阪铸造了60万8000两,都是成色低劣的劣币。

表 7　大阪、京都、江户的物价趋势

年次	大阪批发物价指数	京都消费者物价指数	江户消费者物价指数
安政 6 年(1859)	211.4	198.0	213.1
万延元年(1860)	226.4	212.7	225.2
文久元年(1861)	249.8	229.0	234.3
2 年(1862)	287.8	257.2	248.3
3 年(1863)	351.5	322.2	288.1
元治元年(1864)	518.0	477.2	361.5
庆应元年(1865)	713.7	655.1	452.8
2 年(1866)	877.3	935.5	535.4

(注)文政 3 年(1820)＝100,取 5 年平均值
出处:新保博"德川后期的物价水准(2)",收录于《国民经济杂志》127 卷,3 号,第 14 页。

《新货币条例》的造币规则第 5 条规定,成色以及价格不明的金银条块以及外国金银币经过溶解分析,如果认定适合造币可以收取。但其第 3 项又规定"除一分银以外,日本金银货币以此条例为准"②。另外,第 13 条也规定:"若一分银在两千盎司……若达以上分量,为再铸宜于各开放口岸收取。不过,若其他金银货币或者金银条块经实验溶解仍难以确定成色,仅大阪造币寮可以收取。"③由此可见,明治政府对一分银总是特别对待,这表明明治政府认为一分银当中没有劣币、假币,自己也没有铸造那种成色的货币。反过来说,也等于表明自己铸造了二分判金的劣币、假币。事实上,明治政府确实在大阪铸造了劣质的一分银、一朱银。

---

①　明治政府接管了位于江户的金座、银座,并于 1868 年(庆应四年)闰四月二十一日设置了货币司,同日在大阪也设立了货币司直署,由这两处增铸货币。
②　《新货币条例修订版》,第 48 页。
③　《新货币条例修订版》,第 54 页。

正规的明治一分银与安政一分银相比,成色从 893.5‰降至 806.6‰。估计这一方面是为了确保财源,另一方面是为了防止优质安政一分银流失到海外。尽管如此,一分银依在不断地向海外流失。①

明治一分银从 1868 年(庆应四年)到 1869 年(明治二年)共铸造了 106 万 6833 两 2 分,而在同一时期,二分判金铸造了 380 万 9643 两 2 分,大约是一分银的 3.6 倍。② 虽然其中包括劣币和假币,不过正规品的重量与成色与万延二分判相同,实际成色为 228.2—223.4‰,稍微有些降低。但新政府没有能力铸造旧货币体制下的小判,实际上也没有铸造过。在新政府的物价形成过程中,(明治)二分判金依然起到了价值尺度以及价格基准的作用。③ 在这样的背景下,明治新政府尝试着以圆、钱、厘为单位的新货币体制,来实施内定的银本位制。

三、一圆银币与一圆金币

根据安政五年签订的通商条约,江户幕府承诺按照洋银 100 枚=一分银 311 枚的官方汇率进行兑换,并且兑现了承诺。在条约规定的交换期限的前一天,即 1860 年(万延元年)5 月 12 日废除官方兑换率,宣布采取市场汇率,也就是说洋银按照市场价格流通。但洋银价格下跌对外国人不利,因此外国方面试图恢复之前

---

① "据东洋银行提呈我政府文书称:明治二年正月一个月内从横滨出口至海外之一分银达到二百万枚"(《明治货币政策考要》,第 53 页)。"外国人大量购买一分银,以用于出口,然后再以银锭再次进入日本,卖给会计官大获其利"(中井弘藏 1869 年 3 月 12 日至五代友厚信函,收录于《五代友厚传记资料》第 1 卷,第 113 页)。"外国人出口的货币不是大阪新铸的,而是原先大君之时铸的一分银。……外国人直接选择良币出口,将劣币留在日本。"("神奈川县判官 1869 年 1 月 23 日致大阪府判官信函",收录于《五代友厚传记资料》第 2 卷,第 11 页)。

② 除此之外,同时期铸造的一朱银有 117 万 1400 两。还铸造了 6391 万 3752 枚天保钱[《大全・货币(二)》,第 128—129 页。岩仓公旧迹保存会编:《岩仓公实记》中卷,第 460—461 页]。

③ 在与外国的贸易方面,是"在兵库、长崎的内外贸易大都以二分金计"(《大隈侯八十五年史》第一卷,第 278 页)的状态,在与墨西哥洋银进行兑换时,也是"从明治初年至六年,与墨西哥洋银的买卖均用二分金"[《大全・货币(四)》,第 423 页]。

洋银与一分银按重量进行兑换的原则。当时良币一分银流失海外，而劣币洋银流入日本，同时日本贸易出超也起到了推波助澜的作用，洋银的市场价格仅为一分银 2 枚。[①] 在这样的情况下，1866年（庆应二年）5 月 13 日签订的《改税约书》第 6 条规定："日本人以及外国人支出之所有外国金银币以及金银条块重新铸造为日本货币，扣除诸杂费，以其实际成色于所定场所进行兑换。"[②] 并承诺从1868 年 1 月 1 日（庆应三年十二月七日）开始实施，但幕府在那之前就已经垮台了。

以上对关于洋银的一般情况进行了梳理，但官方交易不是按市场价格，而是按通商条约所规定的同种同量原则以官方兑换比率来进行。具体来说：(1) 江户的公使馆以及神奈川的领事馆每月需要价值 2500 洋银的一分银用于支付外交官的工资；(2) 长崎以及箱馆的领事馆每月需要价值 1000 洋银的一分银用于改铸、兑换；(3) 各港口每年以洋银 100 万枚（折合 75 万两）为限度与一分银兑换，用于支付来日本的海军官兵以及水手的费用，官兵每人每天洋银 3 枚，水手每天 1 枚（按照洋银 1 枚＝一分银 3 枚的兑换比率）；(4) 运上所的关税收入。[③] 因为(1)—(3)的兑换与民间交易中一般商人的洋银价格之间存在差价，因此发生过一些纠纷。

幕府垮台，明治新政府成立以后，首先在 1868 年（庆应四年）2月 20 日规定洋银 1 枚相当于一分银 3 枚，并允许按照这样的兑换比例在日本国内流通。[④] 紧接着在同年 3 月 3 日，明治政府与外国

---

① 洋银 1 枚的市场价格很早就是一分银 2 枚。例如，据河井继之助的旅行日记《尘壶日记》记载，在 1859 年（安政六年）10 月 15 日前后，"问银钱［指洋银］之值，言中间价为二分左右。……若交官府，则三分也"（《历史与人物》1974 年 3 月刊，第246—247 页）。另外，关于 1868 年（庆应四年）的洋银行情，《中外新闻》称："此番一分银支出殆尽，行情大涨，因日本人购入绢纸茶叶等，将所持洋银兑换成通用银带至乡下之故。买卖洋银每百枚换一分银两百四十枚许，即洋银一枚折合银三十六匁至银三十六匁一分五厘。"（《中外新闻》第四十三号，1868 年 6 月 3 日）。

② 胜安芳：《开国起源》（上），第 568 页。

③ 这其中的(1)(2)(3)是于 5 月 11 日确定的，而(4)是 6 月 26 日确定的。因为针对幕府提出的税收适用时价来评价的说法，阿礼国反驳说是违反了条约，故在那之后添加的。

④ 《大全·货币（二）》，第 280 页。

公使交涉时，"欲以洋银百枚兑换一分银三百枚为定价进行兑换"[①]，并得到同意。于是，在3月7日将洋银1枚=一分银3枚的兑换比率通告各国外交官[②]，这样一来，适用范围从国内扩大到国外。不过外国公使也提出条件，要求在签订新条约之前维持洋银百枚=一分银311枚的兑换比率。[③] 经过同年4月3日关于洋银的谈判，6月4日，日本政府与各国公使商定："以洋银百枚=一分银311枚之比率为基准，其中18枚作为铸造费用扣除，将293枚作为兑换比率，在银座铸造与洋银相同的一步银，每日铸造5万两交给外国人。"[④]并于6月6日正式决定扣除6％的改铸费，确定以洋银百枚兑换一分银293枚的比率，以每天5万枚的额度进行兑换。[⑤]

另外，在日本政府计划在圆、钱、厘体系的基础上实施银本位制之时，还于1870年10月29日通告各国公使，"将一分银三百十一个即七十七两三分视为原料，其价格相当于洋银百枚"[⑥]，对洋银与一分银的兑换比例进行了确认。从这一系列的事实可以看出，洋银100枚=一分银311枚，以及洋银1枚等于=一分银3枚的兑换比率是安政年间以来江户幕府、明治政府对洋银的认识。由于上述1868年2月20日的布告，明治新政权下一般人对洋银的认识也与明治政府相同。

但是，明治政府根据罗伯逊、金德尔以及各国基于各自利益所提出的建议，考虑到周边国家都使用银币这样的货币环境，以及墨西哥银圆作为国际货币的流通现况，在1870年（明治三年）11月决定通过把1圆银币作为"本位货币"来实施银本位制度。这种1圆

① 《日本外交文书》第一卷第一册，第501页。

② 《日本外交文书》第一卷第一册，第526页。

③ 《日本外交文书》第一卷第一册，第648页。关于这一条，日本要求官方兑换也适用1洋银=3分的汇率，外国反对该做法，互相之间有过交锋。

④ 横滨商业会议所编《横滨开港五十年史》下卷，第492页。《日本外交文书》第一卷第一册，第869—872页。

⑤ 《大全·货币（二）》，第336页。不过，1968年8月9日，洋银的市场价值上涨至一分银4枚4匁2分，高于官府定价，故无法兑换（《日本外交文书》第一卷第二册，第152页）。接着在同年8月14日，日本政府通告各国暂停洋银与一分银的兑换。

⑥ 《大藏省沿革志之造币寮第一》，《史料集成》第三卷，第22页。

日元的诞生——近代货币制度的形成

银币与香港银圆以及墨西哥洋银的平均重量以及成色相同。关于这一点已经在前文中反复进行过论述。这种1圆银币对外当然具有各种益处，对内也没有带来任何不便。

计划在 1871 年（明治四年）实施的《新货币条例》最终流产了，在此列出其附件表 8 的《新旧货币价位对比表》[1]，由此可以看出新旧货币的价值关系。乍看进展十分顺利，似乎货币名称由"两"改成"圆"，这样便完成了从旧货币经济向新货币经济的过渡，但实施过程中遇到了许多困难。稍微细心一点的读者就会注意到，在这张表中，为了与新货币对应而列举的旧货币只有金币和铜币，没有出现银币。尽管银币在国民生活中发挥着很大作用，在兑换洋银方面所起到的作用甚至超过金币。明治政府也曾铸造过一分银以及一朱银，这是不争的事实。而且计划实施的新条例是银本位制。且不论被禁止流通的丁银、豆板银，在制定条例时实际使用的一分银以及一朱银也都没有作为旧货币列举出来，难道是因为当局者将之疏忽了吗？

表 8　新旧货币价位对比表

金币			银币					
金二圆	金五圆	金十圆	银五钱	银十钱	银二十钱	银五十钱	银一圆	新货币
金二两	金五两	金十两	永五十文	永百文	永二百文	永五百文	金一两	旧货币

其实，这并不是当局者的疏忽，而是刻意将旧银币从中排除。从表中也可以看出，如果以 1 圆银币作为本位货币，货币经济中的某一种困难会增大。在制作这张表时，要考虑到如何让这种困难不被人们察觉。从这个意义上来说，这张表是苦心之作。那么，这种难以掩饰的困难，也就是由排除旧银币这种做法所象征的困难究竟是什么呢？

---

[1] 《大全·货币（一）》，第 111 页。

最主要的困难是,新 1 圆银币与旧银币的关系的问题。如前所述,1 圆银币与洋银重量、成色相同,相当于 3 分,这是日本国民的共识。因此如果将四进制中的数值 3 分与 1 圆等同对待,那么有可能使分、两、朱这种货币经济与圆、钱、厘的货币经济完全隔绝开来,导致物价的非连续性。强行推行的话,会导致"两"与"圆"的换算复杂,有可能给国民生活带来极大的混乱和不便,使货币改革的圆、钱、厘体系失去意义,这是不利于政府的。也就是说,1 圆银币与一两被等同对待,但与一分银 4 枚=4 分(1 两)并不相等,这是货币改革所面临的最大困难。

由此还派生出其他困难。1868 年(庆应四年)5 月,明治政府禁止丁银和豆板银作为称量货币流通,并命令将以往用重量表示的借贷金额换算成当时的金币或铜币单位来表示。[①] 进而在同年 8 月规定将各种税赋全部换算成金币单位来计算,换算率为金 1 两=永一贯文=银 60 目。另一方面,在 1868 年(明治元年)10 月 10 日又决定旧金银货币在当时以金币 1 两为基准可以兑换的额度。这一系列关于货币的行政措施使得两、分、朱这些金币价格体系正式成为唯一的标准。而且在 8 月和 10 月的规定中所说的 1 两是指当时的良币万延小判、一分判金,这些良币被劣币二分判金所驱逐。明治政府只铸造过与万延二分判金重量成色相同的二分判金,在上述规定出台时在流通中占主导地位的金币只有二分判金。因此,1 两也只可能是 2 枚二分判金。[②] 从这一点可以看出,圆、钱、厘体系之前的明治初期的价格以及度量标准是二分判金。

明治政府铸造的二分判金与一分银之间的金银比价为 1 比 17.7,高于 1 比 15.6 的国际比价,这一点可以用作支撑上述事实的材料。另外,作为计数货币的一分银不同于作为称量货币的

---

① 《大日本货币史》第一卷,第 457 页。

② 1874 年(明治七年)9 月 5 日的布告称:"戊辰之初,官府颁布货币调书,……迄今以往旧货币之标准,其所依之物乃当时以通用二分判一两为主,立比例,定价值。"[《大全·货币(二)》,第 189 页]。很显然,二分判金是指万延以及明治的二分判金。另外,从 1871 年 10 月开始发行的大藏省兑换证券以及从 1872 年 1 月开始发行的开拓使兑换证券上面印有"新货币铸造发行之后,此证券可兑换本位金币。若有急用,可在东京大阪兑换三井组随时兑换通用二分判"。由此可知道二分判金在明治初期起到了本位货币的作用。

丁银以及豆板银,在实际功能上与金币等同对待,一分银 2 枚与二分判金 1 枚相等,实际上也是按此比例流通的。① 因此,将与洋银等值的 1 圆银币视为二分判金 1.5 枚,这种国民意识也能够成立。然而,计划实施的《新货币条例》中的《新旧货币价位对比表》所显示的 1 圆银币＝金 1 两＝二分判金 2 枚的比率,无视基于合理性的国民感情,让人觉得十分费解,甚至会招致人们的反感。

第二,如果按照 1 圆银币＝银 3 分＝金 4 分的比率来强行实施银本位制的话,那么就要使用圆、钱、厘这种与以前完全不同的银币价格体系,同时意味着要否认两、分、朱这种金币的价格体系,并与之割断关联。就连大隈重信、久世治作在主张废除四进制,采用圆、钱、厘十进制时,也曾有反对意见说:"我国货币从来以朱、分、两之名通用已久,若一朝骤然变更,难免民心疑惑纷扰,不如姑且沿用旧制。"②因此,如果采用圆银本位制,完全否认、破坏两、分、朱价格体系的话,显然会给国民生活带来极大混乱,并引发反对活动。且不谈外国征服者在这种情况下的做法,总之国内政治斗争中的获胜者在政权根基尚不牢固的时候,根本不可能强行实施这样的银本位制。

第三,明治政府为了解决财政困难的问题,在 1868 年(庆应四年)5 月发行了太政官纸币,有金 10 两、金 5 两、金 1 两、金 1 分、金 1 朱几种,这些都参照了金币价格体系。但是,1 圆银币的出现会带来有悖于金 1 两纸币等于银 3 分这种四进制的事态,或者会带来金 1 两的纸币等于 $1\frac{1}{3}$ 圆银币这种麻烦的换算。不管怎么说,与太政官纸币之间的换算会变得比较复杂。

总的说来,在正式的《新货币条例》中,关于新旧货币的关系只要大致记住货币名称和数字就足够了。像 1 圆相当于 1 两即永一贯文,50 钱相当于二分,即永五百文。然而,原计划实施的《暂定新货币条例》的《新旧货币价位对比表》中却特意表记为金 1 圆、银 1

① 日本国内按二分判金 1 枚＝一分银 2 枚通用,这一点从《大藏省沿革志》记载的 1869 年 1 月 24 日的东洋银行的意见中也能看到(《史料集成》第二卷,第 41 页)。

② 《明治货币政策考要》,第 57 页。

圆、金 1 两，其实 1 圆本身并没有不同，却因为货币所使用的材料而有所区别，进而在正式条例中有意识地回避了与 50 钱相当于二分这种金币价格体系中单位不足 1 两的关系。这是因为当局者承认江户末期至 1870 年（明治三年）的价值尺度、价格标准是二分判金，知道采用银本位制以后，本位货币 1 圆银币会形成不同于以往金币的价格体系，因此期望通过突出一分银来回避不必要的麻烦。尽管有这么慎重的考虑，且不谈一分银的对外影响，就对内影响而言，也给银本位制的实施带来了困难，因为一分银与银本位制难以两立。

日本政府对于"先年在法兰西首都曾有各国货币一般更正之会议"①即 1867 年的国际货币会议上，参会各国无视法国政府的提议，异口同声主张采用金本位制的情形有所知晓，但仍主张"东洋乃多银少金之地"，主要出于对外关系的考虑来实施银本位制。就是在这样的背景下，以伊藤博文从美国寄回的建议书为导火线，银本位制在日本国内所面临的问题集中爆发了。在短短的半年时间里就经历了从银本位制向金银双本位制，再向金本位制转变的过程。也就是说，金本位制之所以能够比较顺利地确立，是因为以往的两、分、朱价格体系原本是金币所固有的，而且金币是两、分、朱价格体系中的价值尺度和价格标准。

如前所述，特别是在万延年间以后，万延二分判金起到了这样的作用。在新政府政权下情况也是一样。这一点从 1868 年（庆应四年）2 月 24 日的太政官告书中可以清楚地看出来。该告示允许洋银在日本国内流通，对洋银 1 枚相当于一分银 3 枚的汇率进行了再确认，主张"在此一新（明治维新）之际，与外国之间的贸易兑换，依旧为洋银 1 枚＝金 3 分，不受影响，通用无碍"②，既没有明指是一分银，还是一分判金，而只是抽象说金 3 分。而且如前所述，明治政府自己也铸造了与万延二分判金相同的二分判金，无论是从金额大小来看，还是从金银比价来看，二分判都适合用作价值尺度以及价格度量基准。因此，1871 年（明治四年）的金本位制的设立

---

① 《明治货币政策考要》，第 66 页。
② 《大全·货币（二）》，第 280、335 页。

与起始于江户中期的实质性金本位制具有直接的关联。

　　但是,作为新货币制度的金本位制能顺利确立,更为重要的是,伊藤博文所提议、指示的 1 圆金币的含金量是以明治二分判金为基准,这与小判的含金量相似。从万延年间的货币改革来看,这是顺理成章的事情。

　　明治二分判金的重量是 0.8 匁,一两的重量为 1.6 匁,成色为 223.4‰。如果明治新政府铸造小判的话,那么其含金量将是 0.35744 匁,甚至比 1871 年(明治四年)的正式《新货币条例》所规定的 1 圆金币(重量为 0.44367 匁,成色为十分之九)的含金量 0.399303 匁只少了 0.041863 匁。但江户时代的金币与欧美的金币不同,不是掺铜而是掺银,因此二分判金的含银量为 774‰,折合成一两的二分判金的含银量为 1.2384 匁。1870—1871 年伦敦市场的金银比价为 1 比 15.57,这样的含银量如果按照 1 比 16 用金币比价来计算的话,相当于金 0.0774 匁。用这个来弥补之前不足的含金量,那么明治二分判反而比 1 圆金币含金量多出 0.035537 匁。于是,铸造新 1 圆金币比起铸造二分判金在总价值量上负担减轻了,而且含金量比二分判金要高,这也让明治政府能够保持公信力。

　　在此,重要的是二分判金与 1 圆金币之间的差异。将一分银 3 枚等同于 1 圆,并使之与 1 两等价时也会产生差异,但前者差异比后者要小得多,几乎可以忽略不计。在这种意义上来说,二分判金 2 枚＝1 两,这与 1 圆金币相当接近。[①] 更何况当时整个日本社会都在推动改革,这一点差异对日常经济活动丝毫不会产生影响,这也意味着 1 圆金币不会引发其与已经发行的太政官纸币之间的问题。最为重要的是,在这种情况下,1 圆金币的价值处于反向连续的关系,由明治二分判金所支撑的价格基准没有中断,并且与 1 圆金币的价格体系连接起来了,这一点具有决定性的意义。因此,短期来看对于日常生活的价格体系,长期来看对金银借贷、合同的计算都不会带来混乱,在货币制度的近代化过程中不会给国民生活

　　① 最早指出这一点的是堀江保藏博士。但是博士在计算的时候,根据幕府的公开规定,把二分判金的成色定为 220‰,把一圆金币的含金量算为 0.4 匁,所以二分判金与一圆金币的差为 0.03 匁,差额更小了(堀江保藏:《关于两与圆的关系》,《经济论丛》第二十八卷六号,第 90 页)。

带来不必要的风波。

伊藤博文在主张金本位制的必要性时主张："铸造货币之时，应该以金银中何方为基础，为本位货币？方今文明欧洲诸国，以硕学多年的经历，终归于以金币为本位。然而，奥地利、荷兰等国以银币为本位，乃因变革以往之法，未能消除障碍。今若有国家创立铸造新币之法，无疑必以金币为本位。由此可见，我国今日铸造新币，宜以他国以往之经历为基础，或者折中学者之议论，法之至当之理。"①也就是说，在伊藤博文看来，无论是从理论上还是从实践上来看，都适合采用金本位制，而且日本没有"以往之法"这样的障碍，因此可以创立全新的金本位制。

由此而言，伊藤博文拘泥于表面现象，忽略了江户时代货币制度的本质性变化，而且他认为明治货币制度与江户货币制度毫无关联，是全新的创造。但如前所述，在江户时代后期，特别是在末期，虽然形式上尚不完备，但在实际上实施的是金本位制。因此，明治金本位制表面上看是创新，而实际上并非如此。因此，也没有出现"变革以往之法，未能消除障碍"的情形。

而且，由于前后的"本位"金币含金量大致相同，万延年间的货币条件与明治货币政策完全连接起来了。也就是说，1871年（明治四年）的金本位制度是在将万延金本位制加以完善，并给其披上近代化的外衣的基础上确立的，两者在本质上是相同的。也正因为如此，明治货币改革才未给国民生活带来混乱，而恰恰是1870年（明治三年）计划实施的银本位制才是遭遇了"变革以往之法，未能消除障碍"这样的问题。因此不得不说，1871年的金本位制的确立具有一种必然性。

说来，商品生产经济发展到一定的程度，货币就会成为不可或缺的东西。江户末期的经济已经发展到货币不可或缺的阶段，这一点无须赘言。因此，如果采取银币的圆、钱、厘的价格体系，也就是说确立银本位制的话，那首先要给一般民众洗脑，因为两、分、朱的金币体系已经成为他们的血与肉。显然，改变国民意识是一件非常困难的事情。换言之，将已有的价格体系实际继承下来，等于

① 《明治货币政策考要》，第63—64页。

只改变名称,将与支撑两、分、朱价格体系同量的金币来确立圆、钱、厘的价格体系即金本位制,在政局不稳、戎马倥偬的状况下,不论是在政治上还是经济上都是贴合现实的良策。说得更加直接一点,明治新政府所面临的不是在银本位制和金本位制之间如何做出选择的问题,而是要毫不犹豫地采取金本位制的问题。

在这里还想谈一谈细枝末节的事情。新货币制度的核心即"本位"货币圆,与其说立足于相当于洋银 1 枚的价值,不如说是架空的存在,因为实际上那是无法通过二分判金来铸造的。将明治小判所具有的价值称为"圆",这更加符合日本人的国民感情。在舍弃银本位制方案转向金本位制的过程中,虽然这种国民感情并未在表面上体现出来,但成为一种暗流发挥了巨大的作用。与此同时,性质相同的问题还有 1868 年 5 月 9 日的《银目废止令》规定停止使用丁银、豆板银,其依据是同年 4 月 14 日布告中的《古今通用金银铜钱价格表》。对于这一点,以往的研究都没有给予足够的重视。这张表是根据同年 3 月久世治作、村田理右卫门的货币分析结果《货币调查表》整理而成的。虽然其名称叫作"古今通用金银铜钱",但实际罗列的通用换算额只有从庆长金到安政二分判的金币和铜币,完全没有列出银币。[1] 从这一点也可以看出,当时的有识之士以及官僚也认识到日本实际采用的是金本位制,因而希望形成更加完美的金本位制以使其名实相符。新政权刚刚成立时的这张价格表所象征的国民感情虽然是无声的、间接的,但在 1870 年(明治三年)否定银本位制方案以及在次年确立金本位制时,就成为一股强大的力量。

总而言之,一般来说我们不应该被史学的时代划分所迷惑,而应该正视客观事实。特别是就货币制度而言,比起明治维新所带来的断裂,更应该重视其背后的连续性。而且,许多人认为日本的近代化是通过明治维新后的西洋化才开始的,但其实日本早就通过自身的努力在推动近代化,并且已经达到了相当高的程度。这一方面使得日本没有像许多其他亚洲国家那样成为欧美各国的殖民地或者半殖民地,国家的独立得以保全;另一方面又使得日本在

---

① 《大全·货币(二)》,第 162—164 页。

维新后成为西洋化的优等生,取得了相当大的成果。维新后的近代化过程是将效仿的榜样由中国转向西洋的过程,那是结果上的西洋化,而并不意味着近代化等于西洋化。

1868 年的明治维新,与 1865 年结束的美国南北战争,以及 1870 年实现的意大利的复兴运动(Risorgimento)、1871 年的德意志帝国成立一样,都是各国在各自传统文化的基础上走向近代化的过程,也就是在各国平行发展过程中出现的类似于政变的现象。同样道理,1871 年的金本位制并不是因为 1870 年伊藤博文的建议而采用美国的以国际标准重量为基础的金币才开始的,实际上几乎是与英国同步从 18 世纪就开始了。正是因为日本存在由自己所确立的实质上的金本位制,只是在 1871 年将之西洋化,也就是比较容易地就确立了西洋式金本位制。

原计划实施的银本位制已经进展到制定《新货币条例》草案的阶段,却被突然取消,并改成了金本位制。正如井上馨传中所描述的那样:"造币寮竣工,就等着明治四年正月正式宣布开寮了。政府本来准备同时面向一般国民就造币寮的设置以及货币改革、新铸货币的情况做详细说明,并且准备公布已经确定的新货币品种、重量以及其他通用限制及造币规则等。然而,这个时候出现了问题,具体内容要到开寮以后才能公布,因为在美国考察的伊藤大藏少辅向伊达大藏卿提交了变更本位货币的意见。……政府接到伊藤的意见,首先是推迟发表关于新货币的各种规则,并立刻进行了慎重讨论。"[1]于是将计划后延,原计划在 1870 年 12 月 20 日举行造币寮开寮仪式,同月 26 日得到东洋银行的认可,同月 27 日政府正式决定。最后按照 1871 年 1 月 13 日发表的计划在 2 月 15 日举行了造币寮的开寮式,而且还举行了将银币作为新本位货币在伊势神宫供奉的仪式,这种仪式在当时具有重要意义。就在造币寮开业 3 个月之后,在涩谷荣一的努力下[2],终于公布造币业务的法律依据《新货币条例》。作为一国的重大活动,这种本末倒置的状态非常有失体面,对于政府以及官僚来说都是一次重大的失误。

---

[1] 井上馨侯传记编纂会:《世外井上公传》第二卷,1933 年,第 342—344 页。
[2] 《涩泽荣一传记资料》第三卷,1955 年,第 150—151 页。

但是，不惜付出这么大的牺牲与代价大胆地进行调整，其收获足以弥补"失误"。在金本位制的圆、钱、厘价格体系下，对外 1 圆大致相当于洋银 1 枚，对内将传统的两、分、朱价格体系加以继承发扬，这样一来对内与对外、过去与未来都能兼顾。

正式颁布的《新货币条例》规定："新货币与以往通用货币的价格，以一圆充当一两，即永一贯文。故五十钱相当于二分即永五百文，十钱相当于一两的十分之一即永百文，一钱相当于一两的百分之一即永十文，一厘相当于一两的千分之一即永一文。"[①]进而对新旧货币的关系进行了平易的说明。这是在宣布价格的连续性，通过简单的换算就能顺利实现从两到圆的过渡。因为在那背后，基于经济的必然性确立了金本位制，而该条文反映了经济的实际状况。如果条文无视现实，那么从两到圆的过渡不可能这么平稳。在下一节中，将对从两过渡到圆的实际状况进行论述。

四、从两到圆

明治初期流通的货币有江户时代铸造的货币以及明治政府自己铸造的二分判金、一分银、一朱银，还有面额为两、分、朱的太政官纸币和属于同一系列的民部省纸币。可以肯定，至少在 1871 年（明治四年）以前也都与江户时代一样，物价、金额全都用两、分、朱表示。

作为当今官报前身的《太政官日志》大致会延迟一周发行，以天为单位报道各种活动、事件，因此该日志无法逆向人为地改变、

---

① 《修订新货币条例》，第 12 页。

篡改既成事实①,可用作了解商品价格、合同金额的表示方式从两到圆的变更、变迁,以及转化的重要资料。

在该日志的《明治四年附录上篇》2月18日项中,有兵部省的《军舰船员月工资表》。尽管这是《新货币条例》公布以前的事情,但月工资单位是用圆、钱、厘表示,这一点令人感到惊讶。这表明兵部官僚对按照《新通货条例》实施银本位制深信不疑,因此迫不及待地使用新货币单位,而其他相关信息在1871年(明治四年)都是使用两、分、朱这样的单位。

但到了1872年,该日志所记载的3月2日项中有"节妇……因其志节奇特,大赐金75两,从第二常备金支付",在这里完全看不到表示金额的两、分、朱这样的货币单位。如果说公报是政府直属媒体的话,那么当时刊发的报纸则是民间媒体,小册子型报纸《新闻杂志》从1872年5月左右的43期开始使用"圆"这一单位。而到了1873年(明治六年),就只使用"圆"。《名古屋新闻》从1872年5月发行的第6期开始,《东京日日新闻》从1872年4月12日期开始,《日要新闻》从1872年6月发行的29期开始使用"圆"这一单位。总之,大都是从1872年中期开始,圆、钱、厘这一单位开始出现。

明治政府有责任让新货币名称普及,故会通过官方的《太政官日志》有意识地使用"圆"的标记,试图从细微处开始普及,报刊作为社会之木铎,也随之有意识地引导人们熟悉圆、钱、厘这些单位。实际上在1872年,两、分、朱的用法还是占支配性的地位。例如,从1872年9月开始实施的火车等公共服务的费用也是使用两、分、朱这样的单位。东京至横滨的火车票价被表示为"上,2两2朱;

---

① 明治政府在1868年(庆应四年)3月临时规定了官僚的月薪。例如总裁职·月金千圆,议定职·月金800圆,都是用以"圆"为单位(《复古记》第三册,1929年,第230页。《太政类典》第一编第一五九卷,第1—4页),另外,在1868年6月14日制定的"月薪规则"也规定第一等·金700圆,第二等·金600圆。直到第九等都是用圆表示(《太政类典》第一编第一五九卷,第6页)。但是同年7月13日及24日确定的知县事的"月津贴金"却用"两"表示(《太政类典》第一编第一五九卷,第8—10页)。虽然由于没有核对原资料无法加以断言,从前面列举的知县事的津贴金来推测,前两者在1868年用"圆"来表示月薪的做法,极有可能是在事后将"两"改为"圆"的。

中,3 分;下,1 分 2 朱"。

因此,政府会在 1872 年 11 月 24 日的通知中要求官府账本上的出纳使用圆、钱、厘表示。[①] 据 1877 年(明治十年)刊行的《大日本货币史》的"物价部"记载:从明治六年开始金额标识统一用圆、钱、厘来表示。1880 年(明治十三年)刊行的大藏省编写《大藏省沿革志》也是如此。甚至更早一些,两、分、朱、匁(银)这种金额标识法从 1871 年逐渐消失,从第二年开始被统一为圆、钱、厘。

然而,大藏省在 1879 年(明治十二年)向太政大臣三条实美提呈的《自明治元年一月至同八年六月岁入岁出决算报告书》也即《八期决算报告书》当中,从 1867 年(庆应三年)12 月至 1875 年(明治八年)6 月之间的岁入岁出各项目以及说明中的金额都被整齐划一地统一为圆、钱、厘。[②] 另外,深川大米的平均价格在 1868 年(明治元年)标为 5 圆 98 钱,1869 年为 9 圆 2 钱。1868 年以来的价格都是用圆、钱、厘这种单位记载的。[③] 大藏省在撰写上述《岁入岁出决算报告书》时,参考了东京浅草寺的大米的平均价格。当时,浅草寺的平均价格是评价米谷价格的基准,每石第 1 期(1867 年 12 月至 1968 年 12 月)为 5 元 42 钱 1 厘,第 2 期(1869 年 1 月至同年 9 月)为 7 圆 47 钱 6 厘。由此可知,截至 1875 年(明治八年)的所有价格都是用圆、钱、厘来表示。[④]

不用说,从 1868 年(明治元年)至 1871 年正式实现《新货币条例》之间,(官方文书中)用圆、钱、厘表示金额的事情在现实中并不存在,而是事后窜改的。例如,在上述决算报告书中,作为史实发行的太政官纸币的发行额是 4800 万两,民部省纸币的发行额是 750 万两,但记载的却是 4800 万圆和 750 万圆。另外,在该报告书中的《第一期岁入岁出决算表》中就各项目进行了说明,其中岁入

---

① 《大全·货币(二)》,第 181 页。据三井文库所藏《井上侯建议要领》所收录的公文显示:1871 年 8 月太政管宣布:"所有用旧货币或其他货币支付的金额,全部计算为新货币,记载入诸簿册中。但财政收入方面从明年壬申年开始,年薪则从今年辛未年十月份之后再改。"(《大藏省旧藏明治前期金融资料》——《金融史资料》第四卷,第 13 页)

② 《岁入岁出决算报告书》上卷《史料集成》第四卷,1932 年,第 1—119 页。

③ 参照吉野俊彦:《日元的历史》,1955 年,第 175 页。

④ 《岁入岁出决算报告书》上卷,第 4 页。

部第八款即大宫御所营造费为 13 万 1201 圆 80 钱 2 厘，并称："依庆应三年十月旧幕府之布告，旧幕府各藩及社寺之领地按大米每百石七十五钱纳税。"①与之相对应的官方公告发布于 1867 年（庆应三年）9 月，其中规定："新建大宫御所之际，建筑费用由收入为万石以上分摊，各藩及社寺之领地按大米每百石金三分的比例……"②因此，决算书解说中的 75 钱是将一分折算成 25 钱，按三分折算出来的。从这些实例来推测，见于官府的文书的 1868 年（庆应四年）到 1871 年（明治四年）的金额统一用圆、钱、厘表示，采取了以圆代替两的做法。例如，1868 年，深川大米的平均价格表示为 5 圆 98 钱，而实际上是 5 两 3 分 2 朱和永 105 文。

　　说来，虽然将 1 两说成 1 圆，但实际上两者并不完全一致，因此严格来说这种换算是不准确的，但这种程度的误差并不会给经济活动以及日常生活带来不便。如前所述，1 圆与万延二分判、明治二分判的价值大致相同，这些货币都起到了价值尺度和价格标准的作用。因此从理论上来说，这意味着可以追溯到 1860 年（万延元年）将物价单位替换为圆、钱、厘。万延二分判金 2 枚为 1 两，等于是万延元年的 1 圆金币。也就是说，从货币的视角及价值标准的视角来看，只要把江户时代万延年间以后以及明治初期用两、分、朱这些单位表示的物价简单地替换为圆、钱、厘，便能将两种价格体系直接连接起来。

　　再举一个例子。文豪幸田露伴曾写道："在 1889 年（明治二十二年）前后花 7 圆 50 钱买了一本井原西鹤的《好色一代男》。这个价格贵得也太离谱了。7 两 2 分可以找人除掉奸夫了。怎么可能有人肯花那么大的价钱去买这种无聊的书。"③在这里将两与圆直接替换，是因为两与圆之间存在连续性、一贯性。正因为如此，从 19 世纪末到 20 世纪初，人们还习惯把花费 1000 日元建房子说成"千两工程"。在实际生活中，人们习惯使用这种通俗的说法，尽管存在江户时代、明治时代这种政治性的时代划分，但庶民对于价值的实际感受并没有因此断裂开来。

---

　　① 《岁入岁出决算报告书》上卷，第 521 页。
　　② 大藏省编：《日本财政经济史料》卷一，1922 年，第 689 页。
　　③ 《幸田露伴面对面座谈会》，《文艺春秋》，1933 年 2 月刊。

由此可见，明治政府为了彰显新时代的自豪感，在政治上、政策上无视直到明治初期依旧存在的两、分、朱物价体系这种历史事实，直接使用象征新时代的圆、钱、厘来替换两、分、朱。而且这样做与实体经济并没有太大的出入，因此将两替换成圆这种做法基本上是正确的。只不过，这种做法是在纸面上，而且是在公文上追溯过去。那么，在《新货币条例》公布的那个时间点上，圆、钱、厘这些名称是如何实际替代实际存在的两、分、朱的物价体系的呢？换言之，从两到圆的实际变迁又是如何实现的呢？

在这一节中，我们将主要针对这个问题进行论述。首先就官方所做的工作来看，太政官在1871年（明治四年）12月19日发布布告称："新货币1圆相当于金票1两，新货币50钱相当于金票2分，新货币25钱相当于金票1分，新货币12钱5厘相当于金票2朱，新货币6钱2厘5相当于金票1朱。"①明确了新货币与太政官纸币的价值关系，要求两者按照上述计算方法通用。另一方面，从1872年（明治五年）2月15日起，开始等价交换以两、分、朱为单位的太政官纸币、民部省纸币和以圆、钱、厘为单位的明治通宝纸币。这些事情之所以能够做到，是因为两与圆之间具有实质性上的同一性和连续性。

就民间的情况而言，从1871年（明治四年）8月的一封私信中可以看到使用新货币名称的例子。"外务局只有5厘金。除此以外，还有一些税金。此千圆以下数量……"②不过，从私信的内容来看，写信人以及收信人似乎都是政府高官，因此并不能以此作为标准来判断一般民众使用新名称的情况。民众生活中从两到圆的变迁，实质上是从1874年（明治七年）9月5日的《旧货币通用停止令》颁布以后才开始的。发布停止令原本是为了解决通商口岸的问题，关于这一点将在下文中进行论述。但不可否认，旧货币停止流通对民间交易由两向圆变迁起到了决定性的促进作用。作为权威意识过剩的明治政府，并没有以法令形式强行统一为圆、钱、厘的表记方式，而是颁布停止令，间接地促进了从两到圆的变迁，这

---

① 《大全·货币（一）》，第153页，同书（二），第249页。
② 《五代友厚传记资料》第一卷，第152页。

一点值得留意。

1873 年（明治六年）12 月根据《新货币条例》开始铸造铜币（2钱、1 钱、半钱、2 厘），并于次年 2 月开始发行。基于这样的事实，大藏省在 1874 年（明治七年）4 月 4 日向上级请示称："自本年 2 月 1日起新发行铜币，普通民众相互交易时货币名称逐渐趋于统一。各种旧货币交换通用，习惯于旧称呼，不仅有繁杂之累，亦有以旧币为主以新币为客之流弊。若任人民之意，货币之成色则无一定，故此番一般改铸之意传达各地方官，逐渐普及，可成日后之便。"[1]大藏省继而在 1874 年（明治七年）5 月 19 日请求从 1875 年（明治八年）1 月开始统一新旧货币名称。接着在同年 7 月以及 12 月多次不厌其烦地向上级进行同样的请示。

对此，当局总是做出冷静甚至冷漠的批复。例如："今尚新旧货币交换流通之际，全部改称为新货币必将带来混乱，此请示难以批准。"[2]"须知民间名称不必在意。"[3]当局之所以采取这样的态度，是因为对未来有所展望，而且有自信。因为当局认为："大藏省再三请求就货币名称进行审议，以今日改称图简明便利。毕竟此为账簿计算之事，至于现金交易是否便利，上述请求所称新旧交换流通之际，以两分朱文之实位改称为钱厘毛之虚数，人民不熟其价，反而对各种换算倍感困惑，更加不便之事必然有之。……随新货币逐渐普及，自然形成一定趋势。"[4]另外还称："如旧名称不等布告自然停止，上述情形可任人民之便。"[5]这也是当局在 1874 年（明治七年）9 日发布《旧货币通用停止令》以及 1875 年（明治八年）1 月15 日发布《旧纸币（太政官纸币、省纸币）通用停止令》的背景。

新政府始终避免将价格、金额标记强行统一为圆、钱、厘的做法，而是采取一种放任自流的态度。之所以这样做，很显然是因为两和圆的材料价值基本上相同，而且金币的圆继承发扬了两、分、朱的价格体系，不像银币的圆与两、分、朱价格体系是断裂的。另

---

① 《大全·货币（二）》，第 183—184 页。
② 《大全·货币（二）》，第 184 页。
③ 《大全·货币（二）》，第 187 页。
④ 《大全·货币（二）》，第 186 页。
⑤ 《大全·货币（二）》，第 188 页。

外,从两到圆的变更实际上只是名目上的变更,这些都是新政府自由放任政策的物质基础。当局在掌握物质的基本条件之后,只要增加新货币铸造量,以回收兑换旧货币就可以了,因为在流通过程中旧货币自然会被新货币替代。因此,即使不采取强制措施,标记方式也会统一成圆、钱、厘。哪怕继续使用旧名称,除了银币的重量单位以外,并没有实质性的不便。总之,当局采取的是用时间来解决问题的态度。

在当今,说起货币政策的话题,每次都会举出海外成功的例子,例如法国从 1960 年 1 月 1 日实施的货币改革。在某种意义上来说,从四进制过渡到十进制都是十分艰难的事情,而日本却圆满地实现了从两到圆的过渡,这意味着我们自己也有成功的先例。有人觉得正因为是自己国家的事例,就对先人的智慧视而不见,这一点令人遗憾。

就民间从两过渡到圆的事实来看,例如,海江田信义在 1873年(明治六年)6 月 10 日致五代友厚的信中使用了"两"这个单位,但之后就再也没有出现过。[1] 当然,这些书信都是政府高官之间的往来,而且书信是写给别人的,将之作为市井从两到圆的变迁的标识来看待未必合适,基于个人意志的个人记录或许更有说服力。

胜安芳的笔记《杂记:瓦解以来会计草稿》[2]是能满足这一条件的资料,让我们来看一看。从 1868 年(明治元年)到 1876 年(明治九年)的"会计出纳"记录比较有史料价值。在该记录中,圆、钱、厘的表记最早出现是在 1874 年(明治七年)8 月 18 日。但在 1874 年那一整年,除此之外只有 9 月 17 日出现过一次圆、钱、厘,其余都是用两、分、朱来表示。当然,日记在准确性方面不及账本,但其记录也具有资料价值。在胜安芳的日记中,在 1872 年(明治五年)9 月末的空白处记录费用时第一次使用了圆、钱这样的单位。[3] 但该年份仅此一处。随后在 1873 年 3 月 12 日、5 月 8 日、11 月 17 日也使用了圆、钱。也就是说,圆、钱、厘这种标记方式只是偶尔出现,主

---

① 《五代友厚传记资料》第一卷,第 198 页。

② 胜海舟著、胜部真长校订:《海舟秘记·瓦解以来会计草稿》,《历史与人物》,1972 年 4 月刊。

③ 《胜海舟全集》(劲草书房版)第十九卷,1973 年,第 404 页。

要还是用两、分、朱表示。1874年的情况也差不多。就"会计出纳"而言,1875年(明治八年)4月24日圆、钱、厘首次出现,在4月30日以后反倒是两、分、朱消失,全都成了圆、钱、厘。不过,在5月22日有"二圆二分"的字样,同月28日还有"二十圆他二万五千文"这样的新旧货币混用的两三处例外。从胜安芳的资料可以看出,1875年上半年是从两到圆的转换期。

另外,就无法事后加以修改的报纸而言,在1873年(明治六年)大部分都是用圆、钱、厘来表示,偶尔会出现两、分、朱。1874年(明治七年)以后,两、分、朱完全成为例外。不过,像1875年(明治八年)12月15日《东京日日新闻》"西京来信"栏目对京都的物价进行了报道,其中多用圆、钱、厘表示,有一小部分使用了原来的名称。例如:"鸡肉百目三朱,住宿费一日上等三朱、中等二朱百文,雇人一日(带盒饭)一贯六百文。工匠工钱一日三朱。"将这一点与居住在东京的胜安芳的记录相比较便可以看出,从两到圆的转换是从政治中心东京向日本各地扩散,根据距离以及人口密度的不同存在一定的时间差。

总而言之,当时日本在公与私两面都存在从两到圆的过渡,前者以1872年(明治五年),后者以1875年(明治八年)为巅峰自然而然地发生变化。1877年(明治十年)因为西南战争而发行的政府纸币以及国立银行券带来了全国性的通货膨胀,这进一步加速了从两到圆的过渡,圆、钱、厘这一货币体系大约在1877年普及到日本全国。

五、洋银与一分银

在上一节中,对日本国内从金币的两向圆的变迁过程进行了梳理。在这一节中,将就对外方面关系进行论述。具体来说,要对致使银本位转向金本位制的要素,以及当时政府是如何处理洋银与一分银比价这些问题进行探讨。

在对待一分银时,在国内交易中一分银4枚=4分=1两=1圆,这样的换算没有任何问题。但在对外关系中,当局也按照与日本国内相同的做法来对待一分银,坚持1两=1圆的原则,《八期决算报告书》便是这样的例子。该报告书就海关统计数值与关税局统计数值的差异进行了说明。

> 据关税局各港口进出口统计表，以 1868 年（明治元年）至 1875 年（明治八年）6 月海关税以及各种收入与之比较，可知上段所列举每期收入皆少数，其合计减少 154 万 5644 圆 7 钱 4 厘。因该统计表以一分银 311 个（与各国条约之比率）相当于洋银百枚。又以其百枚相当于我国通货 101 圆之比价算出。此决算表中纳入金库价格从明治元年至明治六年以一分银 400 个为百圆。从明治七年至明治九年，依据第 93 号布告，以新旧价格表之价格（相当于一分银 328 个）计算。[①]

像这样，在对外关系中具有特别意义的旧银币一分银并没有按照 311 枚＝洋银百枚＝101 圆这种兑换比率来例外对待，而是按照一分银 400 枚＝100 两＝100 圆这样的两、分、朱价格与圆、钱、厘价格名副其实地相连着的金 1 两＝金 1 圆的原则。

一分银是日本自己国家的货币，在日本国内或许可以这样对待，但是否可以这样对待洋银呢？原本 1 两＝1 圆的原则已经确定，但我们找不到关于对待 1868 年（庆应四年）以后的洋银的记载。不过，《八期决算报告书》是其中一个素材。该报告书的第一期岁入岁出表的岁出部分将属于第 12 款的"灯台诸费"中计为 4 万 3669 圆 16 钱 6 厘。[②]

不过，在横滨派遣出纳司账目中估计属于上述第一期的支出中，可以找到与灯台相关的项目[③]，合计金额为 7 两 1 分 2 朱的金币和洋银 5 万 7658.83 枚，将 7 两 1 分 2 朱折算为 7 圆 37 钱 5 厘也没有问题。但由于洋银与 1 圆银币同质同量，按照洋银 1 枚相当于 1 圆的比率计算，这样一来洋银的支出折合 5 万 7658 圆 83 钱。这个数值远远超过第一期决算表中的灯台诸费用。但是，在《新货币

---

① 《岁入岁出决算报告书》（上）《史料集成》第四卷，第 11 页。

② 《岁入岁出决算报告书》（上）《史料集成》第四卷，第 50、54 页。

③ 《大隈文书》，A3286。

条例》公布以前，日本国内洋银 1 枚相当于 3 分，按照这样的比率来计算灯台费用，洋银支出为 17 万 2976.49 分＝4 万 3244 两 1.96 朱。按照 1 两＝1 圆来计算，为 4 万 3244 圆 12 钱 2 厘 5 毛。再加上用日本货币支出的 7 圆 37 钱，合计为 4 万 3251 圆 49 钱 7 厘 5 毛。

当然，除了横滨派遣出纳司以外，其他部门也有灯台方面的支出，该出纳司账本的计入金额与第一期决算表当中的灯台诸费用的金额很难一致。但是，灯台相关支出的主要部分由该出纳司经手，因此在上文中计算出的数值与灯台诸费大致相等就可以了。这样的话，政府发表的 1868 年（明治元年）至 1871 年（明治四年）用圆、钱、厘表示的数值中并没有特别对待洋银，而是始终坚持 1 两 ＝1 圆的原则。

这种计算方式绝不是无视现实的纸上谈兵，而是基于 1868 年至 1871 年的两、分、朱价格体系的现实。《新货币条例》规定以大致等同于 1 圆金币的黄金作为度量标准，上述现实是在这样的背景下形成的。也就是说，在处理《新货币条例》实施以前的明治前期的旧银币与洋银的关系时，排除了依照该条例公布后的规定。这种追溯历史的不自然的做法却忠实于当时的事实，按照金币价格体系的两、分、朱的四进制来认识银币，以此显示从含金量大致相同的新旧货币所支撑的两、分、朱价格体系如何顺利过渡到圆、钱、厘价格体系的事实。

关于洋银还必须谈到一点。上述内容主要是在新货币条例公布以后，对之前的洋银按照 1 两＝1 圆的基准所进行的论述。也就是说，是针对过去的事实所进行的书面操作，而且实际上是把外币当作国内货币在处理。《新货币条例》公布以后，洋银与圆、钱、厘价格体系之间的关系就成了现实存在的问题。这个问题对外是税收方面的问题，因为各国不放弃哈里斯所获得的同种同量原则这样的既得权益。从这个事例也可以看出，安政年间的事件所带来的灾难性结果一直延续到明治时代。

明治政府根据《新货币条例》采取的理所当然的措施引发了意想不到的问题。在收取进出口税方面，基于两＝圆的原则在 1871 年（明治四年）7 月 20 日将二分判金 200 枚即 100 两折算成 100

圆。具体来说:"此番已发行新币与以往通用货币之比较价格,决定两与圆同等对待。然以往与各国条约规定一分银311枚相当于墨西哥洋银百枚。基于此比率,即适合新1圆之百圆本位金价之101圆。"[1]在此,明治政府对安政年间以来的同种同量原则予以承认。但是,"此次规定两、圆对等,一分银不得不维持同种同量之原则"[2]。这表明,明治政府不得已才采取这样的态度。

由于有这样的例外规定,在支付100圆关税时(截止1876年3月,日本银币1百圆相当于金币101圆),根据同种同量的原则,用一分银需要支付311枚＝311分＝77.75两,而用二分判金则需要支付200枚＝400分＝100两,两者支付方式的差额为22.25两＝一分银89枚。外国商人以及外国公使向明治政府提出这个问题,圆、钱、厘价格体系无法完全实施。

这是通商口岸税收面临的局部性问题,却带有国际性。从日本当时的国力来看,无法贯彻《新货币条例》所主张的两、圆对等的原理,当局为此十分被动。[3] 但是,一分银、二分判金这些旧货币以及洋银的流通是导致这种问题的直接原因,因此要解决这个问题必须对洋银采取对策。正如1875年(明治八年)8月10日提交给大藏省的报告书所主张的那样,"外国贸易以往都以墨西哥洋银进行交易,自然成为内外货币之本位,其危害甚多。……自今除了贸易银(指圆银)之外,墨西哥洋银以及其他各国外货币都不能用于缴纳上述各种费用,应只允许以本位货币金币缴纳"[4]。但是,当时日本政府无法对外国货币进行限制,因此实施起来非常困难。

而且,这不仅仅是货币层面的问题,其根底在不平等条约上。

---

① 《大全·货币(二)》,第267页。

② 《大全·货币(二)》,第269页。

从土居通夫于1871年(明治四年)9月5日致五代友厚的信函中可以看出当时民间人的反应也是一样的。"当时,金纸币1两与新金币1圆大致相同,洋银1枚与新金币1圆有所区别,而洋银与新金币无特别不同,内外人民无所不知。然而,由于条约规定,洋银1枚与一分银311枚交易。早已发行圆纸币,其时若以洋银100枚与一分银311枚通用,则新金币可以大约311枚通用。因洋银与新金币难以相离。将1圆视为1洋银时,当时的行情与6个月之后的行情将如何?"(《五代友厚传记资料》第四卷,第145页。)

③ 相关内容可参照山口茂:《国际金融》,1957年,第182—187页。

④ 《大全·货币(二)》,第308页。

"一般而言,只以新货币金圆缴纳,须与各国公使协议之后方可实施。然上述规定与所有条约国相关,故可在本条约修订之际分别协商。"①日本政府不得不表示放弃这种努力,只能在其权力所及的范围内寻求有效的解决办法。前文中提及过的 1874 年(明治七年)9 月发布的《旧货币通用停止令》便是这样的举措。

总而言之,由于洋银在日本的流通以及后来行情的变动,日本经济受到了极大的影响。不过,由于一分银等日本旧货币与洋银关联而所引发的问题,以《旧货币通用停止令》的发布为界线开始降温。在 1874 年 11 月以后,当局不再像以往那样反复就外国人纳税的问题发布告示,在对外关系方面,在实质上也已经实现了从两到圆的过渡。

---

① 《大全·货币(二)》,第 309 页。

终章　日元金本位制的确立

　　一部分学者主张江户时代与明治时代的货币制度是由洋银连接起来的，但事实绝非如此。洋银只不过是连接两者的一种条件而已。两个时代的货币制度是在当时的国内形势下，凭借自身力量连接起来的，因此具有必然性。同时，那也使得明治时代的货币制度必然转向金本位制。从江户时代到明治时代的转换，也导致了整个社会出现断裂。从表面上来看，货币制度也是如此，但实际上却具有连续性。在整个社会出现断裂的状况下，新旧货币通过同质同量的原则连接在一起。正因为具有这种连续性，新货币制度才能克服整个社会出现断裂时的各种矛盾，使日本成为资本主义制的经济国家。这种连续性是日本实现腾飞时不可或缺的跳板，日本的金本位制也顺应了货币制度的世界潮流。

　　但由于存在1圆银币，常常有人认为明治时代的货币制度不是金本位制，而是金银双本位制。其中《新货币条例》造币规则第4条常常被用作支撑这种观点的证据："成色及价格皆详明之银锭及日本或外国银币若数量超过两千盎司特洛伊（大约16贯560匁）可以收取，并依从造币规则支付金币。不过，若持上述银锭者希望收取1圆银币，可依据造币寮之情况支付。银锭价格目前按照16比1的纯银对纯金的比率来计算。"[1]

　　说来，在1870年（明治三年）被视为本位货币的1圆银币因为1871年金本位制的确立而失去存在意义。从这个意义上来说，1圆银币在新货币名称的采用以及决定方面发挥了重要作用，但对于新货币制度即圆货币制度的确立却没有做出任何实质性贡献。

---

　　① 《新货币条例修订版》，第46页。

在 1874、1875 年以后扮演主角的 1 圆银币在明治时代新货币确立的舞台上只是作为配角出现,而真正的主角是 1 圆金币。1 圆银币不同于一分银,也就是说其并不是 4 分(银)＝1 两＝1 圆这种价值关系中的银币。换言之,1 圆银币孤零零地存在于新货币制度中,与新货币体制中的两、分、朱这种金币固有的计算体系毫无关联。

这意味着新货币制度中的 1 圆银币只有与 1 圆金币直接形成关系并被等同对待才具有意义。1 圆金币因为与一分判金的同时存在而处于两、分、朱的计算体系,即 4 分＝1 两＝1 圆(金币)的关系之中。(不过,在《新货币条例》中,1 圆银币与 1 圆金币分别是以洋银和美国新币这两种外币为榜样,尽管那种目的没有实现。因此,只在通商口岸的税收方面规定金币 101 圆＝银币 100 圆。但在 1876 年 3 月银价下跌后,两者完全按照面值被等同对待)像这样,1 圆银币只有以连接江户时代与明治时代货币经济的金币为媒介,也就是说只有作为与一分银等等以往货币以及两、分、朱这种价格体系没有丝毫关联的货币,才能在圆、钱、厘体系中作为货币而存在。

像这样,与过去完全没有关联的 1 圆银币因为《新货币条例》而得到承认,那是因为在 1870 年(明治三年)计划将之用作本位货币,同时还兼具驱逐洋银的任务。也就是说,虽然本位货币的位置被金币所取代,但由于"东洋乃银多金少之地",周围都是使用银币并用银币进行结算的国家,而且洋银作为国际通货而进行流通,这使得出现 1 圆银币的客观条件没有发生改变。再加上按照实施暂定的银本位制的计划,在 1870 年 11 月已经开始铸造 1 圆银币。因此,虽然《新货币条例》确立的是金本位制,但是为了驱逐洋银,不得不一如既往地使用 1 圆银币。不过,《新货币条例》似乎忠实于这一目的,始终将 1 圆银币视为制度外的特殊银币,尽管上面铸有"一圆"的字样,但正式名称却不是 1 圆银币,而是"贸易银",同时还限制了其流通范围。

另一方面,《新货币条例》又规定"然而个人交易若双方同意,不论在何处皆可使用"[1],这似乎又是自己否定关于限制贸易银流

① 《新货币条例修订版》,第 18 页。

通范围的规定。如前所述,这一方面是为了方便国民,另一方面也是为了通过国民自发的、积极的配合,来驱逐流入日本的洋银,而并不是为了确立金银双本位制。这是因为当局充分认识到"以金币为本位,若持银锭兑换金币者多,虽有本位金币不足之患,但可充分预防金银两立"①。也就是说,当局非常了解如何维持金本位制和防止落入金银双本位制。在上文中引用过的造币规则第4条当中有似乎认可金银双本位制的条款,但那只是立足于维护金本位制的原则,同时也考虑到实际使用的方便。其原则是造币金银比价1比16的比率。参照表9可以看出,在设定这一比率时,国内外的市场比价对金币有利,依照格雷欣法则,金币的地位比较稳定,这意味着金本位制比较稳定。

表 9　金银比价表

年次	伦敦	日本		备考
		市场比价	法定比价	
明治 4 年	15.7	15.55	16.01	根据银币100 圆兑换101 圆金币的比率
5 年	15.63	15.55	16.01	
6 年	15.92	15.55	16.01	
7 年	16.17	15.48	16.01	
8 年	16.59	15.85	16.17	
9 年	17.88	16.82	16.33	根据银币1 圆等于金币 1 圆的比率
10 年	17.22	16.42	16.33	
11 年	17.94	17.03	16.17	
12 年	18.40	17.87	16.17	
13 年	18.05	17.22	16.17	

(注)明治 8～10 年发行增量贸易银,11 年之后恢复为旧的 1 圆银币

　　五代友厚在 1870 年(明治三年)11 月 6 日致信大隈重信,他以计划实施暂定的《新货币条例》为前提,认为:"窃闻此番铸造新货币规则,于银币当然无异议。然在当时之规则中,金币之比率甚不

---

① 《明治货币政策考要》,第 38 页。

相宜,一成之利益实属过高。金九铜一,以金币十圆计算纯金加以比较,金银比率相当于一比十六点七,银价尤其低廉。如此,我国内必只有金币。"①有识之士对于金银比价一直十分关注,致力于确立金本位制的当局者也不可能对此漠不关心。1873 年(明治六年)12 月 19 日政府对造币规则第 4 条进行了以下修改:"成色及价格皆详明之银锭及日本或外国银币凡在 2 千盎司、16 贯 560 匁以上,依照造币规则可以 1 圆银币支付。"②这样一来,虽然银锭、内外银币与金币的兑换途径被堵住了,但正如从表 9 能看出的那样,那是为了使国际金银比价与日本法定比价即造币比价接近,以防止金币流失并因此导致金本位制瓦解。由此可见,1871 年(明治四年)的新货币体系在当局者看来也是金本位制,而且他们也致力于维护金本位制。

尽管付出了这么多的努力,由于日本国际收支赤字慢性化,再加上国内外市场金银比价高于官方比价,以往的良币银币反而成为劣币,因此成为实质上的本位货币。③ 不过,金币依然在铸造并流通。因此,金本位制最终被埋没在银币之中,从这个意义上来说,并不是金本位制被否定而确立了银本位制。只不过,银币实际发挥了本位货币的作用,这是不争的事实。

1878 年(明治十一年)5 月,对货币条例关于贸易银的流通范围进行了修改:"此贸易银可用于缴纳海关税以及其他外国人缴纳的各项税款,还可用于日本人与外国人的通商交易,缴纳内地各种税款及其他公私一般支付,其金额不受限制。"④于是,1 圆银币在事实上获得本位货币的地位,政府在 1881 年(明治十四年)9 月"规

① 《五代友厚传记资料》第一卷,第 442 页。在该书中,本处引用的书信(书信编号为 625)被归入年份不详,只有月份和日期的类别,并在备注栏中写明推测时间为明治五年。但是笔者从日期及金银比价数值推测应该是明治三年,本书的实际编辑新谷九郎也持相同意见。

② 《大全·货币一》,第 70 页。

③ 基于这一点,冈桥保博士认为,金本位制之所以没有成为银本位制,是因为比起以法律形式将贸易银规定为实质上的本位货币,更为重要的是市场比价高于官方比价。因此,在 1874 年(明治七年),银取代金成为价值尺度(冈桥保《银行券发生史论》1969 年,第 110—113 页,349 页)。

④ 《大全·货币一》,第 203 页。

定此后将贸易银及贸易1圆银改称为1圆银币"①,但是最终没有以法律的形式对其作为本位货币的地位进行确认,因而1圆银币始终没有摆脱类似于"私生子"的命运。

因此,从1871年(明治四年)到金币成为劣币的1875年(明治八年)前后,不论是在主观上还是在客观上,日本都名副其实地采用了金本位制并加以维持。日本的金本位制仅仅晚于英国,早于其他欧美国家。为了对抗欧美列强不断施加的压力,日本希望尽快赶超欧美列强,强力推动近代国家的建设,决定采用金本位制。关于这一点,那特硁曾经指出:"的确,欧洲文明诸邦著名学者以多年之刻苦渐彰显其理,创意其处分,既付之于会议,然难以知其实效。东洋一小岛却早已着手,此乃快事也。"②这段话如实地传达出那特硁当时的心境,而且这样的心情是完全能够理解的。

但是,那特硁认为1871年(明治四年)的金本位制无视当时东亚的货币状况,而且"由于美国的建议者无知、极其幼稚和异想天开,他们唆使日本制定金本位制以显示自己国家是先进文明国"。③从表面上看,这种评论有一定的道理,因此容易被人所接受。但不得不说,这种观点忽略了日本实施金本位制的必然性。

金本位制使日本经济与以欧美列强为中心的国际市场直接联系起来了,而且这种联系又为日本完全解除自开国以来被列强所强加的各种不平等条约开辟了道路。但采用金本位制并没有使贸易银的使用失去依据。不论当局者的意图如何,作为贸易银的1圆银币具有自己的命运,它并没有满足于仅仅用于贸易。由于1圆银币价值与1圆金币相等,加之明治前期的贸易慢性入超、国际银价下跌,银币取代金币成为实质上的本位货币。金币再次成为本位货币,是1897年(明治三十年)以后的事情。而且那个时候1圆金币的含金量已经减少至1871年的一半。

由于经历了这样的变迁,且不谈法制上如何,1871年的金本位制处于一种名存实亡的状况,所以无论欧美学者还是日本学者,都

---

① 《大全·货币一》,第231页。

② 《大全·货币一》,第124页。

③ Rathgen;*Japans Volkswirtschaft und Staatshaushalt*,S.164.

有人认为 1897 年的所谓第二次金本位制才是真正的金本位制,他们忽略了 1871 年实施的可称为第一次金本位制的制度。例如,安德鲁(Andrew, A.P.)就指出日本政府尽管希望确立金本位制,但对偏好银币的民间做出了妥协,因此没有真正采用金币制并明确其性质,而是间接地采用银本位制或者金银双本位制。[①] 另外,基钦(Kitchin, J.)也明确写道日本在 1869 年(明治二年)实施银本位制,1871 年(明治四年)起实施金银双本位制,1897 年(明治三十年)实施金本位制度[②],也不知道他是根据什么资料做出这样的判断。

作为"圆"货币经济的出发点,1871 年的金本位制发挥了绝对不可或缺的作用,但由于能其功能有限,在四、五年之后就被银所埋没,导致上述对其意义缺乏充分认识的观点得以产生。即便如此,日本于 1871 年确定了金本位制,这是不可否定的历史事实,并没有任何法律宣布停止或废除金本位制。由于 5 圆金币与 1 英镑金币的价值非常接近,直到 1897 年实施所谓第二次金本位制,该金币每年都在铸造,并用于国际结算,虽然数额不是很大,但由此可知金本位制的火种并没有熄灭,这也是确凿的历史事实。

以上,对日元的诞生进行了详细论述。通过以上论述可以看出,将《新货币条例》所确立的金本位制度下的日元的诞生视为明治时代货币制度的核心,认为金本位制是由洋银所促成的,因此与江户时代的日本货币制度完全无关,金本位制完全是从欧美引进的,或者是某个人提倡的结果,这样的观点显然是不正确的。安政年间开国以后洋银流入日本,这是日本确立金本位制的首要契机。但这只是契机,或者说一种冲击。即便说金本位制度是日本效仿西洋近代货币制度,对日本的旧币货币制度所进行的改革,但日本的旧货币制度并没有因此瓦解,虽然经历了一些曲折却一直存续下来了。这是因为日本从江户时代开始就凭借自己的力量朝着近代化方向努力,并取得了相应的成绩。西洋的近代化要素犹如树苗的养分,而不是因为有了洋银日本的货币制度才实现了近代化。正因为如此,1 圆金币对外与 1 美元的含金量大致相同,对内与金 1

①　Andrew, "*The End of the Mexican Dollar*," Q.J.E., May, 1904, p.345.

②　*Palgrawe's Dictionary of Political Economy*, vol. Ⅱ, " Gold," Art. by Kitchin, p.882.

日元的诞生——近代货币制度的形成

两基本上同量。① 将这种 1 圆金币确定为本位货币,将"万国之良制与我国惯例折中"②,得以创立近代货币制度,能够承担起培养、强化、发展日本资本主义经济的基本任务。不仅如此,甚至还确立了在制度外包含贸易银币的金本位制。

应该说,圆的金本位制是一个苦心的杰作,因为该制度既考虑到了新生的落后国家日本的理想,同时又顾及了日本国内外的现实。日本作为新生的落后国家,将学习对象由中国转向欧美,试图通过快速的近代化来赶超欧美。因此,日元在诞生之际就被赋予使命,即便日后注定满身疮痍,依旧会奋力拼搏。

---

① 连日本人自己都认为"我日本之币制效法美国之币制而制定,于今日既已相同,我 1 圆金币与美国 1 美金金币其价值相差细微。盖我国 10 圆金币之含金量为 257 格令,纯 9 分杂 1 分。又美国 10 美元金币金重 258 格令,同为纯 9 杂 1。以此比较,美国金币比我国金币价多,每 10 圆多出 3 厘 1104 余。每 1 圆多 3 毛余。此乃细微之差,实际通常计算时美元与圆同价。"(《为了振兴日美清之货币同盟》,《明治货币政策考要》,第 135 页)对此,当时的美国人认为"加拿大和日本采用美国的货币单位"(Toppan, R. N., *International Coinage*:*A Unit of Eight Grammes*,1879, p.4),"美国的货币单位被英国最重要的殖民地之一,以及亚洲诸帝国中最进步的国家所采用"(Toppan, *do*., p.5),对日本圆货币有所认识。很显然这种认识具有片面性。

② 《明治货币政策考要》,第 53 页。

补论 日元的系谱

一、日元的变迁

本书初版是在 1971 年（昭和四十六年）日元升值的背景下撰写的。在经历了 20 年之后，日元依然保持升值的趋势。很显然，国际形势的巨大变化也强化了这种状况。

美国单方面宣布停止美元与黄金的兑换，结果是爆发了"尼克松危机"。自那以来，美国积极倡导废止金币。1976 年 1 月在牙买加首都金斯顿召开的临时委员会上达成共识，次年 4 月写入 IMF 新协议之中。在该协议中，旧协议第 4 条"通货的价值"被修改为"关于兑换规定的义务"，"SDR（特别提款权）或者该加盟国所选择的其他表示法（黄金除外）"否定了黄金作为货币的资格。由此可见，价值基准开始从金币转向 SDR。不过，虽然上述法律将金币定为废币，但并非立刻变成为事实。从 1974 年开始，16 个国家的货币成为 SDR 的价值基准，其地位可谓举足轻重。不过，自 1981 年以来，更将当今的日、美、英、法、西五个国家的货币价值的加权平均视为其实体。

在国际形势急剧变化的状况下，日元一直是世界的主要货币之一，其相对价值在不断提高，呈现升值的趋势。日本作为战败国被允许回归国际社会，得以加入 IMF 之时，日元与美元的汇率仅为 360 日元＝1 美元，当时日元在世界上缺乏影响力，只是一种近似无名的弱小货币而已。日元升值是日本人长期不懈努力的结果。在 1988 年 1 月 4 日，日元与美元的汇率为 120.45 日元＝1 美元，创下了历史最高纪录。这表明与日本刚刚回归国际社会的时候相比，日元价值提高到 3 倍，意大利在同年将 1 千里拉更名为新 1 里拉。日元没有采取这种简单易行的方法，而是通过直面现实的努力，用汗水浇灌出成功之路。日元的这种状况可以说是世界货币史上的一个奇迹。

以"日元的诞生"为题的本书旨在探讨引发这种奇迹的日元的形成过程，笔者认为这一目标在本书中得以实现，但同时也意识到还有一些问题没有得到实质性的解决而被搁置了。例如，本书第四章"日元的由来"中虽然对江户时代圆的货币名称的最早用例进行了探讨，追溯到了 1851 年（嘉永四年）桥本左内的用例，但是这与 18 世纪后半叶中国出现的银圆这种用法开始普及的年代之间还有七八十年的空白期。现在日元受到世界的关注，哪怕是因为这一点，我们也有义务填补这段空白。值得庆幸的是，笔者接触到了能够填补这段空白的资料，在此对这些资料进行介绍，并对其意义进行分析探讨。

二、《江川二代记》与高野长英

从古至今，日本的文化人、知识分子都有一个特点或者说是通病，就是十分关注发达国家的文化动向，争相获取其信息，然后俨然当成自己的成果洋洋得意地发表，还有人特意在日本国内用英文等外文发表论文，其实那不过是鹦鹉学舌而已。

明治维新以后，日本试图通过确立资本主义经济体制来推动近代化，举国上下致力于全盘欧化，知识分子也十分关注欧美的动向。而江户时代的知识分子关注的是中国而非欧美，但是在对待发达国家文化的态度上却并没有什么不同。虽说江户时代的知识分子关注中国的信息，但严格来说并非只限于中国文化，因为当时的日本还通过荷兰吸取西洋文化。不过，当时日本所了解的西洋文化主要是被中国咀嚼过的中国式西洋文化。其载体不仅有欧美书籍的中译本，还有居住在中国的欧美传教士或者医生撰写的介绍欧美情况的启蒙书的汉译本。例如，英国人本杰明·霍布森（Benjamin Hobson，中国名为合信）撰写的自然科学著作《博物新编》（1855 年）由汉学家传入日本，标上训点供日本人阅读。该书后来被翻刻，被用作许多藩校的教材。像这样，江户时代日本的知识分子致力于吸收包括中国式西洋文化在内的广义的中国文化，在江户时代引进中国文化时大显身手。而江户时代被称为知识分子的是汉学家、儒学家的那些人。

中国作为汉字的故乡，最早用"圆"这个已有的文字来表示货币。按照西班牙的造币规定，使用墨西哥产白银在当地铸造的银币称为墨西哥 dollar（准确地说是西班牙 dollar）。与这种墨西哥 dollar 银币（即前几章中提及的墨西哥洋银）类似的圆形货币还有秘鲁 dollar 等，它们在 18 世纪后半期在太平洋沿岸各国作为国际货币流通。

当时清朝采取闭关自守的政策，但在南部的广州，1686 年出现了从事西洋贸易业务的洋行。1696 年，英国被允许在广东开展贸易，英国的东印度公司在广东开设了商馆。1715 年以后，外国船可经澳门直接驶入广东。1757 年清朝正式承认广东为唯一的通商口岸。墨西哥洋银就是从这个时候从广东流入中国，后来在华南一带流通。

与中国开展贸易的西欧诸国有荷兰、法国、丹麦、瑞典、英国等，但后来几乎都被英国所垄断。由于墨西哥洋银的重量和成色稳定，在广东的交易中备受中国商人的青睐。因此，英国商人以此为媒介推动在华贸易。不过，英国最早的时候几乎没有可以出口到中国的商品，而是从中国主要进口丝绸、茶叶等，贸易出现大量赤字。于是，大量墨西哥洋银通过英国作为结算资金流入中国。众所周知，为了阻止洋银大量流向中国，英国开始向中国出口鸦片，结果引发了鸦片战争。

为了识别不断流入的墨西哥洋银，中国人给它取了一个中国式名称。命名法大致有两种，一种是看货币的出产国或者使用国。除了最典型的"墨银"（即墨西哥洋银），还有"鹰洋"这一名称。当时流入中国的与墨西哥洋银同形同量的欧美各国的货币都被称作番银。这里的"番"通"蕃"，用来指不属于中华的野蛮人即外国人，因此番银也指外国银币。

但是番银这一名称不够文雅，因此从清朝乾隆年间（1735—1796 年）开始使用"洋银"这种比较温和的名称。这里的"洋"是西洋、外国的意思。洋银这一名称普及以后，只要说起"洋"这个字，很多人就会将之理解为外国钱币。因此，在前文中提到"鹰洋"是指铸有老鹰图案的银币。另外，铸造有维多利亚女王头像的英属香港造币局铸造的香港银圆（具体图像请参照本书第四章第二小节的图）被称为"人洋"也是因为这样的道理。

墨西哥洋银又被称为鹰洋。"洋"的意思已经解释过了，但对于为什么用"鹰"还有没有进行说明。读者如果仔细辨认墨西哥洋银（请参照本书第三章第一小节的图片），就会发现上面铸造的是鹫，而不是鹰。那么，为什么中国人一方面关注银币上的这个图案，另一方面却不假思索地将洋银称作鹰洋呢？这一点令人不可思议。但其实这样称呼有相应的理由，因为墨西哥洋银在被称为鹰洋之前，还曾被称为"英洋"。

如前所述，墨西哥洋银主要是由英国人带入中国，也就是说是英国人使用的货币。按照在前文中提及的第一种命名法，人们将之称为"英洋"。人们看到洋银上鹫的图案，在表示鸟类的文字中挑选发音与"英"相同的"鹰"字，将墨西哥洋银称作"鹰洋"。把画有"鹫"的图案的洋银称为"鹰"，这是因为鹫不如鹰常见，而且不是从鹫这一种鸟的角度来看待硬币上的鹫，而是从分类的观点将其看作为猛禽类，因此不用鹫，而用鹰，汉字的深厚底蕴是这种命名法的前提。这也是"鹰洋"这种名称没有被订正的原因。如果有人提出修改的建议，或许他的文化素养反而会因此受到质疑。

在鹰洋这个名称出现以前，人们将圆形墨西哥洋银称为银圆，因为其形状不同于中国自古以来的块状的马蹄银。第二种命名法就是根据硬币的形状、质地来命名的。银圆这一名称比之上述的鹰洋更为普及。在这样的背景下，中国文献中自然开始出现"银圆"这种字样。据历史学家称，在乾隆年间后期，不仅使用"银圆"这样的总称，"圆"还被用作货币单位，甚至表示货币的数量。例如，洋银5枚在文献中写成"银五圆"。①

日本人对于中国文献中货币的新现象、新动向十分关注。如

① 百濑弘：《清代西班牙元的流通（中）》，《社会经济史学》第六卷三期，第46—47页。

前所述，很有可能是汉学家、儒学家将这个词语引入日本，因为他们具有汉学方面的知识，而且推崇中国的文化。这并不是笔者凭空想象，而是有文献资料的支撑。

1670 年（宽文十年），四国在伊予西条三万石之地新设了西条藩，藩主松平赖纯是御三家①之一纪伊德川家第一代德川赖宣的第三子。因此，西条藩是纪伊德川家的直藩。于是，许多纪伊藩士也跟随德川赖宣移居西条。在移居西条的武士当中，有一人名叫江川广胖。他的祖先在纪伊藩任职以前曾居住在南纪，并以居住地江川作为姓。在明治废藩时制作的士族名册中有他们家的姓，可知是一个世家。

从纪州藩调任至西条藩的江川广胖及其子江川随道的事迹记录在和式手抄本上。② 我们暂且称这本资料为《江川二代记》。这份资料主要是颂扬江川父子的功绩，因此其中有关于奖赏的记录。例如，简单的有"白金五圆"③、"黄金一圆金五圆"④。更详细一点的有："元文改元之五月，迁为卫士。获赐岁俸三十石。月俸增一口。夫金五圆一方。"⑤这种用圆表示货币单位的表述共有 26 处。

众所周知，上面引文中的"白金"是指银币。从第二处引文中的"黄金"、"金"被有意识地区分使用来看，很显然黄金是指大判金，金则是指小判。那么第三处引文中的"夫金五圆一方"中的"方"是什么意思呢？虽然与本书的性质十分不符，内容唐突，但为了进行说明还是有必要引用另外的资料：

此地有艺妓百名，……我等详问此地之事，旅馆老妪

---

① 译者注：御三家指日本的江户时代除德川本家外，拥有征夷大将军继承权的尾州家、纪州家、水户家三支分家（德川御三家）。至后世指代同一领域内公认的"三大"。

② 该书由爱媛县西条市的盐出光雅氏所藏。是蓝色封面的和式书，竖 26.4 cm、横 18.7 cm。书名页上为空白。或许是准备命名却一直搁置的缘故吧。正文由《江川翁院诔词》2 页、《书诔词后》4 页、《西条奉行度支事江川广胖随道二君行状》30 页这三部分构成。

③ 《西条奉行度支事江川广胖随道二君行状》，第 4 页。

④ 《西条奉行度支事江川广胖随道二君行状》，第 22 页。

⑤ 《西条奉行度支事江川广胖随道二君行状》，第 22 页。

答曰："此金陵（近来如此称呼）之艺妓一夜身价三十五匁，香火一根的时间价钱三百文。其中年少有天姿者另需二方金。"①

从这里的用法可以看出，"方"是指方形金币，也即与小判相对的一分判。

再让我们再来看一看"夫金"。从辞典的解释来看，这是指用于补偿男丁徭役而缴纳的费用。但是，在《江川二代记》中是指从领主那里领取。由此看来，纪伊藩将征收来的徭役补偿费纳入"夫金藏"保管②，用于支付该藩的俸禄。因此，从"夫金藏"领取到的俸禄被称为"夫金"。为了对账本收支进行管理，与其他来源的资金加以区分。当然，也有可能是指用来发给武士的俸禄。不过这样一来，对前面的"一口"难以进行合适的解释，说不定是借用了汉语的表达方式。

可以确定的是，前面引文中关于货币数字后边的"圆"字分别表示银1枚（43匁）、大判金1枚、小判金1枚，相当于量词"枚"。《江川二代记》中将"圆"用作专指货币单位的"枚"，这一点从卷末内容可以明显看出来。此书作者是蒲阪圆，成书时间为1801年（享和元年）。蒲阪是居住在江户的民间汉学家，别号松皋、青山。他对韩非子有所研究，著有《韩非子纂闻》、《韩非子诸注提要》、《定本韩非子全书》、《增续韩非子》等。他与江川家族交往密切，《江川二代记》是他受江川广胖之孙江川贞道的委托而撰写的。

作为汉学家，蒲阪在书中大量使用汉文表示方式，还将传记的小标题写成"西条奉行度支事江川广胖随道二君行状"，也就是说，他特意将"勘定奉行"这一职务写成中国式的"度支事"。上述"夫金"大概也属于这一类用词。在日语中，"枚"多用作纸张等，为了与货币的量词区别开来，也为了炫耀他从中国文献中所获得的新知识，蒲阪使用了银圆的"圆"字。无论是从积极意义上还是从消极意义上来看，这种做法充分地体现了日本知识分子的特性。

---

① 成岛柳北：《航薇日记》，《文艺俱乐部》临时增刊，收录于《柳北全集》，1897年7月。

② "夫金藏"——日本评论社版：《日本经济史辞典》，1954年。

当然,笔者并不认为《江川二代记》是"圆"这种用法的最早用例。相反,希望有人能够发现更早的资料。不过通过这份资料,我们可以清楚地看出"圆"是来自中国的"银圆",是通过汉学家在1800年前后由中国传入的。

在日本六国史之一的《续日本记》中,有"银钱一文与铜钱十文等价"、"新钱一文相当于旧钱十文"这样的表述。这里的"文"指货币的枚数,用作"枚"的同义词,用来专指货币,随着时间的流逝,逐渐成为货币的通称。例如,有"一文钱"这样的用法。同样道理,知识分子为了炫耀新知识而用"圆"这个字替代专指货币的"枚"字,后来"圆"就成为表示货币的单位。这一点从第四章第二节中所举桥本左内在1851年(嘉永四年)的信函中的"书籍费五圆"这样的用法中也可以清楚地看出来。桥本信函中的一两=一圆,《江川二代记》中的一枚=一圆,两者相隔50年。不妨认为,在那50年间的某个时点,表示"枚"的"圆"又转变为"两"的同义词,成了货币单位。我们有必要发掘新资料来更进一步细化最初用作表示货币名称、货币单位的"圆"的用例出现的年代。

在此,有一点希望能得到本书初版读者的谅解。初版时,作者忽略了早于桥本左内信函的"圆"的用例,故在此进行补充介绍。

高野长英是西博尔德的高徒,被誉为当世第一的兰学家。他与渡边崋山等人结成研究兰学以及西洋形势的"蛮社"。1837年(天保八年)美国船莫利逊号借送还漂流民之机进入浦贺港,要求与日本通商。对此,幕府发出"异国船驱逐令"予以拒绝。高野英长撰写《戊戌梦物语》(1838年)对幕府的外交政策进行了严厉批判,蛮社也因为锋芒毕露而在第二年遭到幕府镇压,高野被判终身监禁,被关押在江户小传马町的监狱里。在1844年即刑期的第六年,监狱发生火灾,据说是曾经师事高野的勤杂工放的火。因为火灾,高野被临时释放,于是他趁机脱逃,在各地度过了流亡生活,1850年(嘉永三年)在官兵包围下自尽。

高野于1848年(嘉永元年)4月至次年初曾在四国宇和岛度过流亡生活。日本各地小藩为了应对17世纪初以来的西洋文化,与长州、萨摩等实力雄厚藩国相抗争,都各自摸索如何发挥小藩的特色,而宇和岛藩则将重心放在对兰学的研究上。这也是在兰学方面造诣深厚的高野之所以会逃亡到宇和岛的最主要的原因之一。宇和岛藩主伊达宗城知道高野潜伏在江户而幕府却不知道（为何幕府当局反而不知道呢？），明明知道他是逃犯，而且还是政治要犯，居然邀请他到宇和岛翻译西洋的兵书。高野在逃亡期间使用了伊东瑞溪这样的伪名。伊达为什么会如此大胆地聘用幕府追捕的逃犯，笔者对其中的历史细节不甚了解，但还是不由得对伊达的做法击节称赞。总之，在高野离开时，宇和岛藩支付了两百两酬金，并且叮嘱他万一被幕府逮捕不要交代宇和岛藩知道他的真实身份。① 之所以会发生这样的奇妙的事情，是因为高野乃是当时的稀世之才。高野在宇和岛逃亡期间，曾于1849年（嘉永二年）1月8日致信身为藩士的弟子斋藤丈藏，与其说是信，更确切地说是一封委托书。② 其内容如下：

　　家眷安置费用

　　若离去

　　　　男子则为僧

　　　　给妾五圆

　　　　女子则让妾抚育

　　　　给妾十圆

　　　　（此处一行被虫蛀，无法看清）

　　　　十五圆

　　　　给昌二　　五圆

　　　　向会所弥兵卫借

　　　　元五圆　利三分

　　　　新吉　　一分

　　　　准备卜居　计十圆

　　　　此外，从三月朔日至十四日还有其他各种用度大

　　致需要五十圆

　　若留下

　　　　贱眷安置费用　　　十五圆

---

　　① 半谷二郎：《高野长英》，1983年，第243页。

　　② 兵头贤一：《宇和岛藩与高野长英》宇和岛市立图书馆刊，1960年，第29—30页。书信本身已无从寻找。

昌二　　　五圆

会所其余用度　七圆许

小计二十七圆许

拜借上述金额

在这封信中，高野就处理后事的费用进行了详细说明，因为他突然接到宇和岛藩在江户办事处的急报，称幕府当局似乎已经得知宇和岛藩擅自窝藏他，而且高野周围开始有幕府密探出没。为了应对突发情况，他制定了这样的计划。如果立刻离开宇和岛，同居的阿丰肚子里孩子如果是男孩，就让他出家当和尚，免受父亲的牵连，给阿丰 5 两；如果孩子是女儿，就让阿丰抚养，给阿丰 10 两……各种费用加起来 50 两。如果不顾密探的出没，继续留在宇和岛，需要花费 27 两。高野向斋藤文藏借这笔钱。这显然是一份密信，因此高野特意把 X 两写成 X 圆。

高野与岸和田藩的医生小关三英交往密切。另外，通过弟子与活跃在关西的梅田云滨以及桥本左内也有交流，在流亡期间曾在关西有过短暂逗留。通过与这些人交流、接触，高野对《古事类苑》中记载的汉学家之间通用的"圆"这个字的用法应该有所了解。

如果说桥本左内在书信中流露出了一种知识分子特有的文字游戏感的话，那么高野的书信中则有一种悲壮感。前者是喜剧，而后者是悲剧。不过，两者之间有本质上的联系，那就是他们都使用了《古事类苑》中所说的汉学书生的通用语。不过，高野的书信比桥本的书信要早两年。由此看来高野的用法开了汉学书生中"圆"的用法之先河了。

高野以及汉学家在使用"圆"表示货币时有一个特征。也就是说，那是没有任何实效的自我满足的主观行为，他们只不过是将"两"机械地转换成"圆"。不得不说，江户时代的知识分子效仿中国将"圆"用作货币单位，只是为了自我满足。不过，仅仅这样还不足以在日本生根开花。大约在 19 世纪前 50 年间，从汉学书生为了炫耀自己的学识而将"圆"用作货币单位之后，逐渐地带有经济实利性、必要性、必然性的"圆"的用法开始在民间出现、扎根。在下一节中，我们将介绍一下这方面的事例。

三、大庄屋的"御用留"账

位于和歌山县的日高郡因为当地道成寺的《安珍清姬物语》而闻名。在江户时代，统治该地的纪州藩将该地区分为志贺、入山、天田、江川、南谷、山地、中山中这7个组，在各组设置了大庄屋①这样的行政机构，以便于统治。大庄屋是介于藩行政机构郡奉行、代官与各村落代表之间的机构，负责在两者之间进行上传下达。从天保年间（1830—1844年）至幕府末期担任天田组大庄屋的濑户就荣详细记载了他所接受到的来自藩的命令、村落的请愿书等重要事项，这些资料被称为"御用留"一直保留至今。②

其中收录于1840年（天保十一年）10月至1843年（天保十四年）7月分册中的1842年10月10日的书信中有这样的内容："御宅先前遭遇火灾，本想设立金融互助会，奈何进展不顺，无法实施，深感遗憾。今我诸人商量，均无它法。故各组从代为管理的劝农银中各出借五圆……"③

根据濑户就荣"御用留"的记载，山地组大庄屋的小川与惣"在1842年（天保十三年）7月27日夜，与其他大庄屋一同前往郡公所参加月例会谈，他外出时家宅失火，组公所大院被烧毁，所持各种财物及所储备的粮草稻谷皆被烧毁"④，损失惨重。小川为了修复房屋，向各组大庄屋寻求资金上的帮助，大庄屋们为此曾尝试着设立互助会，但是没有实现。结果各组分别从劝农资金中拿出"五圆"借给小川，上文中引用的书信就是各大庄屋联名写给小川的。信中的"五圆"毫无疑问就是"五两"的意思，濑户就荣在"御用留"中特意使用了"圆"这个字。就目前掌握的资料来看，这不单单是用"圆"表示货币的用法，还是最早用来表示货币或者货币单位的

---

① 译者注：大庄屋是指江户时代设置的村官。管理十数个村的村庄等，负责辖区内的行政。

② 和歌山县御坊市的濑户康治收藏。

③ 天田组大庄屋"御用留"被收录于《御坊市史》第四卷，1979年。同书第311页。

④ 《御坊市史》第四卷，1979年，第301页。

用例。

虽说从事科学研究的人应该不说妄言，在此笔者还是想谈一下自己的感想。在本章第二节中提及过的《江川二代记》中的江川这个姓就是源自江川这个地名，而"御用留"的记录者濑户就荣所在的天田组与江川组相邻。作为货币用语的"圆"与纪州即和歌山县之间的关联令人有些不可思议。而且，濑户就荣的祖先曾在1776年（安永五年）至1818年（文政元年）担任江川组的大庄屋。从这些事实可以看出，两者之间存在深厚的渊源关系，的确不可思议。

在上文中，为了填补享和年间至嘉永年间50年的"圆"的使用空白，对1842年（天保十三年）"圆"表示货币的用法进行了探讨。而且，"圆"在这里已用作货币的名称、货币单位。因此可以将这种用法的最早用例由嘉永年间的向前推10年，而且，天保年间的"圆"的用法比嘉永年间作为高野长英、桥本左内那些汉学书生之间的通用语的"圆"具有更为重要的意义，这一点也应该引起我们的关注。这不仅是史料记录"圆"使用史的年代更新的问题，也向我们提出了更深层面的问题。

日高郡位于纪州南部，远离当时的经济文化中心京都大阪，甚至与纪伊德川的中心和歌山也有很远距离。这个将"圆"用作货币名称、货币单位的例子比嘉永年间的用例早10年，而且是孤立的。为什么会突然出现这种情况呢？

为了说明这个问题，需要证明日高郡与京都大阪地区之间存在紧密的关系，也就是存在信息交流。其实濑户就荣以及担任大庄屋代理的儿子健助曾多次被纪州藩派往京都大阪办事，他们住在大阪堂岛一带，而那里正是全国各藩库房集中的地方。在那里他们与来自日本各地的商人、学者、书生、医生、僧侣等文化人交往，特别是健助还曾在国学所学习，与菊池海庄等学者往来密切，算得上是一个知识分子。不妨认为，他们在京都大阪的交友、会谈使他们接受了以"圆"替代"两"的这种新用法，并将之用于作为笔记的"御用留"之中。如果说以上是主观条件的话，那么还存在客观条件。

在江户时代，大宗货物的运输主要依靠海运。日高郡是京都大阪与江户之间的货运以及北方大米海上运输通道的据点。因为这样的缘故,日高郡可以迅速从京都大阪获得最新信息。另外,从京都大阪出发,前往那智山青岸渡寺以及熊野参拜的人也都要经过那里。由此看来,"圆"表示货币的用例最早在日高这个地方出现并非是不可思议的现象。而且,纪伊在江户时代是直属江户的德川 55 万 5 千石的发达地区,其中心和歌山虽然不能与京都、大阪、江户相比,但也是可以与名古屋相提并论的大城市。之所以对"圆"表示货币的用例最早在日高出现感到不可思议,是因为人们以现在和歌山县所处的相对位置及相对落后的现状来看问题。

天保年间用"圆"表示货币的用法在日本货币史上具有重要意义。从这里也可以对以往不加说明就使用"上方"①这个词语的缘由进行解释。在探讨这个问题时,首先要对"劝农银……五圆"这段表述加以关注。正如在第二章中论述过的那样,江户时代的金币是以两、分、朱为单位的计数货币,而银币则是以贯、匁为单位的称量货币。随着时间的推移,幕府的财政状况恶化。幕府当局试图通过铸造劣币获得差价来努力克服财政困难,使银币成为金币的辅助货币便是其中的一种对策。因此,强行让银币的含银量下降,幕府以此获得差价。更具体一点说,正规的、原本的银币的形状是块状,而作为辅助货币的新银币是长方形,属于计数货币。而且计数单位也不是银币所固有的贯、匁,而是与金币相同的两、分、朱。1772 年(明和九年)新铸造发行的明和南镣二朱判便是最早出现的作为计数货币的银币。

幕府没有针对作为计数货币的银币的新功能及作用发布过任何布告,实际上是将其用作金币的辅助货币,而且正式名称"南镣二朱判"也是沿用了金币的名称。也就是说,让银币作为金币无条件流通。幕府在强制人们使用新银币时,强调那可以省去称量的麻烦,而称量是使用称量货币时必不可少的环节。京都大阪的商人将称量货币视为他们的专用货币,对作为计数货币的银币进行了全面的抵制,因为银币化的银币的实际价值远远低于其面值。

① 译者注:"上方"指日本的京都及其附近地区,还可以广义地指近畿地区。本书中的其余"上方"基本上都译作了"京都、大阪"。

但是，幕府为了一味地追求差价，一方面不懈地进行引导，另一方面减少称量银币的铸造。在这样的状况下，在"上方"地带计数货币的银币也逐渐流通起来，最终取代原本的称量银币。

在此，让我们再次回到"劝农银五圆"的问题上来。这里所说的"银"不是原来的作为称量货币的丁银，而是指作为计数货币的新银币。在见于第一分册的"御用留"1842年（天保十三年）的记录中，除了"文字金银"、"草字二分判"、"草字二朱判"这些货币名称以外，还谈到人们时不时听到呈银币形状的文政南镣一朱判、天保一分银将停止使用的流言，为此十分困惑，有人因此以极低的价格大量购买这些新银币。并且特别指出如果文政南镣一朱判停止通用，与京都大阪有生意往来的人将面临生死存亡的危机，因此希望尽早在城里设置兑换所。

另外，比包含"劝农银五圆"的资料文件稍前一点，同为10月10日的记录中还有以下内容："一朱银周转量甚多，望顺便多备一些。天田组此次调拨一朱银千四百两，带至他处三百三十余两。"①从这些记载来看，劝农银是计数货币。

从"御用留"上记载的内容可以看出，天保年间在纪州南部地区，作为硬币的新银币取代丁银等称量货币，已经正式流通。在使用以及流通过程中出现了一个问题。在计数货币刚开始流通时，特别是当它混在称量货币当中作为例外进行流通时，只要称之为"南镣一片"②就不会有什么问题。但随着绝对量的增加，其绝对金额不甚清楚时，"南镣一片"这样的名称就没有什么意义了。如果说在"南镣"理所当然地被等同为二朱判的时候还便于区分，但当再铸造出南镣一朱判这种银币时，就非常容易混淆。如果按照计数货币的正式名称来称呼，又无法与金币区分开来。考虑到这些问题，人们才想出了"银三两"③这样的名称。

当然，事实上并没有发行过一两银小判这样的银币，即便如

———————

① 《御坊市史》第四卷，1979年，第311页。

② 《最胜寺文书》(1882)，《大野市史》社寺文书篇，1978年，第168页。《船津町村商家北泽家文书》(1794)，《神冈町史》史料篇别卷，1980年，第1072、1074页。此处的"南镣"指的是明和南镣二朱判。

③ 《最胜寺文书》，《大野市史》，第166页。

此,京都大阪的商人在江户幕府还没有成立的时候就习惯使用称量银币,将之视为正统的银币,形成了一种根深蒂固的意识,认为银币就是用贯、匁这些单位来表示的银块,所以他们很难接受计数货币。当银币铸造的重心转向计数货币之后,丁银的铸造依然持续到幕府末期,尽管数量有限。由此看来,商人们对称量银币的这种感情也是可以理解的。由于这样的缘故,必须要给既不同于金币也不同于正规银币(也即称量银币丁银)的计数银币取一个通俗易记的名称。

"圆"就是这样应运而生的。天保一分银 80 枚的正式说法是20 两,将之称为"20 圆"自然就意味着那不是金币,而是计数银币。由此可知,上述资料中的"劝农银五圆"便是文政南镣一朱判或者天保一分银的五两。

"劝农银五圆"中的"银 X 圆"这种用法与中国清朝乾隆时代的用法十分相似,但其实两者背后存在着极大的差异。清朝为了把从外国流入的货币与自己国家的货币区分开,根据外国货币的外形特征取了"银圆"这样的名称,而日本则是针对国内经幕府公认的新银币,不是针对外国货币的称呼。"圆"不同于以往银币单位的名称,是用来替代金币单位名称"两"的词语,并不是用来指称新货币的词语,因而没有区分新银币的直接理由。而且新银币呈长方形,与"圆"形没有关联。有人立足于传统统治者的立场,认为不适合将之称为"圆"。民间商人基于上述缘由,出于将其与其他种类货币区分开来的必要性,将长方形的银币称为"圆"。

"圆"用来表示货币的用法不是因为幕府末期知识分子主观上的文字游戏,而是因为具有经济实用性。正是这种必要性、必然性使得"圆"的这种用法在日本社会生根发芽、广为普及。实际上,"圆"的这种用法在口语中出现得更早。在京都大阪一带普及,并作为新知识传播到周边地区。1842 年的"御用留"中的相关用法便是这样传播来的。

1972 年在山形县发现了用和纸包裹成切饼状的 1875 年铸造的 80 枚天保一分银,包装纸上用毛笔写着"樱判正印银二十圆一粒撰"①的字样。在这里,将一分银 1 两称为 1 圆,从年代来看,毫无疑问这是依照《新货币条例》将"一两"说成"一圆"。表明在很早以前开始,"圆"就用来表示银币,这样的背景也不可忽视。

四、汉学书生的通用语

在江户时代,表示"财主"意思的"持丸"这样的词语曾经流行一时,有人指出这为江户时期"圆"用作"两"这一货币单位名的普及打下了基础。② 该词语在井原西鹤的《日本永代藏》(1688 年)年、近松门左卫门的《冥途飞毛腿》(1770 年)以及平贺源内的《神灵矢口渡》(1770 年)等文学作品中都有出现,江户时代还曾发表过"持丸富翁排行榜"。从这些例子可以看出,"持丸"这个词语曾在庶民之间流行,该词语为用"圆"替代江户时代的货币名称"两"打下了基础。"持丸"的"丸"是宽永通宝钱＝1 文钱的隐语,据说还有人将钱币称为"圆"。③ 不过,在这种情况下,"圆"用来表示一文钱的铜钱,即便对替代"两"有所贡献,也只是次要原因。

幕府末期的汉学书生之间关于"圆"的用法也是如此。要让汉学家播下的"圆"这颗种子在大地上生根开花,仅仅靠书生间的文字游戏是不够的,用来表示计数货币这种实用性名称产生实际效果才是关键。书生的最早使用对促进该用法在经济界的普及发挥了决定性的作用,这一点不能忽视。"圆"的这种用法从经济界这种有限的空间扩大到整个社会,而且其含义也由表示新货币的 1 两扩大到不限货币种类的一般单位。

赶时髦的书生们使用"圆"这个字,就像旧制高中生刻意在会话中使用德语单词,或者像现在的知识分子喜欢在说话时夹杂一些英语、法语单词一样 。这与幕府末期新生代书生的特性相吻合,受到了年轻人的追捧。但幕府末期的书生们这样使用"圆"带来了根本没有预料到的结果。

---

① 清水恒吉:《改印一分银的分类——旧庄内一分银》,《泰星月刊》第十六卷四期,第 66—67 页。
② 刀袮馆正久:《日元的百年》,1986 年,第 12—13 页。
③ 大槻文彦:《大言海》。

书生们所使用的"圆"是"两"的别称，或者只是一种文字游戏。"两"是幕府规定的正式名称，而"圆"则是在非正式场合使用。在前文中介绍过的"御用留"的封面上就写着"天田组秘记五番"的字样。由此可以明显看出：在江户时代，"圆"始终是个人的用法。但是，出于好奇而使用"圆"的书生在明治维新以后成为新政府的官僚骨干，于是幕府末期以来以自然惯性延续到明治时代的个人用语"圆"获得了新生，由非正式的用法转为正式的用法，一举成为新货币的名称。

从幕府末期到发布《新货币条例》，宣告明治新货币名称"圆"的诞生，在这一时期书生对"圆"的认识以及使用"圆"的水准使得身处其中的大隈重信有些反感，觉得那种用法过于通俗。在他看来，与其使用有些陈腐的"圆"，不如找个更加适合明治政权新货币的、带有新鲜感的词。因此，他在1869年（明治二年）3月4日的货币会议上将一百钱称为"一元"，而不是"一圆"。因此，"元"只是大隈重信作为临时替代而用的一个词，不应该认为他一定就会倡导用"元"作为货币单位。

最早使用"圆"的公文是1879年7月7日当局致各国公使的信函。大隈重信当时担任会计官副知事，作为当事人之一他曾经在信函上署名。由此可知，曾经参加货币会议的他，如果坚持主张使用"元"，那么从他出色的辩才来看，该会议应该会就该问题展开激烈争论，但从现存资料中完全看不到这样的迹象。大隈重信最终还是对于幕府末期以来一直存在的"圆"的用法表示赞同。

江户幕府末期在非正式场合使用"圆"的知识分子，当他们成为明治新政府的高官以后，自然形成了以"圆"替代"两"作为货币名的一般大势。这种用法最早源自中国，中国是汉字的故乡，中国人对文字的意义十分了解。日本人再怎么努力，也想不到更加合适的名称，结果大隈重信也同意以"圆"作为日本货币的单位。之所以说"圆"成为日本货币名称是自然而然的结果，就是因为存在广泛的共通认识。将以往非正式场合爱用的"圆"改为正式名称，人们并没有因此感到有什么不适合之处。换言之，无须重新召开决定新货币名称的会议就能将名称确定下来，因为已经形成了将"圆"用作货币名称的一种氛围、舆论或者说是常识。

决定明治新货币名称"圆"的过程之所以不明确，如前所述，是因为1872年（明治五年）2月和田仓门内的旧会津藩邸发生的火灾，以及次年5月旧江户城西侧即现在的皇宫火灾烧毁了明治初期与货币相关的重要资料。假设没有发生火灾，相关资料完整地保留下来了，想必关于"圆"这一名称的决定过程与本书的论述会完全一致，因为支持将"圆"用作货币名称的舆论占据了主导地位，根本没有必要召开会议决定名称。事实上，尽管上述两次火灾彻底烧毁了相关资料，但从明治中期开始编撰《法规分类大全》、《明治货币政策考要》等资料集，使得明治初期的货币状况基本上能够得以真实地复原。之所以能做到这点，是因为在"圆"这一货币诞生初期，主要当事人都还健在。如果在正式会议上就将"圆"用作新货币名称进行过讨论的话，大隈重信的《大隈伯昔日谈》等回忆录以及层次低一些的自我炫耀的逸闻等等当中或多或少会有相关记载。决定新货币名称，这对于明治政府而言是关系到声望的重要事情，但却完全没有发现这方面的资料，这说明根本就没有召开会议讨论。

可以确定，"圆"这个称呼是在1869年（明治二年）3月4日至同年7月7日之间决定下来的，但究竟是谁在哪一天提出的等相关的具体事实已无法考证。"圆"是自然形成的货币名称，这才是真相。其源头目前可以追溯到天保年间，口头用法比书面用法更早一些。因此，在明治以前用"圆"表示货币的用法已有30多年的历史，虽然那是非正式的。正因为有这样一个适应、熟悉"圆"这种用法的过程，也使得后人无法判断是由谁于何时在何地正式确定"圆"的。当然，今后依然有可能发现1842年（天保十三年）以前用"圆"表示货币的用例，而发现新资料可以进一步推动这方面的研究更加具体化、精细化。

日元的诞生——近代货币制度的形成

寄语学术文库版

　　2010 年 8 月中旬,日本全国高温酷暑持续多日。据气象厅统计,这是自 1898 年开始统计全国平气温以来 113 年间的最高纪录。总之酷暑难耐,我甚至有一种错觉:日本的持续高温天气或许是由日元所散发的热量所导致的。为此,我们有必要了解一下 2010 年 8 月 12 日相关的信息。那天发行的各种全国性报刊都在头版头条对 8 月 11 日日元汇率更新了 15 年以来的最高值 84.7 日元这一点进行了报道。出现这种状况的原因如下:

　　2008 年次贷危机发生以后,曾经稳坐第一把交椅的美元作为国际货币的地位开始动摇,美元大幅贬值。而且,美国方面不仅不认为这是丢脸的事情,反而对之加以认可,这在以前是不可想象的。美国反而想利用美元贬值来扩大其国内就业,增加出口。

　　欧盟发行欧元原本是为了与美元相抗衡,但由于成员国之一的希腊陷入严重的财政赤字,欧元与美元一样受到冲击,国际信用级别下降。然而,欧盟和美国一样把欧元贬值视为扩大就业和增加出口的机会,持欢迎态度。

　　最近,中国经济快速发展,取代日本成为世界上第二大经济体。中国被称为世界的工厂,其经济发展依然在持续,不过工业生产的同比增长率在这个季度略有下降,有人认为其持续发展已经到达极限状态。

　　由于这样的缘故,与世界上的主要通货——美元、欧元、人民币相比,日元没有受太大的影响,而是更新了 15 年以来的最高值。不仅如此,甚至还有人认为日元有可能更新 1995 年 1 美元兑换 79.75 日元的记录。那年 1 月发生了震惊日本全国的阪神大地震,3 月发生了令人不堪回首的奥姆真理教地铁沙林杀人事件。

　　对于日元升值现象,我们是否可以单纯地感到欣喜呢?常言道:祸福相倚。我们有必要对此进行冷静思考。大型商店的"日元升值返利促销"以及海外个别名牌产品价格下降,这些的确都是日元升值所带来的一点好处。但日本是一个资源匮乏、面积狭小的国家,一直致力于扩大出口,采取贸易立国的方针。因此,日元升值对出口不利,而出口下降必将对整个日本的产业带来不利影响,必将带来股票下跌的灾难。总之,在此只对 2010 年 8 月 11 日的情况进行了说明。日本经济在那之后的现实变迁,各位读者都十分清楚。

在国际社会将目光投向日本货币日元的这个时候,没想到讲谈社提出希望将笔者的旧作《日元的诞生》(增补版)列入"讲谈社学术文库"当中。在这种时刻推出本书的学术文库版,真可谓是一种神奇的缘分。

想来,最初出版本书的东洋经济新报社(中川真一郎、山下乾吉、熊野成、高井史之担任编辑工作)将本书列为让世界了解日本的基本图书之一,一直保证库存。借此机会,我向该出版社表示衷心感谢。但近几年,东洋经济新报社出版的本书基本售罄,因此其修订本才被列入讲谈社学术文库之中。

与单行本相比,文库本的最大特点在于价格低廉,这也是读者的常识,无须对此进行说明。希望借此机会,能有更多学生、广大读者阅读到本书,这是笔者最大的欣慰。

在此还想简单地向读者介绍一下本书的出版过程。本书初版于 1970 年出版,1989 年的增补版增加了"补论",本书以增补版为底本。因此书中的"现代"、"近年"等这些表述在补论中是指 1989 年,在其他章节则是指 1970 年前后,这一点希望得到读者的理解。

最后想对讲谈社的梶慎一郎先生再次表示感谢,感谢他对笔者提出的任性要求都一一予以满足。

中国的古文献中有这样一句:"世有伯乐然后有千里马"(韩愈:《杂说下》),不论是从本书出版过程,还是从梶慎先生至今经手的数量众多的出版文献的业绩来看,我认为,梶慎一郎先生就是发现千里马的、有着天分的伯乐。我唯望自己不是一匹令伯乐都束手无策的驽马。

2010 年 11 月 13 日

于京都

三上隆三

日元的诞生——近代货币制度的形成

译者后记

本书的作者三上隆三 1926 年出生于京都，1948 年毕业于东京商科大学（一桥大学的前身），曾任和歌山大学经济学部长、教授，2003 年被授予"瑞宝中绶勋章"。与本书主题相关的著作还有《日元的社会史》（中公新书，1989 年）、《江户的货币物语》（东洋经济新报社，1996 年）、《日元的历史》（东洋经济新报社，2009 年）等。可以说，日元是其毕生研究的课题。

本书所梳理分析出的日元形成过程大致如下：

在江户时代，金、银、铜三种不同材质的货币并存，彼此之间没有本位货币与辅助货币的区别。1870 年明治新政府原本计划实施银本位制，随后又转向金银双本位制，次年 5 月颁布《新货币条例》真正付诸实施的却是金本位制，这标志着日元（圆）这种日本货币的基本单位正式诞生。"圆"在中国用来指银币或者被用作银币的单位，1870 年日本在准备银本位制时借用了这个名称，改为金本位制以后依然沿用，并一直持续至今。日本实施金本位制的时间仅晚于英国（1816 年），而早于其他欧美国家。之所以会出现这种情况，是因为从 18 世纪后半叶起，日本的货币制度本质上就是金本位制，只不过是没有制度化而已。当时，江户幕府为了解决财源不足的问题，大量铸造劣质银币，出现了格雷欣效应，劣币驱逐良币。劣币的面值低于其材料价值，而成为一种价值标记。也就是说，那些劣币不再是称重货币，而是只起辅助作用的计数货币。

作者指出日本在明治维新以后将学习的对象由中国转向欧美，取得了相当大的成果，成为西洋化的优等生。但他认为"那是结果上的西洋化，而并不意味着（日本的）近代化等于西洋化"（本书第五章第三节）。在作者看来，日本早在江户时代就通过自身的努力在推动近代化，而不是从明治维新的时候才开始着手。对于作者而言,关于日元历史的研究,是为了主张日本的近代化是自然发生的,具有其内在必然性。这是涉及非欧美国家走上近代化道路的一个极为重要的问题。

本书由汪丽影、彭曦合译,彭曦翻译第一章至第三章,汪丽影翻译第四章至终章并负责统稿。作为一部日本近代经济史方面的著作,本书大量引用了江户时代的告示、书信等第一手资料,文体多样,内容艰涩。在引文的翻译过程中,得到了东南大学日语系陶友公副教授以及北京大学日语系潘钧教授的悉心指导。此外,南京大学出版社的田雁老师不厌其烦地数次审读译稿,提出了宝贵的修改意见,在此向上述师友表示衷心的感谢。

译文若有不当之处,恳请读者批评指正。

译者

2017 年 8 月